시사인물사전 4

강준만 외

시사인물사전 4

초판 1쇄　　|　2000. 3. 6
지 은 이　　|　강준만 외
편　　집　　|　편집부
마 케 팅　　|　이태준
펴 낸 이　　|　최은자
기　　획　　|　강준우
디 자 인　　|　박난영
펴 낸 곳　　|　인물과사상사

등　　록　　|　1998. 3. 11(가제17-204호)
주　　소　　|　서울특별시 강동구 성내동 434-10 광명빌딩 3층
전　　화　　|　02)471-4439
팩　　스　　|　02)474-1413
우　　편　　|　134-600 서울 강동우체국 사서함 164호
전자우편　　|　하이텔 · 천리안 · 나우누리 - personak
E-mail　　|　personak@hitel(chollian, nownuri).net
홈페이지　　|　http://inmul.co.kr

값 9,000원

ISBN　89-88410-23-8　04300
　　　　89-88410-17-3 (세트)

파손된 책은 교환하여 드립니다.

우리시대 기록과 평가의 문화

시사인물사전 4

강 준 만 외

인물과 사상사

・ 인 물 ・

'기록의 문화'를 위해

『인물과 사상』은 그간 미력하나마 한국 사회에 '기록과 평가의 문화'를 정착시키기 위해 노력해 왔습니다. 물론 저희들은 저희들이 늘 모든 면에서 다 옳았다고 생각하지는 않습니다. 차분한 '기록'보다는 성급한 '평가'가 앞선 적도 있었고 '이성'보다는 '감성'이 앞서 공정치 못한 평가를 시도한 적도 있었을 것입니다.

저희들은 저희들이 저지를 수 있는 과오가 '시장 기능'에 의해 교정될 수 있으며 또 반드시 그렇게 되어야 한다고 믿습니다. 그러나 한국의 커뮤니케이션 시장은 여전히 '힘의 논리'가 우세한 가운데 사적인 이해득실의 차원에서 기능하는 경향이 있습니다. 어떤 의견의 메시지와 논리 자체가 대접을 받는 게 아니라 그 의견을 말하는 측의 힘이 얼마나 센가 하는 기준에 따라 대접이 달라진다는 말입니다. 그래서 활발한 토론과 논쟁이 일어나기 어렵습니다.

저희들은 그런 문제 역시 '기록과 평가의 문화'가 제대로 정착되지 못했기 때문에 발생하는 것이라고 생각합니다. 저희들은 '기록과 평가의 문화'를 정착시키기 위해선 어떤 강한 주장을 하기에 앞서 우선 기록에 치중하는 그런 작업도 매우 소중하다고 생각합니다. 저희들은 '기록의 문화'를 위해 『시사인물사전』이라는 책을 내기로 했습니다. 이 책은 『인물과 사상』과 더불어 '기록과 평가의 문화'를 정착시키는 데에 기여할 것입니다.

물론 어떤 의미에선 '기록'은 이미 과잉입니다. 이 시리즈의 제1권에서 다룬 움베르토 에코가 지적했듯이, 우리는 '정보의 과잉 공급'이라고 하는 문제에 직면해 있습니다. 에코는 한 심포지엄에서 발표할 주제의 참고자료를 얻기 위해 인터넷의 하이퍼텍스트를 이용했는데, 그는 '불운하게도' 거기에서 대략 1만1천 개나 되는 항목을 발견했고, 결국 작업을 중단할 수밖에 없었다고 합니다. 또 그는 오리너구리(Playtypus)라는 검색어를 사용할 경우 무려 3천여 개나 되는 웹사이트가 나온다며 꼭 알고 싶은 정보만을 찾아내기란 거의 불가능한 일이라고 개탄합니다. 어느 것이 진정한 것이고 어느 것이 농담이나 거짓된 정보인지 알아내기조차 힘들거니와 설령 모두 자신에게 필요한 정보라 할지라도 너무 많으면 그 자체로 문제가 된다는 겁니다. 그래서 그는 우리에게 참으로 필요한 것은 바로 '선택의 과학'이라고 주장합니다.

그렇습니다. 『시사인물사전』은 바로 그러한 '선택의 과학' 정신에 입각해 독자 여러분들의 시간과 노력을 덜어드릴 것입니다. 지금 한국에선 엄청나게 많은 수의 매체들이 엄청나게 많은 양의 정보를 쏟아내고 있습니다. 그 가운데엔 매우 소중한 정보도 많습니다만, 모두 다 정기간행물의 특성상 하루에서 한 달이라고 하는 아주 짧은 수명만을 누린 채 쓰레기통으로 또는 서재나 인터넷의 어두운 한구석에 처박히고 맙니다. 그걸 다시 일일이 찾아내는 데에 따르는 시간과 노력은 한 개인으로선 매우 감당하기 어려운 것입니다.

인물 정보에 관한 한 『시사인물사전』이 그 일을 대신 해드리겠습니다. 이 책은 한 달에 한 권 이상 발간하는 시리즈입니다만, 그렇다고 정기간행물은 아닙니다. 저희들은 『시사인물사전』이 한 달만 보고 내팽개쳐도 좋을 그런 잡지가 아니라 두고두고 보관해 놓고 자주 이용할 수 있는 사전(事典)임을 강조하고자 하는 것입니다. 그러나 이 책은 동시에 처음부터 끝까지 재미있게 읽을 수 있는 교양서이기도 합니다. 인물을 통해 세상 돌아가는 국내외 시사(時事)를 풍부하게 접할 수 있을 것입니다.

저희들은 나름대론 매우 큰 야심과 그걸 뒷받침할 수 있는 준비 태세를 갖고 이 작업에 임하고 있습니다. 저희들은 궁극적으로 전국의 모든 도서관, 학교, 관공서가 『시사인물사전』을 비치하게 되리라 믿습니다. 저희들은 폭넓은 대화와 사교를 위해 좀더 깊이 있는 시사적 정보를 얻고자 하는 모든 사람들이 『시사인물사전』을 읽게 되리라 믿습니다. 저희들은 입시 준비에 몰두하느라 시사 문제에 어두운 고교생들과 대학 신입생들, 그리고 상식 시험을 치르는 모든 취업 수험생들이 '시사 상식'을 위해 『시사인물사전』을 읽게 되리라 믿습니다. 이는 그렇게 되게끔 저희들이 그만큼 원대한 비전을 갖고 열심히 노력하겠다는 걸 의미하기도 하는 것입니다.

『시사인물사전』은 어떤 시사 인물에 관한 각종 정기간행물들과 도서

정보를 중심으로 해서 쓰여질 것입니다만, 점점 자체 취재와 인터뷰에 근거한 정보 비중을 늘려나갈 생각입니다. 참고한 자료의 내용이 널리 알려진 단순한 사실일 경우엔 출처를 일일이 밝히지 않았습니다. 예컨대, 외국 인물, 특히 미국 인물들에 대해 많이 참고한, 미국에서 발행되는 『Current Biography』의 내용이 그런 경우에 해당될 것입니다. 그러나 일반적인 논문 작성 기준에 비추어 출처를 밝히는 것이 온당하다고 생각되는 경우엔 각주(脚註)를 달아 출처를 밝혔습니다. 이는 독자들께서 어떤 인물에 대해 더욱 깊이 알고자 할 경우 큰 도움이 되리라 믿습니다.

『시사인물사전』에 실리는 인물들은 정치, 경제, 사회, 문화 등 모든 분야를 망라할 것입니다. 또 국내외 인물들을 거의 같은 비율로 다룰 것입니다.

사람이 하는 일이라 완벽하다고 말할 수는 없겠습니다만, 저희는 인물에 관한 기록에 있어서 가능한 한 최선을 다해 저희들의 주관을 배제하고 객관성과 공정성을 지키고자 합니다. 국내 인물들의 경우, 반론의 문은 언제든지 활짝 열려 있습니다. 그 반론이 타당하다고 생각할 경우, 이미 다뤄진 인물이라도 적어도 1년 후 어떤 시사(時事)와 관련이 있을 경우 다시 다루게 될 것이므로 그때엔 바로잡도록 하겠습니다.

저희들은 매호마다 전호들에 실린 인물들을 포함하는 누적적 색인을 책 끝부분에 실을 것이며, 그 양이 많아질 경우엔 별책으로 만들어 드리고자 합니다. 독자들께서는 곧 이 책이 집에 두고두고 보관할 가치가 있다는 데에 동의하시리라 믿습니다. 그런 독자들의 편의를 위해 정기

독자를 모집하고자 합니다. 이 책의 뒷표지에 실린 사고(社告)겸 광고
를 살펴봐 주시기 바랍니다.

2000년 2월
대표 저자 강준만 올림

강 우 석

1999년 한국 영화는 전체 영화시장의 40%를 점유하는 놀라운 기록을 세웠다. 얼마 전까지만 해도 할리우드 블록버스터에 밀리던 한국 영화는 강제규[1]의 『쉬리』를 기폭제로 극장과 관객을 점유해 나가기 시작했다. 『인정사정 볼 것 없다』를 비롯해 『링』, 『노랑머리』, 『태양은 없다』, 『미술관 옆 동물원』, 『주유소 습격사건』 등의 영화가 흥행에 성공했고 한국 영화를 경시하던 관객들의 생각도 바뀌기 시작했다. 그만큼 1999년 한 해는 한국 영화의 가능성을 충분히 보여준 해였다.

한국 영화가 이만큼 성장한 데에는 우선 한국 영화의 질(質) 향상을 들 수 있다. 또 관객의 눈높이에 맞춘 영화 제작도 한몫 했고 주고객층을 20~

---

1) 강제규에 대해서는 『시사인물사전 1』을 참고하십시오.

30대 청년층에 맞춘 것도 주효했다. 할리우드 영화가 다른 해보다 상대적으로 약했던 것도 빼놓을 수 없는 이유였다. 그러나 이것만으로 한국 영화의 약진을 설명하기에는 왠지 부족해 보인다. 영화가 흥행에 성공하기 위해서는 양질(良質)의 영화를 만드는 것도 중요하긴 하지만 그것 못지 않게 중요한 게 '배급'이기 때문이다.

　그 동안 한국의 영화 배급은 서울·명보·피카디리 라인에 의해 이루어졌다고 해도 과언이 아니었다. 이른바 '빅3'라 불리는 이 라인은 영화계에 진출한 대기업과 UIP를 제외한 할리우드 직배사도 이용할 정도였다.[2] 일부 대기업의 자체 배급망이 있지만 그건 미미한 수준이었다. 그런데 이들 배급망은 너무나 부실해서 영화 흥행성적을 제대로 알 수 없었을 뿐만 아니라 좋은 영화, 특히 한국 영화가 극장에서 상영되는 데 어려움을 주었다. 영화제작만큼이나 중요한 배급이 이렇게 부실하다보니 한국 영화의 상영은 스크린 쿼터 일수에 겨우 맞추는 식으로 이루어졌고 그것은 흥행 실패로, 그리고 결국 영화의 질(質) 하락으로 이어졌다. 악순환이 계속된 것이다.

　1995년 8월 말 강우석을 비롯한 『총잡이』의 김의석, 『손톱』의 김성홍 감독이 이런 악순환의 고리를 끊고자 영화 배급에 발벗고 나섰다. 그들은 영화의 제작·배급을 주업으로 하는 '시네마서비스'를 설립했는데 이것은 강우석 감독의 주도로 이루어졌다. 『투캅스1·2』로 유명한 강우석 감독은 95년 영화 감독 일을 잠시 접고 영화의 제작과 배급에 눈을 돌려 이제는 한국 영화를 이끄는 파워맨으로 성장했다. 그 과정에는 실패도 있었지만 그

---

2) 이상연, 〈원시적 영화배급망에 '반기'〉, 『경향신문』, 1997년 2월 21일, 28면.

는 뛰어난 도박사의 기질을 살려, 99년 공전의 히트를 기록한 『주유소 습격사건』을 비롯해 『인정사정 볼 것 없다』, 『텔미썸딩』, 『자귀모』, 『미술관 옆 동물원』 등 한국영화 흥행 베스트 10에 들어가는 영화 5편을 제작·배급하는 기록을 세웠다.

강우석은 1960년 11월 10일 경상북도 경주에서 태어났다. 강우석은 어린 시절의 자신을, 남들을 웃기는 것을 즐거워하고 승부욕이 강한 소년이었다고 회고했다.

"어릴 때부터 선생님들과 농담해 급우들을 웃기는 걸 좋아했어요. 지금도 술자리에 유머가 없으면 내가 웃겨야 된다는 강박관념을 갖고 있어요. …… 승부욕이 참 강했어요. 공부는 관심 없었는데 구슬치기나 딱지치기 같은 놀이에서는 늘 따야 직성이 풀렸거든요." [3]

강우석이 영화를 처음 접한 것은 그의 나이 다섯 살 때부터였다. 영화를 좋아했던 어머니의 손을 잡고 극장에 드나들었던 강우석은 청운중학교 3학년 때 이장호 감독의 『바보들의 행진』을 보고 감독의 꿈을 키우게 됐다. 그 뒤 명지고를 졸업한 강우석은 1981년 성균관대 영문과에 입학했다. 그러나 대학생활도 잠시, 그는 대학 2학년 때 자퇴하고 충무로에 들어갔다. 당시 본 영화가 자신의 어릴 때의 꿈을 일깨웠기 때문이었다. 이장호 감독의 『바람불어 좋은 날』을 보고 "더 이상 학교를 다닐 이유가 없다"고 생각한 강우석은 감독이 되기 위해 충무로에 들어가 『애마부인』으로 연출부 생활을 시작했다. [4]

---

3) 남재일, 〈재미-예술성 … 다른 색깔의 동갑내기〉, 『중앙일보』, 1996년 5월 13일, 41면.
4) 김희경, 〈"할리우드 파고 높다한들…" 뚝심 뛰어난 '충무로 지킴이'-강우석이 말하는 '나'〉, 『동아일보』, 1999년 3월 31일, B6면.

강우석은 충무로 연출부 시절 찰리 채플린의 영화를 만났다. 채플린의
영화를 보고 "1920년대에 이미 자신이 만들어보고 싶어하는 영화가 만들어
졌다"는 충격을 받은 강우석은 그를 교과서로 삼게 됐다.[5]

연출부 생활을 하던 강우석이 감독이 된 것은 1989년에 이르러서이다.
그의 첫 작품은 『달콤한 신부들』(1989)이었다. 흥행에 실패한 이 작품은 사
람들의 뇌리에서 금방 잊혀졌고 강우석은 두 번째 작품을 내놓는다. 그의
두 번째 작품은 이미연이라는 청춘스타를 발굴해 낸 『행복은 성적순이 아
니잖아요』(1989)였다. 이 영화로 영화평론가협회 신인감독상을 수상해 '감
독 강우석'이라는 이름을 알리게 된 그는 한국 사회에서 최초로 정치를 소
재로 한 영화 『누가 용의 발톱을 보았는가』(1991)를 만들기도 했으나 흥행
에는 실패했다.

강우석이 다음에 찍은 영화는 아기를 소재로 한 코미디 영화 『미스터 맘
마』(1993)였다. 몇 년 후에 비슷한 유(類)의 아류작이 나올 정도로 흥행에
성공한 강우석은 1993년 6월 (주)강우석 프로덕션을 설립했다. 프로덕션
간판에 '재미있는 영화를 만듭니다'란 표어를 써 붙인 것에서 알 수 있듯
그는 영화의 재미를 자신의 지론으로 삼았다. 그리고 그 지론대로 만든 영
화 『투캅스』(1993)를 내놓는다. 강우석에게 '흥행감독'이란 별명을 붙여준
『투캅스』는 서울에서만 86만 명의 관객을 끌어들여 흥행에 성공했다. 제작
비 조달의 어려움을 겪어야 했던 이 작품은, 흥행에 성공함으로써 할리우
드 영화와 대적할 수 있는 가능성이 한국 영화에 있다는 것을 증명했다.
그의 말을 들어보자.

---

5) 김미선, 〈KINO Version 3.1 강우석〉, 『키노』, 1998년 5월호, 59쪽.

　　　외화와 우리 영화가 똑같이 재미있다면 관객들은 한국영화를 본다는
　　　사실을 『투캅스』의 성공을 통해 확인할 수 있었습니다. 할리우드에 비
　　　해 우리는 관객을 위한 영화를 만드는데 너무 인색했다고 봅니다. 영화
　　　의 흥행은 많은 사람이 보고 즐긴다는 점에서 우선 큰 뜻이 있는데 이
　　　문제를 너무 소홀히 생각한 것이지요.[6]

　『투캅스』는 한때 프랑스 영화 『마이 뉴 파트너』를 표절했다는 의혹이 제
기되기도 했으나 강우석은 이 영화로 1993년 백상 예술대상 작품상과 감독
상을 받았다.

　이 작품 후 강우석은 『마누라 죽이기』(1994)를 만들었다. 이 영화는 촬
영 초기부터 불거져 나온 표절시비와 박중훈의 대마초 사건 등으로 한때
어려움을 겪었다. 다행히 박중훈이 영화계에 끼친 공로와 초범이었다는 점
을 고려한 검찰의 선처로 강우석은 다시 영화 촬영을 계속할 수 있었다.
이 영화는 이같이 어렵게 촬영됐음에도 불구하고 흥행에 성공했다. 각기
한 차례씩 강우석과 같이 작업한 적이 있는 최진실(『미스터 맘마』)과 박중훈
(『투캅스』)이 주연을 맡은 이 영화의 흥행성공에 힘입어 강우석은 감독에서
제작자로 변신했다.

　계속된 흥행으로 약 30억 원 정도의 자본이 생긴 강우석은 1995년 8월
(주)강우석 프로덕션을 확대 개편한 시네마 서비스란 영화사를 설립했다.
제작과 배급을 위해서였다. 그가 밝힌 시네마 서비스 설립동기는 다음과
같다.

____

6) 고미석, 〈"「재미」가 생명 … 「투캅스」로 확인"〉, 『동아일보』, 1994년 12월 8일, 35면.

제작을 하기 시작한 건 아쉬움 때문이었어요. 그런데 막상 제작해서
영화를 공급해보니까 수익이라는 게 관객 수만큼 들어오지를 않아요.
그 때 배급의 중요성을 절실히 느꼈어요. 영화 한편 찍을 때마다 제발
좀 붙여 달라고 극장들 찾아다니는 게 너무 짜증나서.[7]

강우석의 영화 배급에 도움을 준 사람은 서울극장의 곽정환 사장이었다.
당시 곽정환 사장을 찾아간 강우석에게 그는 "우석아 너가 처음 찾아왔다.
너처럼 나하고 한번 붙자 하는 놈이 처음이다"라는 말을 했다고 한다.[8] 지
금은 강우석을 믿고 그의 의견을 대부분 수용한다는 곽정환 사장은 당시
강우석의 노력을 높게 평가해 그를 도와줬고, 시네마 서비스는 이를 시작
으로 배급망을 점점 넓혀 나갔다.

이렇게 설립된 시네마 서비스는 1996년 『투캅스 2』를 첫작품으로 내놓았
다. 이 영화는 전편의 성공에 대한 부담과 주위의 우려에도 불구하고 흥행
에 성공해 시네마 서비스가 도약할 수 있는 발판을 마련했다. 그리고 강우
석은 『투캅스』, 『마누라 죽이기』, 『투캅스 2』로 흥행 연속 3안타를 쳐 '흥
행감독'이란 자신의 별명을 확고히 했고 1996년 청룡영화제 최다 흥행감독
상을 수상했다.

이때까지 강우석이 만들고 흥행에 성공한 영화는 모두 코미디 영화였다.
찰리 채플린의 『시티 라이트』를 50번 넘게 봤다는 강우석이 코미디 영화에
몰두하는 이유는 다음과 같다.

"웃음만큼 평등한 게 없다고 믿고 있어요. 드라마 같은 장르는 관객의

---

7) 이광모, 〈KINO Version 4.1 강우석〉, 『키노』, 1999년 5월호, 43쪽.
8) 이광모, 위의 글, 44쪽.

취향과 지식 정도에 따라 반응에 큰 차이가 있지만 코미디는 그렇지 않아요. 주말연속극에 재미를 못 느끼는 사람도 이주일의 개그를 보고는 일단 웃거든요."[9]

"코미디는 안되고 멜러는 된다는 시기적인 구별은 별로 의미가 없다. 코미디는 채플린 이후 안된 예가 없다. 코미디야말로 소재와 아이디어가 끝도 없는 거다. 우디 알렌 식의 코미디에서 짐 캐리가 나오는 영화, 『투캅스』같은 코미디까지 천차만별인데 코미디야말로 정말 질(質)의 문제다."[10]

한편, '시네마 서비스'는 1996년 강우석을 비롯해 여러 감독들이 참여한 『맥주가 애인보다 좋은 7가지 이유』를 배급했고 신예인 이창동 감독의 『초록물고기』(1997)와 김의석 감독의 『홀리데이 인 서울』(1997)을 제작지원했다.

1997년 강우석은 본격적으로 영화 배급에 박차를 가하기 시작했다. 시네마 서비스를 한국영화계의 제대로 된 '배급사'로 키우겠다는 그의 당찬 포부를 들어보면 그가 영화 배급에 얼마나 신경을 썼는지 알 수 있다.

> 이제 영화계에도 경영(제작)과 자본(제작비)이 분리되어야 합니다.
> 대기업의 진출로 그 어느 때보다 어려움을 겪고 있는 충무로 군소영화
> 사들의 제작비를 지원하고 그 작품을 다시 직배로 전국극장에 개봉하는
> 명실상부한 배급사가 필요한 거죠. 제가 그 일을 할 생각입니다.[11]

---

9) 남재일, 〈재미-예술성 … 다른 색깔의 동갑내기〉, 『중앙일보』, 1996년 5월 13일, 41면.
10) 김미선, 〈강우석 1998년 한국영화는 무엇으로 다시 시작하는가?〉, 『키노』, 1998년 3월호, 55쪽에서 재인용.
11) 이남, 〈"제대로 된 배급망 구축에 심혈"〉, 『중앙일보』, 1997년 1월 6일, 41면.

당시는 대기업이 영화의 배급에 진출하고 있던 때였다. 90년대 초부터 충무로에 진출한 대기업은 제작비를 대는 등 영화 제작에 활기를 불어넣기도 했으나 상품성에 너무 치중한 나머지 감독들의 자유로운 창의력 발휘를 막아왔다. 이때 대기업들이 강우석에게 스카우트 제의를 해왔지만 그는 단호하게 그 제의를 거절했다. 대기업의 영화계 진출에 곱지 않은 시선을 가지고 있었기 때문이었다.

> 우리 영화계는 지금 대기업들에 의해 점령돼가고 있습니다. 그들은 무조건 투자하고 충무로의 영세 제작자들이나 감독은 그들의 돈줄잡기에 바쁘죠. 영화인들은 이제 하청단계를 넘어서서 대기업의 직원으로 전락해가는 형편이고 그러다보니 한국영화는 대기업의 철저한 상업주의에 물들고 있습니다.[12]

1997년 강우석은 시네마 서비스가 제작지원한 『초록물고기』를 극장에 내걸었다. 강우석이 15억 원의 제작비를 들인 이 영화는 평단으로부터 호평을 받았고 이창동이라는 걸출한 신예를 발굴하는 쾌거를 이룩했다. 『초록물고기』가 이룩한 성과는 이것만이 아니다. 우선 이 영화는 외부자본을 전혀 들이지 않고 오직 영화인들만의 제작비를 통해 만들어졌다. 그리고 시네마 서비스의 안정된 배급망을 통해 관객과 만났다. 그 결과 이 영화는 외부 압력이 작용하지 않아 감독의 역량이 유감없이 발휘됐고 꾸준히 관객이 들어 흥행에 성공했다.[13] 흥행성이 별로 없는 작품임에도 불구하고 이

---

12) 변재운, 〈"난세에 영웅 나지 않습니까"〉, 『국민일보』, 1996년 1월 5일, 17면.
13) 안정숙, 〈제작자 강우석의 순조로운 항해〉, 『한겨레』, 1997년 3월 1일, 13면.

영화가 10만이 넘는 관객의 발길을 붙잡을 수 있었던 것은 시네마 서비스의 안정된 배급망이 큰 몫을 해줬기 때문이었다.

그러나 그의 순조롭던 항해는 『홀리데이 인 서울』이라는 폭풍을 만나 잠시 표류했다. 홍행에 실패한 이 영화 때문에 잠시 주춤했던 강우석은 이에 굴하지 않고 차기 작품을 만들어갔다. 그는 송능한 감독의 『넘버3』(1997)와 박기형 감독의 『여고괴담』(1998), 이정향 감독의 『미술관 옆 동물원』(1998) 등을 제작지원하는 한편, 김성홍 감독의 『올가미』(1997)를 제작했다. 또 『편지』(1997)를 배급했다. 이 영화들은 당시 영화계에 투자하던 대기업이 빠져나가 충무로에 돈줄이 끊긴 상태에서 만들어져 더 깊은 의미를 갖는다. 이 영화는 모두 홍행에 성공해 강우석의 입지를 더욱 공고하게 만들어 주었다.

그 중 『넘버3』와 『여고괴담』은 홍행에 성공했다는 의미 외에 송능한과 박기형이라는 신예감독을 발굴해냈다는 또 하나의 의미를 찾을 수 있는 작품이다. 강우석은 이들 이외에도 그 동안 영화계에 절대적으로 부족한 인적자원을 계속 발굴해왔다. 『초록물고기』, 『박하사탕』(2000)으로 호평을 받았던 이창동 감독, 『투캅스 3』 이후 『주유소 습격사건』으로 '대박'을 터뜨린 김상진 감독, 그리고 『미술관 옆 동물원』, 『자귀모』의 주연이었던 이성재 등도 그가 발굴해낸 인재들이다.

1998년 강우석은 특이한 소재의 『생과부 위자료 청구소송』으로 영화감독의 자리로 다시 되돌아왔으나 홍행에는 실패했다. 그는 이 영화에서 재벌에 대한 비판을 해댔다. 대기업의 영화계 진출을 못마땅해 했던 그로서는 어쩜 당연한 일일지도 모른다. 이 영화에서 "재벌에 대해 더욱 강도 높게 건드리지 못해 아쉽다"고 말한 그는 IMF 이후 영화계에 진출한 금융자본에 대해서는 대기업보다 더욱 못마땅해 한다.[14] 투자한 만큼 뽑으려 하는 그들이 영세한 한국 영화사를 망하게 하고 있다고 생각하기 때문이다. 강우석은 영화산업을 주도하는 인물은 영화인이어야 한다고 생각한다.[15]

　1998년 흥행에 성공한 『여고괴담』으로 돈을 번 강우석은 그 돈으로 『이재수의 난』에 제작비를 지원했다. 영화를 통해 번 돈은 영화에 투자한다는 그의 생각에 따른 결과였다. 『이재수의 난』은 흥행성이 별로 없는 영화였으나 강우석은 35억 원이라는 제작비를 지원했고 이 영화는 서울에서 6만 명의 관객이 관람했다. 참패였다. 그러나 강우석은 그에 그다지 실망하지 않았고 관객을 원망하지도 않았다. 그가 평소 가지고 있던 생각 때문이었다. 강우석은 "설령 실패한들 영화로 번 돈 영화로 날리는 데 무엇이 아깝겠습니까"라고 반문한다.[16] 그에게 있어서 영화는 일종의 게임이다.

　　나는 흥행하는 영화를 만들고 싶다. 그러나 흥행은 성공이란 점에서, 관객과의 게임에서 이겼다는 기쁨이지 사람들이 생각하는 것처럼 돈은 아니다. 내가 옛날에 영화를 보고 느꼈던 재미를 매번 관객에게 주고 싶은 것이다. 그 게임에서 이기면 돈을 벌 것이고 나는 그 돈으로 계속 게임을 할 것이다.[17]

　　게임을 할 때 상대 때문에 졌다는 사람이 제일 비겁하듯 관객과의 게

<hr>

14) 고명섭, 〈"절실한 삶의 문제 진솔하게 그리려 노력"〉, 『한겨레』, 1998년 7월 17일, 13면.
15) 남동철, 〈매점매석? 흥행작 많았을 뿐이다"〉, 『씨네21』, 1999년 12월 14일, 53면.
16) 변재운, 〈"난세에 영웅 나지 않습니까"〉, 『국민일보』, 1996년 1월 5일, 17면.
17) 김미선, 〈KINO Version 4.1 강우석〉, 『키노』, 1998년 5월호, 59쪽에서 재인용.

임인 영화에서 흥행이 안됐다고 관객을 원망하는 짓은 비겁하다.[18]

강우석이 게임만 하겠다는 건 아니다. 그는 예술영화와 상업영화가 같이 발전해야 한다고 주장한다. 균형을 맞추는 것이 중요하다는 얘기다. 그래서 그는 『여고괴담』 같은 상업영화에 돈을 투자하기도 하지만 『이재수의 난』 같은 예술영화에도 돈을 투자했던 것이다.[19]

1999년 초반 강우석이 제작하거나 제작지원한 영화들은 참패를 맛봤다. 『마요네즈』, 『연풍연가』, 『이재수의 난』 등의 영화가 내리 흥행에 실패하고 25억 원의 적자를 기록했다. 위기의 순간이었다. 그러나 그에겐 도박사의 기질이 있었고 후에 나올 영화에 대한 기대가 있었다. 그래서 그는 회사가 위기에 처해있는 그 순간에도 『인정사정 볼 것 없다』에 제작비를 계속 지원했다. 그때 『자귀모』가 흥행에 어느 정도 성공해 숨통을 틔워줬고 연이어 개봉된 『인정사정 볼 것 없다』와, 『텔미섬딩』, 『주유소 습격사건』이 연달아 흥행에 성공해 시네마 서비스는 흑자를 기록했다. 위기의 순간에도 그를 의연하게 만든 건 이와 같은 도박사 기질인지도 모른다.

"가령 점당 1백원짜리와 1만원짜리 고스톱 판이 있다고 해봅시다. 그러면 난 후자를 선택해요. 배팅하는 즐거움, 좀더 리스키(risky·위험한)한 일에 뛰어들고 싶다는 욕망이 나를 부추깁니다."[20]

1999년 8월 20일 시네마 서비스는 『미술관 옆 동물원』을 제작한 시네 2000, 『텔미썸딩』의 쿠앤시 필름, 『주유소 습격사건』의 좋은 영화사 등 7개

---

18) 김희경, 〈"할리우드 파고 높다한들…" 뚝심 뛰어난 '충무로 지킴이'〉, 『동아일보』, 1999년 3월 31일, B6면.
19) 김희경, 위의 글.
20) 김희경, 위의 글.

제작사들과 함께 공동운영을 시작했다. 제작사들에게 안정된 배급을 확보해 줌으로써 제작에만 신경 쓰게 하려는 의도였고 한 제작사의 영화가 실패해도 다른 제작사의 영화로 성공할 수 있게 하려는 의도였다.[21] 이것을 시작으로 시네마 서비스는 2000년이 시작되자마자 새로운 사업에 참여했다.

2000년 1월 6일 시네마 서비스는 『8월의 크리스마스』, 『비트』, 『유령』, 『행복한 장의사』 등을 제작한 우노필름과 중소기업진흥공단, 네띠앙, 새한 등과 '무한영상벤처투자조합'(무한영투)을 결성했다. 1백15억 원이라는 국내 최고 자본을 가진 투자조합이 된 무한영투는 조합에 참여한 각 기업들이 역할을 분담해 시너지 효과를 얻을 것으로 기대되고 있다. 특히 시네마 서비스로 대변되는 하드웨어와 소프트웨어를 대변하는 우노필름의 만남은 앞으로 제작 분야가 더욱 활성화 될 것이라는 예측을 낳고 있다. 시네마 서비스는 무한영투에 참여함으로써 2000년에 배급할 영화 수를 늘릴 수 있게 되었다. 배급의 핵심이라 할 수 있는 물량 공급을 제때에 할 수 있게 된 것이다.[22]

이와 같이 한국의 대표적인 영화제작 배급사로 성장한 시네마 서비스는, 외국 자본으로부터도 그 가능성을 인정받았다. 미국 월가의 대표적 벤처투자사인 워버그 핀커스(Warburg Pincus)사가 시네마 서비스에 자본을 투자하기로 잠정 결정, 2000년 1월에 실사팀을 파견한 것이다. 1939년에 설립된 이 회사가 미국이 아닌 외국의 영화시장에 자본을 투자하는 것은 한국의 시네마 서비스가 처음이다. 전부터 시네마 서비스의 가능성을 타진해 왔던 이 회사는 늦어도 2000년 3월말까지 시네마 서비스에 대한 모든 조사

---

21) 정천기, 〈"한국영화 살리려면 뭉쳐야 한다"〉, 『세계일보』, 1999년 8월 4일, 16면.
22) 배장수, 〈제작·배급 '시너지 파워' 노린다〉, 『경향신문』, 2000년 1월 12일, 33면.

를 마치고 본격적으로 시네마 서비스에 투자할 계획으로 알려졌다.[23]

강우석은 앞으로 계속 바쁠 것 같다. 그가 배급할 영화가 줄을 서 있기 때문이다. 2000년 1월 개봉한 『주노명 베이커리』를 시작으로 2월에는 『반칙왕』이 개봉되었다. 그리고 그 뒤를 이어 『인터뷰』, 『플란다스의 개』 등의 영화가 개봉을 앞두고 있다. 이 외에도 시네마 서비스는 2000년에 16~20여 편의 영화를 제작지원 · 배급할 예정이고, 강우석은 『신라의 달밤』으로 다시 감독으로 복귀할 예정이다. 이성재와 박중훈이 흔쾌히 주연을 맡기로 한 이 영화는 3~4월 중 촬영이 시작돼 추석 때 개봉될 예정이다.

강우석은 1997년 10월 10일 서른 여덟 살이라는 늦은 나이에 열 네 살 연하의 이화여대 대학원에서 조소를 전공하던 박정은 씨(당시 24세)와 결혼했다. **인·사**

---

23) 장순호, 〈한국영화 '美 월가 큰손' 잡았다〉, 『스포츠투데이』, 2000년 2월 1일, 14면.

구로사와 아키라

黑澤 明

1998년 한국 정부에 의해 1차 일본문화 개방이 공표됐다. 그리고 일본 대중문화의 선두로 일본 영화가 한국 상영관에 등장하기 시작했다. 1997년 베니스 영화제 황금사자상에 빛나는 기타노 다케시의 『하나비』(1997)를 시작으로 깐느 영화제 황금종려상을 수상한 구로사와 아키라의 『카게무샤』(1980), 1997년 깐느 영화제 황금종려상을 수상한 이마무라 쇼헤이의 『우나기』(1997) 등이 상영됐다. 그리고 99년 9월 시행된 2차 문화 개방으로 이와이 슈운지[1]의 『러브레터』(1995), 이마무라 쇼헤이의 『나라야마 부시코』(1983) 등의 영화가 연이어 극장에서 개봉됐다. 이 중 러브레터는 서울에서만 70만 명의 관객을 유치해 할리우드 블록버스터 못지

---

1) 이와이 슈운지에 대해서는 『시사인물사전 3』을 참고하십시오.

않은 인기를 누리는 등 일본 영화는 한국 영화시장에서 서서히 자신의 자리를 잡아가고 있다. 이와 더불어 일본 영화에 대한 관심도가 높아지고 있는 실정이다.

일본 영화는 흔히들 1950년대를 풍미했던 세 사람의 거장 감독들에 의해 만들어졌다고 말한다. 오즈 야스지로(1902~1963), 미조구치 겐지(1898~1956), 구로사와 아키라. 이들 세 사람의 감독에 의해 일본 영화는 1950년대 황금기를 맞이했고 그 뒤에 등장한 감독들은 이들 셋의 그림자에서 벗어나려 무던히 애쓰기도 했다. 그들은 그만큼 일본 영화 역사에 큰 족적을 남겼으며 외국의 유수한 감독들에게도 큰 영향을 끼쳤다.

이 중 구로사와 아키라는 일본 영화를 세계시장에 처음으로 알린 감독이다. 1951년 자신의 작품 『라쇼몽(羅生門)』(1950)이 베니스 영화제 황금사자상을 수상함으로써 일본 영화의 새로운 가능성을 제시했던 구로사와 아키라는 세계 영화팬의 이목을 전쟁 후 황폐해진 일본 영화시장에 돌리게 했고 그 여파로 일본 내 감독들이 연이어 국제 영화제에서 상을 수상하기도 했다. 막대한 제작비를 들여 제작한 『7인의 사무라이』(1954)가 베니스 영화제 은사자상을 수상함으로써 자신의 입지를 다시 한번 굳혔던 아키라는 여든세 살이었던 1993년 제작한 『마다다요』를 마지막 작품으로 1998년 9월 6일 사망했다. 그가 사망했을 때 세계 영화계는 거장의 퇴장을 슬퍼했고 그를 위해 다양한 추모 행사를 준비하기도 했다.

『스타워즈』의 조지 루카스와 『쥬라기 공원』의 스티븐 스필버그, 『대부』의 프랜시스 포드 코폴라 감독이 자신의 영화 스승으로 모셨던 구로사와 아키라는 1910년 3월 23일 8남매 중 막내로 도쿄에서 태어났다. 그의 아버지 구로사와 유타카는 사무라이의 후손으로 체육 교사로 재직했다. 구로사와 아키라는 어렸을 때 울보였고 다른 아이보다 뭔가를 배우는 속도가 느렸다. 이 때문에 그는 다른 아이들에게 놀림을 당하기도 했는데 그때마다 아키라와 가장 친했던 형 구로사와 헤이고가 그를 보호해줬다.[2]

중학교에 진학해서도 아키라의 생활은 크게 달라지지 않았다. 그때 그의 형 헤이고는 마음이 심약했던 아키라에게 잊을 수 없는 경험을 선사했다. 1923년 9월 1일 간도 대지진이 일어났을 때 형 헤이고는 간도의 폐허 속으로 아키라를 데리고 갔다. 그 곳에서 헤이고는 아키라에게 시커멓게 불에 탄 시체를 보여주며 공포를 이기는 방법을 알려줬다.

"잘 봐라. 네가 만약 이 끔찍한 광경에 눈을 감는다면 끔찍한 광경은 그것으로 끝날 것이다. 그러나 만약 네가 이것을 똑바로 쳐다본다면 너에게 더 이상의 공포는 없을 것이다."[3]

반에서 유일하게 군사교육 낙제를 받은 학생이었던 아키라는 1927년 중학교를 졸업했다. 성적이 좋지 않았던 아키라는 화가가 되기 위해 예술학교에 진학하려 했으나 입학시험에서 떨어졌다. 그 와중에도 미술공부를 계속했던 그는 1929년부터 1932년까지 프롤레타리아 미술 동맹에 가입해 활동하기도 했다.

그러다 그는 프롤레타리아 미술 동맹을 탈퇴하고 화가의 꿈을 접는다. 자신에게 사물을 보는 주관적이고 독창적인 생각이 부족하다는 이유 때문이었다.[4] 더군다나 대공황의 여파로 그림 재료를 구할 수도 없었다. 미술공부를 그만둔 아키라는 문학, 음악, 연극, 영화 쪽에 관심을 보였다. 그는

---

2) 『Current Biography』(1991).
3) 『Current Biography』(1991).
4) 『Current Biography』(1991).

당시 도스토예프스키와 셰익스피어의 문학에 심취했었는데 나중에 그는 그들의 작품을 영화로 만들었다.

형 헤이고의 추천으로 외국 영화들을 보게 된 아키라는 자신의 진로를 영화 쪽으로 잡기 시작했다. 당시 헤이고는 무성영화 나레이터를 하고 있었기 때문에 아키라가 영화 구경을 하는 것은 그리 어렵지 않았다. 하지만 이 시기 형과 함께 영화를 보며 꿈을 키우던 아키라는 자신에게 용기와 꿈을 주었던 헤이고의 죽음을 경험해야만 했다. 유성영화가 나오자 형 헤이고는 직업을 잃었고 생계 유지가 힘들어지자 그는 스물 일곱 살의 나이로 자살했던 것이다.

구로사와 아키라는 1936년 토호 영화사에 취직했다. 연출부 말단부터 시작해 계속 영화를 배워나간 아키라는 1943년 그의 첫작품 『스가타 산시로』를 내놓았다. 메이지유신 시대에 유도에 입문한 사람이 정신·육체적으로 성장하는 일대기를 다룬 이 작품은 당시가 전쟁 중이었음에도 불구하고 흥행에 성공했다. 이 영화의 성공으로 일본 영화계에서 주목받는 감독으로 급부상한 아키라는 1944년 『가장 아름답게』라는 국책(國策)영화를 찍었다.

그 뒤 1945년 아키라는 그의 생애 처음이자 마지막으로 속편을 찍었다. 『속 스가타 산시로』가 그것이다. 아키라는 이 영화에 별로 애착을 두지 않았는데 그것은 그의 의사가 아닌 주위 사람들의 압력으로 영화를 만들었기 때문이었다. 『속 스가타 산시로』 이후 아키라는 국책영화이자 자신의 유일한 뮤지컬 영화인 『호랑이 꼬리를 밟은 남자들』(1945)을 찍었다. 그는 이 영화를 일본의 전통연극인 '가부키'와 '노'[5]를 바탕으로 하루만에 시나리

---

5) '가부키'와 '노'는 모두 일본의 고전연극이다. '가부키'는 일본의 대표적인 서민연극이고 '노'는 탈을 사용하는 일본의 고전연극이다.

오를 써 단 하나의 세트에서 만들었다.

2차대전이 끝난 후 아키라는 『나의 청춘에 후회는 없다』(1946)를 시작으로 『멋진 일요일』(1947), 『주정뱅이 천사』(1948)를 제작했다. 이 중 『주정뱅이 천사』는 모두가 인정하는 아키라의 첫 걸작으로 꼽히는 작품이다. 구로사와 아키라가 "이 영화에서 나는 마침내 나 자신의 모습을 찾았다. 이전까지의 어떤 영화에서도 하지 못했던 것을 이 영화에서 만들어 냈다. 이것이야말로 진짜 나의 영화다"라고 말할 만큼 이 영화는 아키라 스스로도 만족했던 영화다.[6]

이 작품에서 앞으로 구로사와 아키라와 오랫동안 같이 작업할 배우 도시로 미후네가 처음으로 등장했다. 구로사와 아키라와 도시로 미후네의 관계는 존 포드와 존 웨인, 마틴 스콜세지와 로버트 드 니로, 왕가위와 양조위의 관계와 같은 것이었다.[7] 도시로 미후네는 1965년까지 구로사와 아키라와 같이 작업했다.

1965년까지 평균적으로 1년에 한 편씩 영화를 만들어 냈던 구로사와 아키라는 『조용한 결투』(1949), 『들개』(1949), 『추문』(1950) 등의 영화를 계속 만들어냈다. 그리고 아키라의 이름을 세계에 알린 『라쇼몽』이 1950년에 만들어졌다. 이 영화는 1951년 베니스 영화제에 출품돼 황금사자상을 받았고 아키라는 세계 무대에 나서게 됐다.

『라쇼몽』의 베니스 영화제 출품은 아키라의 의도가 아니었다. 사실 『라쇼몽』이 베니스 영화제에 출품된 것을 구로사와 아키라는 물론 일본에서도 전혀 모르고 있었다. 일본에 들어와 이 영화를 괜찮게 봤던 이탈리아의 한

---

6) 장훈, 〈구로사와 아키라 30선 - 『주정뱅이 천사』〉, 『키노』, 1998년 10월호, 47쪽.
7) 장훈, 〈구로사와 아키라 30선 - 『조용한 결투』〉, 『키노』, 1998년 10월호, 48쪽.

영화배급자가 베니스 영화제에 이 영화를 출품했기 때문이었다. 이렇듯 우연히 출품된 『라쇼몽』은 뜻하지 않게 큰 상을 받았고 구로사와 아키라의 이름은 세계 영화계에서 회자되기 시작했다.

일본의 천재적인 작가였던 아쿠타가와 류노스케의 원작소설을 영화로 만든 이 작품은 사실 어렵게 만들어졌다. 똑같은 얘기가 네 번이나 반복되고 시나리오가 너무 짧다는 이유로 일본 영화사 쪽에서 쉽게 제작하려 하지 않았기 때문이었다. 그러다 다이에이 영화사에서 제작을 맡아 최저예산으로 한 달만에 영화를 만들어야 했다. 그런데 이 영화가 세계 영화제에서 그랑프리를 받은 것이다. 이 영화는 후에 베니스 영화제 50년 역사상 '그랑프리 중 그랑프리'로 뽑히기도 했다.

구로사와 아키라가 『라쇼몽』보다 먼저 만들기 시작한 영화가 있는데 그것은 『백치』(1951)였다. 당시 쇼치쿠 영화사에서 제작을 맡은 이 작품은 아키라 자신이 『라쇼몽』보다 더 애착을 두고 작품화한 것이다. 러시아 문학에 심취했던 아키라는 도스토예프스키의 소설을 영화로 만들고 싶어했고 그렇게 해서 탄생한 것이 『백치』였다. 그는 이 영화에 대해 다음과 같이 말했다.

내가 『라쇼몽』을 만든 것은 이 영화를 만들기 위해서였다. 나는 도스토예프스키의 소설을 영화로 만드는 것이 평생의 꿈이기 때문이다. 만일 그 누군가가 내 영화를 도스토예프스키적이라고 부른다면 그것은 최대의 찬사이다. [8]

---

8) 정성일, 〈구로사와 아키라 30선 - 『백치』〉, 『키노』, 1998년 10월호, 50~51쪽에서 재인용.

『백치』 제작 후 아키라는 『이키루(산다)』(1952)를 만들었다. 이 작품은 아키라에게 베를린 영화제 은곰상의 영광을 안겨주었는데 아키라는 다음과 같은 생각 때문에 이 영화를 만들었다.

> 나는 가끔 내 죽음을 생각한다. 그 때마다 나는 그것을 미루고 중지 시키고 싶어한다. 『이키루(산다)』는 거기서 시작한다.[9]

모더니즘 영화의 거장으로 칭송되는 잉그마르 베르히만은 이 영화를 보고 죽음에 관한 영화인 『산딸기(Wild Strowberries)』(1957)를 만들었다고 한다.

『이키루(산다)』 이후 구로사와 아키라는 서부영화의 형식을 빌어와 독특한 시대극을 만들었는데 이것이 『7인의 사무라이』(1954)이다. 이 영화는 "존 포드 감독에 비하면 나는 작은 병아리일 뿐이다"라고 말한 아키라의 말처럼 존 포드에게 깊은 영향을 받아 만든 작품이다.[10] 서부극의 형식에 일본의 사무라이 정신을 접합시킨 이 작품은 후에 셀지오 레오네 감독의 마카로니 웨스턴 영화에 지대한 영향을 끼쳤고 존 스터지스 감독에 의해 『황야의 7인』(1960)이란 제목으로 리메이크되기도 했다.[11]

에이젠슈타인의 명작 『전함 포템킨』의 오뎃사 계단 학살 장면과 비견되는, 폭우가 쏟아지는 마을에서의 전투 장면으로 유명한 『7인의 사무라이』는 세계 영화사 10대 걸작으로 꼽히기도 한다. 이 영화는 토호 영화사가

---

9) 장훈, 〈구로사와 아키라 30선 - 『이키루/산다』〉, 『키노』, 1998년 10월호, 51쪽에서 재인용.
10) 강혜연, 〈웨스턴 구로사와 - 존 포드에서 오우삼까지〉, 『키노』, 1998년 10월호, 34쪽.
11) 이연호, 〈Image 1954〉, 『키노』, 1998년 4월호, 77쪽.

제작한 영화 중 가장 많은 제작비를 들인 영화로 유명한데, 구로사와 아키라는 이 영화로 베니스 영화제 은사자상을 수상했고 이 작품은 지난 20여 년 동안 일본영화사상 최고의 영화로 꼽혔다.

1955년 핵에 대한 공포를 다룬 『생존의 기록』을 만들었던 구로사와 아키라는 57년 영국의 대문호인 셰익스피어의 『맥베드』를 원작으로 한 『거미집의 성』을 만들었다. 『거미집의 성』은 서구적인 것과 일본적인 것의 절묘한 접합으로 유명한 구로사와 아키라 스타일의 절정에 있는 작품이다.[12] 그는 셰익스피어의 희곡을 가져와 그것을 일본의 가부키와 노 음악 등과 버무려 새로운 그 무엇을 만들어냈다.

그 후 막심 고리키가 직접 자신의 희곡 『밑바닥』을 시나리오로 옮겨 쓴 『밑바닥』(1957)을 제작한 구로사와 아키라는 1958년 상업영화를 만들겠다고 선언하고 『숨은 요새의 세 악인』을 만들었다.[13] 아키라는 자신의 약속대로 이 영화에서 통쾌한 액션과 재미를 보여줬는데 조지 루카스는 이 영화를 통해 장차 자신이 만들 영화 『스타워즈』의 영감을 얻었다고 한다.

1960년 일본의 부패상을 꼬집은 『악인이 더 편히 잔다』를 만든 아키라는 그 후 『요짐보』(1960)를 만들었다. 도시로 미후네에게 베니스 영화제 남우주연상을 안겨준 이 작품은 셀지오 레오네에 의해 『황야의 무법자』(1964)란 이름의 마카로니 웨스턴으로 리메이크됐고 브루스 윌리스 주연의 『라스트맨 스탠딩』(1996)도 이 작품의 리메이크작이다. 또, 이 영화는 케빈 코스트너·휘트니 휴스턴 주연의 영화 『보디가드』에 등장하기도 했다. 극장에서 휘트니 휴스턴과 함께 영화를 보던 케빈 코스트너가 "난 이 영화를 60

---

12) 씨네21 엮음, 〈구로사와 아키라〉, 『영화감독사전』(한겨레신문사, 1999), 19쪽.
13) 정성일, 〈구로사와 아키라 30선 - 『숨은 요새의 세 악인』〉, 『키노』, 1998년 10월호, 54쪽.

번도 넘게 보았어"라고 말하던 영화가 바로 『요짐보』인 것이다.[14]

샘 페킨파 감독과 오우삼 감독이 명장면으로 꼽는 라스트 씬의 『쓰바키 산주로』(1962)와 『천국과 지옥』(1963)을 제작한 아키라는 1965년 『붉은 수염』을 만든다. 전통적인 방법으로 환자를 치료하는 명의와 서양의학을 배워온 신참내기 의사와의 대립, 그리고 신참내기 의사의 깨달음을 다룬 이 작품은 구로사와 아키라 자신의 개인적 체험에서 나온 영화다. 아키라는 이 영화에 대해 다음과 같이 회고했다.

> 『7인의 사무라이』 같은 대작을 만들면서 나는 두 번이나 크게 아팠고
> 도시로 미후네 역시 병을 앓았다. 그래서 나는 사람들이 보고 싶어하는
> 영화를 만들 생각을 했고 그 중에는 나도 포함된다.[15]

『붉은 수염』 제작 이후 구로사와 아키라의 창작 활동은 뜸해졌다. 1967년부터 20세기 폭스사와 계약을 한 『도라, 도라, 도라』 준비 때문이었다. 그러나 3년간 이 작품을 준비했던 그에게 20세기 폭스사로부터 날아온 것은 감독 해임 소식이었다. 폭스사는 막대한 제작비에 대한 부담 때문에 아키라를 해임했고 이 때문에 아키라는 5년간 침묵해야했다. 오랜 침묵 끝에 나온 영화가 『도테스카덴』(1970)이다. 구로사와 아키라의 첫 칼라영화였던 이 작품은, 하지만 흥행에 실패하고 말았다.

1971년 12월 22일 구로사와 아키라는 자신의 집 목욕탕에서 자살을 시도했다. 『도테스카덴』의 흥행실패와 20세기 폭스사에 의한 『도라, 도라,

---

14) 강혜연, 〈구로사와 아키라 30선-『요짐보』〉, 『키노』, 1998년 10월호, 56쪽.
15) 이연호, 〈구로사와 아키라 30선-『붉은 수염』〉, 『키노』, 1998년 10월호, 57~58쪽에서 재인용.

도라』감독 해임 때문이었다. 장대한 전쟁영화를 만들려고 했던 아키라에게 이 일은 큰 충격으로 다가왔고 결국 그는 자살을 시도했던 것이다. 그러나 아키라의 자살은 미수로 그쳤다.

기적적으로 살아난 그는 다시 영화에 몰두했고 자신의 영화 생애 처음이자 마지막으로 해외에서 영화를 찍었다. 그렇게 탄생한 것이 『데르수 우잘라』(1975)이다. 일본 내에서 제작비를 끌어들이지 못해 구소련의 지원으로 만든 이 영화는 광활한 시베리아 벌판을 무대로 인간과 자연의 혼연일체를 그리고 있다.[16] 그는 이 영화로 아카데미 외국어 작품상, 모스크바 영화제 그랑프리를 수상했다.

구로사와 아키라는 『데르수 우잘라』 이후 다시 5년간의 공백기를 가져야 했다. 시대적인 조류에 따른 영화사의 제작 거부 때문이었다. 일본 영화가 침체기에 접어드는 상황에서 제작비가 많이 들어가는 구로사와 아키라의 영화는 영화사로부터 거부를 당할 수밖에 없었다. 당시 일본 영화계는 로망포르노 같은 상업영화들이 판을 치고 있었기 때문에 상업성이 떨어지는 아키라의 영화는 쉽게 만들어질 수 없었던 것이다.

그는 5년간의 공백기 동안 작품을 준비했는데 그것은 후에 『카게무샤』(1980)와 『란』(1985) 등의 영화로 발표됐다. 1980년 발표한 『카게무샤』는 20세기 폭스사의 지원으로 제작됐다. 일본 내에서 아무도 제작비를 지원해 주지 않자 아키라는 1978년 자신이 그 동안 준비해 온 영화에 대한 계획서와 스케치 등을 들고 미국을 방문했다. 그리고 자신의 제자라 자처하는 프란시스 포드 코폴라와 조지 루카스의 지원에 힘입어 20세기 폭스사로부터

---

16) 강혜연, 〈구로사와 아키라 30선 - 『데르수 우잘라』〉, 『키노』, 1998년 10월호, 59쪽.

제작지원을 받게 됐다. 이렇듯 어렵게 제작된 『카게무샤』는 아키라의 고생을 반영하듯 그의 영화인생 최대의 대작으로 만들어졌다. 16세기 전국시대를 무대로 한 이 작품은 당시 존재했던 '그림자 무사'를 소재로 해 만든 작품이다. 그는 이 영화로 깐느 영화제 황금종려상을 수상하는 등 과거의 명성을 되찾았다.

『카게무샤』 이후 다시 5년간의 침묵에 들어간 구로사와 아키라는 셰익스피어의 희곡 『리어왕』을 영화화한 『란』(1985)을, 그리고 다시 5년간의 침묵 후에 『꿈』(1990)을 발표했다. 『란』은 프랑스 자본으로 제작되었는데 이 영화를 본 우디 앨런[17]은 "셰익스피어를 찍을 수 있는 감독은 구로사와밖에 없다"는 말로 그에게 헌사(獻辭)를 보냈다.[18]

『꿈』은 『카게무샤』 이후 다시 한번 할리우드의 도움을 받은 작품이다. 『카게무샤』를 제작할 때 도와준 프란시스 포드 코폴라, 조지 루카스에 이어 스티븐 스필버그까지 나서서 그를 지원했고 결국 『꿈』은 할리우드의 워너브라더스사의 지원하에 제작되었다. 조지 루카스가 이렇게 발벗고 나서서 구로사와 아키라를 도와준 이유는 다음과 같다.

"더 이상 구로사와의 신작을 기다리고 있기에는 너무도 지쳤기 때문이다."[19]

8개의 에피소드로 구성된 이 작품은 구로사와 아키라가 어렸을 적 꾸었던 꿈을 기반으로 만들어진 작품이다. 구로사와 아키라에게 깊은 영향을 받은 마틴 스콜세지 감독이 이 영화에 특별 출연해 화제가 되기도 했는데,

---

17) 우디 앨런에 대해서는 『시사인물사전 3』을 참고하십시오.
18) 이연호, 〈구로사와의 아이들〉, 『키노』, 1998년 10월호, 39쪽.
19) 이연호, 위의 글에서 재인용.

그는 이 영화에서 아키라가 존경했던 화가 고흐역을 맡아 연기했다.

1990년 구로사와 아키라는 아카데미 명예특별상을 받았다. 세계의 젊은 이들에게 영화적인 상상력을 불어넣은 점이 인정돼 상을 받은 것이다.[20] 이 제까지 찰리 채플린, 미키 루니 단 두 사람에게만 주어진 이 상은 외국인 으로는 처음으로 구로사와 아키라에게 돌아갔다. 평소 구로사와 아키라의 제자라 자처하던 조지 루카스와 스티븐 스필버그가 이 상의 수여자를 발표 했다. 구로사와 아키라에게 아카데미를 대표하여 상을 수여하게 돼 영광이 라고 말했던 스티븐 스필버그는 그에 대해 다음과 같이 말했다.

> 많은 사람들이 내게 왜 구로사와 아키라에게 그토록 애착을 갖고 존 경을 바치느냐고 묻는다. 이유는 간단하다. 나를 비롯한 많은 영화제작 자들(뿐만 아니라 감독들, 아니 영화를 만드는 모든 사람들 중에서) 중 에서 그가 이 시대에 가장 위대한 '영화를 만드는 사람'이기 때문이라 고 믿기 때문이다. 그는 말할 것도 없이 영화라는 미디어를 갖고 진정 한 영화를 만드는 꿈을 쫓는 사람들 중의 한사람이다.[21]

원폭을 소재로 삼은 『8월의 광시곡』(1991)을 발표한 아키라는 이 작품으 로 자신의 영화인생에 오점을 남겼다. 스타일은 자신의 전 작품보다 떨어 지진 않았으나 그는 이 작품에서 자신의 몰역사성을 드러냈다.[22] 그는 이

---

20) 이기홍, 〈거장 日 구로사와 감독 타계〉, 『동아일보』, 1998년 9월 7일 C3면.
21) 스티븐 스필버그, 〈꿈을 뒤쫓는 사람, 또는 우리들의 가장 위대한 영화감독〉, 『키노』, 1998년 10월호, 31쪽에서 재인용.
22) 이연호, 〈구로사와 아키라-『8월의 광시곡』〉, 『키노』, 1998년 10월호, 61쪽.

작품에서 리처드 기어로 대변되는 미국으로부터 일본에 원자폭탄을 투하한 사실에 대한 사과를 받아내는 장면을 연출해 논란을 일으켰다.

1993년 그의 유작이 된 『마다다요』를 발표한 구로사와 아키라는 젊은이들에게 이미 전시대 사람으로 평가받고 있었다. 기존의 뛰어난 창작물도 일본의 젊은이들에게는 지난 시대의 산물이었다. 구로사와 아키라는 이미 늙은이로 평가받았고 "차라리 영화를 만들지 말고 가만히 있는 것이 일본 영화를 도와주는 것"이라는 말까지 나오기도 했다.[23]

사실 구로사와 아키라에 대한 일본 내에서의 평가는 세계 영화계의 평가보다 못한 것이었다. 그에 대한 일본의 평가는 '서구적이다' 라는 것이다. 즉 일본 특유의 영상미가 없다는 것이다. 때문에 일본의 영화인들은 구로사와 아키라보다 일본 영화의 아버지라 불리는 오즈 야스지로를 더 높게 평가해왔다. 그래서 일본 내에서 구로사와 아키라의 계보를 잇는 감독을 찾기는 힘들다. 오히려 그의 계보를 잇는 감독들은 할리우드에 더 많이 포진해 있다. 이런 이유 때문에 구로사와 아키라는 1960년대 등장한 신진 감독들이 외쳤던 타도대상이 되기도 했고 그의 선배였던 미조구치 겐지는 그를 평생 증오했다.[24]

그러나 구로사와 아키라에 대한 이런 평가는 그가 일궈놓은 업적을 깎아내리기에는 너무 미흡한 것이었다. 사실 그는 일본적인 것을 소홀히 하지 않았다. 비록 그의 영화 형식이 서구의 모더니티에 기대어 있었다고는 하지만 그는 일본의 전통연극인 '가부키'와 '노(能)' 등을 적절하게 자신의 영화 속에 배합함으로써 서구와는 다른 새로운 형식미를 창조해냈다. 영화

---

23) 임재철, 〈빛바랜 구로사와 명성〉, 『중앙일보』, 1994년 6월 9일, 12면.
24) 장훈, 〈모더니티의 사려깊은 매력〉, 『키노』, 1998년 10월호, 32쪽.

평론가 정성일은 그에 대해 다음과 같이 말한다.

구로사와 아키라를 오즈 아스지로와 미조구치 겐지와 함께 일본영화
의 삼대 거장이라고 손쉽게 부르는 것은 아무런 의미가 없는 것이다.
왜냐하면 그 진술이 담고 있는 유일한 전략은 그저 기억하기 간편한 문
서고에 지나지 않기 때문이다. 오히려 구로사와는 그 자체로 영화에서
하나의 지층이다.[25]

구로사와 아키라는 보편적인 이야기를 하는 것으로 잘 알려져 있다. 그
는 이것 때문에 서양 영화계에 다른 일본 감독들보다 더 빨리 알려졌다.
조지 루카스가 아카데미 시상식장에서 구로사와 아키라 감독의 일관된 주
제는 '인간의 보편적 행복'이라고 밝혔듯 구로사와 아키라 감독이 얘기하
는 것은 "어떻게 하든지 인간 모두가 행복해져야 한다"는 것이었다.[26]
그는 자기 영화의 강점인 보편적 휴머니즘에 대해 다음과 같이 말했다.

영화화면이라는 것은 무언가 세계의 광장이기도 합니다. 그 화면에는
여러 나라 사람들이 나옵니다. 그리고 그 사람들은 관객들과 교류를 하
고, 즐겁고 슬프고 고통스러움을 함께 나눕니다. 거기서 감동을 받고,
울고, 웃고, 분노하는 것입니다. 말이라는 것은 그 사고방식이 서로 다
른 것이고 관습에 따라 다른 것입니다. 하지만 가장 가슴 밑바닥에는
인간이라는 동일한 것이 서 있다고 생각합니다. 나는 나이며, 그리고

---

25) 정성일, 〈작별인사 구로사와 아키라〉, 『키노』, 1998년 10월호, 26쪽.
26) 〈나의 고향은 지구〉, 『키노』, 1998년 10월호, 41쪽.

일본인입니다. 그 문제를 제가 정직하게 물어보면 되는 것입니다. 그것을 세계의 모든 사람들에게 이해시키려고 할 필요는 없습니다. 그것이 자연스러운 것이며, 그렇기 때문에 영화인 것입니다. 예를 들면 내가 『이키루』를 만들었을 때 영화사는 이 영화를 해외영화제에 보내지 않을 생각이었습니다. 장례식은 일본의 독특한 관습이기 때문에 외국인들은 이해하지 못할 것이라는 생각이었습니다. 그러나 베를린영화제에 출품되었을 때 모든 사람들은 이 영화를 아주 잘 이해하였습니다.[27]

일평생 휴머니즘을 이야기한 구로사와 아키라는 1998년 9월 6일 사망했다. 일본 영화계는 물론이고 세계 영화계도 그의 죽음을 슬퍼했고 추도했다. "우리들은 영화를 만들면서 같은 동네에 살면서 서로 격려하는 것입니다"라고 말했던 구로사와 아키라는 1982년 동양인으로는 유일하게 세계 영화사상 가장 위대한 감독 10인에 선정되기도 했다.[28] **인·사**

---

27) 〈나의 고향은 지구〉, 앞의 글에서 재인용.
28) 정성일, 앞의 글.

기타노 다케시

北 野 武

한국의 코미디언이 영화라는 장르에 손을 댄 적은 몇 번 있었다. 지금 인기 MC로 활약하고 있는 서세원이 그렇고 요즘 방송에 컴백한 이경규가 그렇다. 하지만 이들이 찍었던 영화는 모두 흥행에 실패했다. 서세원의 『납자루떼』가 그렇고 이경규의 『복수혈전』이 그렇다. 그들은 영화에 손을 댔다가 참담한 실패를 뒤로 한 채 영화에서 손을 뗐고 그들의 영화는 이들 인기 코미디언 인생의 오점처럼 남아있다. 그리고 종종 그 오점은 이들이 출연하는 프로그램에서 농담거리로 이용당하곤 한다.

일본에서도 코미디언이 영화에 진출한 경우가 있다. 그의 영화도 일본 내에서는 흥행에 실패했다. 그러나 그것이 인생의 오점으로 남지는 않았다. 왜냐하면 세계 영화계에서 그를 인정했기 때문이다. 세계 영화계에서는 그를 가리켜 '1990년대 일본영화의 상징'이라고 일컫는다.[1] 1997년 한국에 개봉된 일본 영화 1호인 『하나비』(1997)의 감독 및 주연인 기타노 다케시가 바로 그 사람이다.

2000년 1월 8일 그의 영화가 두 번째로 한국에서 개봉됐다. 1993년에 찍은 『소나티네』가 그것이다. 이 작품은 일본에서는 흥행에 실패했지만 1993년 깐느 영화제 '주목할 만한 시선' 부문에 초대되어 세계 영화계에 기타노 다케시란 이름을 처음으로 알린 영화다. 기타노 다케시는 자신의 네 번째 영화였던 이 작품 이후 97년 자신의 일곱 번째 영화인 『하나비』로 베니스 영화제 황금사자상을 수상했다.

기타노 다케시, 그는 자신이 활약하는 분야에 따라 두 가지 이름을 쓰고 있다. 본명인 기타노 다케시는 영화감독으로서의 자신을 지칭할 때 쓰는 이름이고 비트 다케시는 코미디언인 그를 가리킬 때 쓰는 이름이다. 그는 일본 내에서 영화감독보다 코미디언으로 먼저 성공했다. 그의 인기는 1주일에 9개의 TV 프로그램을 진행하는 것에서 보여지듯 일본 내에서 상상을 초월할 정도로 아주 높다. 현대를 살고 있는 일본의 젊은이들은 모두 그의 프로그램을 보고 자랐다고 해도 과언이 아니다. 기타노 다케시는 현재 일본에서 '엔터테인먼트의 신'이라 불리기 때문이다.[2]

기타노 다케시는 영화감독, 코미디언 이외에도 주간지 칼럼니스트로 활동하고 있고 시, 소설, 에세이 등을 쓰기도 한다. 그 동안 이렇게 나온 책이 55권에 이른다. 또, 그는 그림도 그리는데 『하나비』에 등장하는 이상야릇한 그림은 모두 그의 작품이다.

---

1) 윤승용, 〈아오키 신야 인터뷰-키네마 준보 편집장이 말하는 일본 영화의 '지금'〉, 『키노』, 1995년 12월호, 123쪽.
2) 〈신이라 불리운 사나이, 혹은 거대한 순수〉, 『씨네21』, 1998년 12월 15일.

이같이 그 정체를 뭐라고 확실히 규정지을 수 없는, 그러면서도 현대 일본 영화와 일본 대중문화를 상징하는 인물인 기타노 다케시는 1947년 도쿄에서 태어났다. 그가 태어난 곳은 도쿄의 뒷골목이었는데 그는 이곳에서 어머니를 폭행하고 술 주정을 부리는 무능력한 아버지 때문에 극빈한 생활을 해야했다. 그의 어머니는 자식의 교육에 열성적인 모습을 보였는데 기타노 다케시는 후일 자신에게 가장 영향을 많이 끼친 사람으로 자신의 어머니를 꼽았다.[3]

기타노 다케시는 어릴 때 동네의 골목대장이었다. 그는 어머니를 무서워하면서도 어머니의 눈을 피해 어머니의 돈을 떼어먹기도 하는 등 오직 놀러 다닐 궁리만 하는 개구장이였다. 그리고 어릴 때부터 야구와 권투를 좋아하여 선수가 되려고 했으나 엄격한 어머니의 만류와 교육열 때문에 그만두었다. 한번은 기타노 다케시가 어머니의 눈을 피해 야구 글러브를 나무 밑에 숨겨놓았는데 어머니가 그곳에 참고서를 갖다놓기도 했다. 이같이 그의 어머니는 갖가지 방법으로 기타노가 공부 아닌 다른 분야에 눈을 돌리지 못하게 했는데 결국 기타노는 공부와는 다른 분야에서 유명해졌다.[4]

어머니의 교육열에 힘입어 기타노는 1965년 메이지대학 공학부에 입학했다. 그러나 그의 대학 생활은 길지 않았다. 대학 2학년 때 중퇴했기 때문이다. 당시 일본 대학가는 학생운동으로 시끄러운 때였다. 반미(反美)를 부르짖는 수많은 대학생들의 고함과 투석전이 난무하는 데모 대열에 기타노도 합류했는데 이 일로 그는 대학 졸업장을 타지 못했다.

---

3) 김종석, 〈"일본영화의 경쟁력? 전혀 없다"-기타노 다케시 인터뷰〉, 『씨네21』, 1998년 12월 15일.
4) 김종석, 위의 글.

대학 중퇴 후 여러 직업을 전전하던 기타노는 1972년 아사쿠사의 스트립 극장인 '프랑스좌'에서 엘리베이터맨으로 취직했다. 그는 이곳에서 자신의 코미디언 인생을 시작했다. 결원이 생긴 무대에 '땜빵'식으로 출연했던 기타노는 그곳에서 만난 기요시와 '투 비트'라는 만담 콤비를 결성해 활동을 시작했다. 이때 생긴 예명이 비트 다케시다. 당시 '투 비트'는 사회 여러 영역에 대한 신랄한 독설로 인기를 얻었다.[5]

기타노 다케시의 독설은 유명하다. 정치, 종교 등 사회 곳곳에 비판을 퍼붓는 그의 독설은 일본 대중에게 하나의 배출구가 되었고 대리만족을 느끼게 했다. 기타노는 그만큼 일본에서 함부로 할 수 없는 말들을 TV라는 공중파 매체를 통해 직설적으로 내뱉는다. 다음과 같은 말을 들어보면 그의 독설 수준을 알 수 있을 것이다.

> 일본 정치가 이렇게 삼류가 돼버린 건 아줌마들에게 똑같이 한 표를 줘서라구. 일본 정치가 일류가 되려면 대학생은 두 표, 아줌마는 한 표, 할머니들은 세 명 모아서 한 표로 해야돼. 빠가야로(바보같은 것들)![6]

기타노 다케시는 이 같은 독설로 인기를 끌어 TV와 라디오에 진출해 만담과 라디오 DJ로 주가를 올리기 시작했다. 그러던 중 기타노에게 영화 출연 제의가 들어왔다. 그의 첫 번째 출연작인 오시마 나기사 감독의 『전장의 크리스마스』(1983)가 그것이었다. 그가 이 작품에 출연하게 된 경위

---

5) 〈신이라 불리운 사나이, 혹은 거대한 순수〉, 『씨네21』, 1998년 12월 15일.
6) 이규형, 『J·J가 온다』(해냄, 1998), 40쪽에서 재인용.

에는 다음과 같은 에피소드가 있다.

기타노는 당시 오시마 나기사 감독이 배우들을 다그치기로 소문난 감독이란 소문을 듣고 영화 출연 제의를 거절하려 했다. 그러나 기타노의 출연을 강력히 원했던 오시마 나기사 감독은 기타노에게 아무런 질책도 하지 않기로 약속하고 그의 출연승낙을 받아냈다. 그런데 기타노는 대본을 외워오지도 않는 등 촬영장에서 불성실한 모습을 보였다. 기타노와 약속한 감독은 그에게 아무런 제재도 하지 못했고, 기타노 대신 다른 배우들만 죽어났다고 한다.[7]

이렇게 만들어진 『전장의 크리스마스』에서 기타노는 '하라 상사'라는 잔인하면서도 독특한 역을 연기했다. TV에서의 모습과는 달리 심각한 캐릭터를 연기한 기타노는 관객의 반응을 보고 싶어했다. 내심 자신의 달라진 연기에 기대를 하고 있었던 기타노는 관객이 그런 자신을 '배우'로 인정해주길 기대했다. 그러나 관객의 반응은 그렇지 않았다. 캐릭터 자체가 심각했지만 관객들은 기타노가 화면에 등장하자마자 웃음을 터뜨렸다. 영화에서 보여지는 이미지보다 TV 속에서 보여지는 이미지가 더 강해 일어난 헤프닝이었다. 기타노는 이 일로 모욕감을 느꼈는데 이 경험은 나중에 기타노가 심각한 역할을 연기할 수 있게 한 힘이 되었다.[8]

영화 출연 이후에도 기타노는 거침없는 독설로 TV에서 큰 인기를 누렸다. 그러던 1986년 그는 한 잡지사에 난입해 집기를 부수고 편집장을 폭행하는 일을 저질렀다. 일명 '프라이데이' 사건으로 불리는 이 사건의 발단

---

7) 이연호, 〈기타노 다케시 동경 인터뷰-그 일본 감독, 가장 조용한 하드보일드〉, 『키노』, 1997년 12월호, 70쪽.
8) 〈신이라 불리운 사나이, 혹은 거대한 순수〉, 『씨네21』, 1998년 12월 15일.

은 그 잡지사에서 발행하는 잡지 『Friday』에 자신의 애인의 사진이 실렸기 때문이었다. 이 잡지는 연예인들의 스캔들을 캐내기 위해 파파라치를 동원했는데, 당시 파파라치들은 그들이 원하는 포즈를 위해 기타노 다케시의 애인을 폭행하면서 사진을 찍었다고 한다.[9] 기타노는 이 사실에 격분하여 잡지사에 쳐들어가 잡지사 편집장을 똑같이 폭행한 것이다.

『Friday』는 『Focus』라는 비슷한 종류의 잡지와 함께 자극적이고 참혹한 것만을 골라 찍고 스타나 유명 연예인들의 스캔들을 만들어 싣는 걸로 악명이 높은데, 이 잡지들이 일본 대중에게 인기리에 팔리고 어필하는 것을 일컬어 'FF 현상'이라는 말까지 만들어졌다.[10] 그 동안 많은 일본 연예인들이 이 잡지에 당했지만, 아무도 이런 쓰레기 같은 잡지들에 정면대응한 적은 없었다. 그런데 오직 기타노 다케시만이 비록 폭력적인 방법이었지만 정면대응을 한 것이다. 기타노는 이 일로 구속되기도 했다.

'프라이데이' 사건 이후 기타노 다케시는 6개월간 TV에 출연하지 못했다. 그러나 6개월 후 그는 거침없는 독설과 숙달된 TV 프로그램 진행으로 재기에 성공했다. 1989년 기타노 다케시는 다시 영화계에 뛰어들었다. 『그 남자 흉폭하다』(1989)에 출연하기로 돼 있었던 기타노는 갑작스레 감독직까지 겸임하게 됐다. 원래 이 영화는 후쿠사쿠 긴지가 감독을 맡기로 되어 있었다. 그런데 후쿠사쿠 긴지 감독이 스케줄이 맞지 않아 중도하차하자 갑작스럽게 기타노 다케시가 감독을 맡게 된 것이다. 기타노 다케시의 감독 데뷔였고 기타노 다케시란 본명의 출현이었다.[11]

---

9) Michel Ciment, 〈기타노 다케시 인터뷰 - 부드러움과 폭력은 추의 움직임들과 같다〉, 『키노』, 1998년 12월호, 171쪽.
10) 이규형, 『J · J가 온다』(해냄, 1998), 203쪽.

　　정식으로 영화공부를 한 적도 없고 ‘영화판’을 기웃거리지도 않은 코미디언이 영화를 연출한다? 영화판에서 잔뼈가 굵은 당시 스태프들은 기타노 다케시를 무시했다. 그를 영화에 문외한인 코미디언이라고 생각했기 때문이었다. 다음과 같은 그의 말을 들어보면 당시 영화 연출의 어려움이 어떠했으며 기타노가 그 어려움을 어떻게 해결했는가를 알 수 있다.

　　　　코미디언이 영화 쪽으로 가면 정말 스탭들이 말을 듣지 않는다. 거의 바보 취급을 한다. 더구나 텔레비전에서 인기가 높으니까 더더욱 경계하고 말을 들어주지 않았다. 어쩔 수가 없어서 당시에 인기가 있었던 만화의 주인공처럼 검도 복장을 하고 검으로 땅을 치면서 “니들 내가 하는 말 들어”라고 소리를 질렀다. 그러자 스탭들이 “저 사람 머리가 이상한가봐. 불쌍하니까 들어주자”식으로 바뀌었다.[12]

　　이런 우여곡절 끝에 영화는 완성됐다. 그가 처음 감독한 이 영화는 클린트 이스트우드 주연 『더티 하리』의 일본판이라는 평을 들을 만큼 잔혹한 폭력 묘사로 유명해졌다. 그러나 흥행에는 실패했다.

　　기타노 다케시의 두 번째 작품은 『3-4×10月』(1990)이란 특이한 제목을 가진 작품이다. 야쿠자를 등장시켜 블랙 코미디의 진수를 보여준 것으로 평가받는 이 작품은 기타노 다케시의 개인적 체험이 곳곳에 들어가 있는

---

11) 그 동안 기타노 다케시는 비트 다케시란 이름을 쓰고 있었다. 그는 이 영화를 시작으로 기타노 다케시란 이름을 영화와 관련해서만 쓰게 됐다.
12) 이연호, 〈기타노 다케시 동경 인터뷰-그 일본 감독, 가장 조용한 하드보일드〉, 『키노』, 1997년 12월호, 70쪽에서 재인용.

작품이다. 이 영화의 제목이 결정된 과정이 엉뚱하다. 당시 영화가 완성된 뒤에도 영화 제목을 정하지 못했던 기타노는 별생각 없이, 자신이 영화를 완성할 즈음 가진 야구 경기에서 3 대 4로 이긴 것과 영화촬영 시기가 10월이었다는 사실을 가지고 '3-4×10月'이라고 영화제목을 지었다. 또한 영화의 처음과 끝이, 주인공이 화장실에 앉아 있는 것으로 되어 있는데 이 것은 기타노가 화장실에서 이 영화를 구상했기 때문에 영화를 그렇게 만든 것이다. 그런 엉뚱함에도 불구하고 이 영화는 기타노에게 영화감독으로의 위치를 확고히 해준 작품으로 평가받는다.[13]

기타노 다케시의 세 번째 작품은 그가 연출한 영화 중 유일하게 폭력 장면이 없는 영화『그 여름 가장 조용한 바다』(1991)다. 청각장애자 소년 과 한 소녀의 사랑 이야기를 그린 이 영화는 일본 내에서 호의적인 평을 받았다.

그 다음 영화가 『소나티네』(1993)다. 『3-4×10月』의 후편이라고도 할 수 있는 이 작품은 여느 할리우드 액션 영화와는 달리 액션보다는 야쿠자 들의 일상을 담담하게 그린 영화로 기타노 다케시의 스타일이 집대성된 작 품으로 평가받는다. 이 영화는 1993년 깐느 영화제 '주목할 만한 시선'에 초대되었다.

『소나티네』에서는 기타노 다케시의 폭력이 절정을 이룬다. 사람을 크레 인에 매달아 강물 속에 처넣은 장면 등 이 영화에서 등장하는 폭력은 영화 에서의 폭력이라고 믿겨지지 않을 만큼 섬짓하게 다가온다. 기타노 다케시 는 자신의 영화에서 보여지는 폭력 장면의 출처(?)에 대해 다음과 같이 말

---

13) 이연호, 앞의 글, 73쪽.

했다.

　"『소나티네』에서 사람을 크레인에 매달아 강물에 집어넣는 설정이나 술집에서의 액션도 내가 야쿠자들에게 납치되어 갔을 때 들은 이야기이다. 야쿠자 보스의 딸이 내 팬이라는 이유로 그들에게 납치된 적이 있다. 그때 야쿠자 보스가 전화통화를 하면서 '너 배 갈랐어? 가르지 않으면 가스가 생겨서 떠오르잖아'라고 말해 무서움에 떨기도 했다. ……『하나비』에서 권총의 총구를 손으로 막는 장면도 손가락에 기부스를 하고 있었던 한 야쿠자가 직접 들려준 에피소드이다." [14]

　『소나티네』로 유명세를 타며 상승곡선을 그리던 기타노는 1995년 『모두 하고 있습니까』란 섹스 코미디 영화로 급추락한다. '비트 다케시' 처럼 일본 코미디계를 평정할 만한 영화를 만들겠다는 거창한 의도와는 달리 이 영화는 지나친 패러디와 농담으로 흥행과 비평에서 참패를 면치 못했다.

　이후 기타노는 할리우드로 날아가 로버트 롱고 감독의 『코드명 J』에 출연했으나 별 성과 없이 돌아왔다. 나쁜 일은 연이어 일어났다. 1995년 기타노는 치명적인 오토바이 사고를 당한다. 생사를 넘나드는 뇌수술 끝에 기적처럼 살아났지만 그의 오른쪽 뺨에는 흉칙한 흉터가 남았고 안면마비 증세가 생겼다. 『하나비』에서 그의 오른쪽 얼굴이 떨리는 이유는 바로 이 증세 때문이다. 그는 오토바이 사고 이후 쉬면서 그림을 그리기도 했다.

　극적으로 살아난 기타노 다케시는 죽음의 문턱을 넘어선 성숙함으로 자신의 여섯 번째 영화인 『키즈 리턴』(1996)을 만들었다. 자신의 첫 번째 시집 이름과 같은 이름을 가진 이 영화는 그 동안 기타노 다케시 영화를 관

---

14) 이연호, 〈기타노 다케시 동경 인터뷰-그 일본 감독, 가장 조용한 하드보일드〉, 『키노』, 1997년 12월호, 76쪽에서 재인용.

통했던 삶에 대한 패배주의를 극복한 작품으로 평가받는다.

1997년 기타노는 『하나비』를 선보인다. '불꽃'이라는 제목을 가진 이 영화는 제목처럼 불꽃처럼 살다간 한 형사의 이야기를 다루고 있다. 무표정으로 일관하는 니시 형사역을 맡은 기타노 다케시는 이 영화에서 그 동안 자신의 작품에서 보여졌던 절제된 대사와 단편적인 쇼트, 돌발적인 폭력 등을 유감없이 브여준다. 그리고 그 동안 죽음을 삶의 도피처로만 다루었던 다른 영화와는 달리 죽음을 향해 당당히 나아가는 인물을 그려냈다. 『하나비』는 1997년 깐느 영화제에서, 『피아노』의 감독 제인 캠피온을 비롯한 심사위원 전원의 만장일치로 황금사자상을 수상했다.

기타노 다케시의 영화에는 몇 가지 특이한 점이 있다. 우선 그는 영상에 신경을 쓴다. 작품을 구상할 때 줄거리보다는 그림이 먼저 떠오른다는 그는 그 그림에 따라 스토리를 만든다. 그의 영화관을 들어보자.

> 영화는 기본적으로 영상이라고 생각한다. 대사도 없고 음악도 없는 게 영화의 가장 순수한 형태라고 생각하는데 예전에 채플린 영화도 그랬지만 코미디에서는 그런 효과가 더 많이 쓰여진 것 같다. 영화는 기본적으로 서정적인 것을 찍고 싶다.[15]

그래서일까? 그는 "영화에 사상을 집어넣는 것은 반칙이다"라고 말한다.[16] TV에서 비트 다케시가 사회 각 분야에 독설을 퍼붓는데 반해, 영화에서 기타노 다케시가 침묵으로 일관하는 것은 이런 이유 때문이다.

---

15) 이연호, 앞의 글, 74쪽.
16) 이연호, 앞의 글, 75쪽.

그러나 그의 영화에 일관되게 등장하는 테마는 있다. 그것은 바로 죽음이다. 그는 이에 대해 다음과 같이 말한다.

폭력이 주가 아니라 죽음이 가장 큰 테마다. 죽음에 가장 가까운 것이 폭력이고 거기에 가장 가까운 것이 또 야쿠자와 형사다. 추를 움직이면 한쪽으로 강하게 움직일수록 다른 쪽으로도 더 강하게 움직인다. 마찬가지다. 죽음에 대해 깊게 생각하는 사람이, 더욱더 열렬하게 삶을 살아가는 법이다.[17]

내가 죽음에 집착하는 이유는 전후 일본사회가 어떻게 살 것인가라는 서구적 이상을 잘못 이해한 채 일방적으로 받아들여왔기 때문이다. 2차 대전 전까지 삶과 죽음은 동전의 양면처럼 동등한 것으로 여겨졌다. 하지만 지금 죽음은 일본사회에서 금기가 됐고 일본인들은 점차 삶 자체만 중요한 것으로 여기게 됐다. 우리는 살아 있는 동안 죽음을 준비해야 한다. 그게 종교가 존재하는 이유이고 일본에서 종교가 더 이상 영향력을 발휘하지 못하는 이유이기도 하다.[18]

또 그의 영화에는 바다가 많이 등장한다. 이유는 기타노가 바다에 대해 느끼는 감정이 독특하기 때문이다.

"내가 생각하는 바다는 인간의 근원으로서의 공간이다. 태고의 생물이

---

17) 김종석, 〈기타노 다케시 인터뷰 - "일본영화의 경쟁력? 전혀없다"〉, 『씨네21』, 1998년 12월 15일.
18) 남동철, 〈야쿠자 아이 뒤에 숨었다〉, 『씨네21』, 2000년 1월 25일, 44면에서 재인용.

바다에서 육지로 올라와서 인간으로 진화했기 때문에 인간에게 바다는 태고적 기억을 되살려 주거나 자신의 과거의 기억을 환기시켜 주는 존재라고 생각한다."[19]

기타노 다케시는 『하나비』 이후 1999년 깐느 영화제 경쟁부문 초청작이 된 『기쿠지로의 여름』을 내놓았다. 이 영화는 기존의 폭력물과는 달리 서정성이 짙은 코미디 영화다. 기타노 다케시가 전과는 달리 수다스러운 모습을 보인 이 영화는 1999년 부산국제영화제에서 폭발적인 인기를 누렸다. 인·사

---

19) 이연호, 〈기타노 다케시 동경 인터뷰 - 그 일본감독, 가장 조용한 하드보일드〉, 『키노』, 1997년 12월호, 73쪽.

김 광 웅

공무원 인사제도의 개혁을 위해 1999년 5월 대통령 직속기관으로 설치된 중앙인사위원회의 위원장으로 김광웅 서울대학교 행정대학원 교수가 임명되자 일각에서는 의외라는 반응을 보였다. 그가 평소 '학자장관 불가론'을 외쳤던 사람이었고, 여러 차례 김대중 정부의 개혁 및 정부 조직 개편을 강하게 비판해왔던 인물이었기 때문이다. 원칙주의자로 알려진 그는 중앙인사위원장을 맡게 된 이유를 다음과 같이 말했다.

"중앙인사위원회는 일선 부처에 비해 조직규모가 작아 운영에 어려움이 덜하고, 또한 업무내용이 그 동안 내가 연구해온 전문분야여서 업무파악에 오랜 시간이 걸리지 않는다는 점도 고려됐다. 더구나 이곳은 정책집행보다는 정책을 세우는 기능 중심이기 때문에 대학의 연장선상에 있다고 생각했다."[1]

　김광웅은 1941년 10월 4일 서울에서 출생해 배제고, 서울법대, 서울대 행정대학원을 졸업했다. 이후 그는 미국 하와이대에서 정치학 박사학위를 취득했고 서울대 행정대학원 교수, 행정 대학원장을 역임했다. 사실 그는 공직사회에 직접 뛰어들지는 않았지만 서울대 교수로 재직하는 동안 88년과 93년 두 차례에 걸쳐 행정개혁위원으로 활동했다. 뿐만 아니라 김대중 정부 들어서도 정부조직개편 심의위원회 실행 위원장을 맡은 경력이 있을 정도로 현실 정치와 끊임없이 소통해오던 사람이다.

　그는 1999년 초에 단행된 김대중 정부의 2차 조직개편안이 절차와 규칙을 준수하는 공공부문의 특성을 무시한 개편이었다고 지적한 바 있다. 특히 그는 2차 조직개편안을 주도한 민간경영팀이 정부와 시장을 동일시하는 오류를 저질렀다며 다음과 같이 강하게 비판했다.

> 　정부와 시장은 다르기 때문에 저는 큰 틀의 시각에서는 소신을 양보할 수 없습니다. 기업 경영 방식의 효율성과 생산성을 정부에 도입하는 것은 좋은 방법이에요. 이상도 나쁘지 않고요. 그러나 정부를 아예 시장이라고 보는 것과 시장적 접근 방식의 일부를 도입하는 것은 근본적으로 다른데, 이 정부에서 개혁의 기본 이념은 정부를 시장의 원리로 바꿀 수 있다는 것입니다.[2]

　중앙인사위는 경복궁 서문 앞 청와대로 가는 도로 한편에 위치해 있는데, 업무나 위상에 비해선 단출한 규모이다. 그래서인지 몰라도 이 기관이

---

1) 〈공정하고 투명한 인사제도 마련하겠다〉, 『신동아』, 1999년 7월호, 347쪽에서 재인용.
2) 오민수, 〈국정관리회의 설치 요구하겠다〉, 『시사저널』, 1999년 6월 10일, 26면.

무엇을 하는 곳인지 아직까지는 일반인들에게 잘 알려져 있지 않다. 이곳은 인사행정과 정책의 기본 방향을 마련하고 1~3급 공무원의 채용·승진 심사를 담당하는 한편 공정한 인사가 이뤄지는지 각 부처를 수시로 감사하는 등 공무원의 인사와 관련된 모든 권한을 행사하고 있다. 김광웅 위원장은 장관급이지만 국무위원은 아니기 때문에 국무총리와 각 부처 장관 등에게 일일이 보고나 상의할 의무가 없다. 중앙인사위원회는 그만큼 독립적인 기관이라고 할 수 있는 것이다.

중앙인사위가 신설되자 야당은 이를 강력히 비판하고 나섰다. 대통령이 직속기구인 중앙인사위원회를 통해 공무원 인사권을 장악, 통제하려는 음모를 갖고 있다는 것이 그 이유였다. 김광웅은 이에 대해 다음과 같이 반박했다.

> 이는 기우(杞憂)일 뿐이다. 대통령이 행사하는 임명권을 좀 더 정확하게, 분명히 도와주고 각 부 장관의 임명제청을 도와주는 일이 우리 역할이다. 그 동안 공정치 못한 공무원 인사로 공직사회 내 불신 등이 커져 정치적 부담으로 작용한 적이 없지 않았다. 공정하고 투명한 인사제도를 마련하는 것은 정부의 원활한 업무수행에 기름을 치는 일이나 마찬가지다.[3]

1999년 7월 12일 중앙인사위는 공석 중인 조달청 차장(1급)에 재경부가 1순위로 추천한 재경부 국장 대신에 2순위인 서울지방 조달청장을 승진 임

---

3) 〈공정하고 투명한 인사제도 마련하겠다〉, 『신동아』, 1999년 7월호, 348쪽에서 재인용.

명토록 결정했다. 이것은 그 동안 관행적으로 이루어져 왔던 각 부처의 낙하산 인사 및 편의주의적 인사에 대한 경각심을 일깨웠다.[4] 또한 신설 후 4개월 동안 18회에 걸쳐 3백37개의 직위를 심사, 48개의 직위에 대한 원안에 이의를 제기해 수정했다.

중앙인사위의 결정을 두고 다른 부처에서는 장관이 국·실장 인사도 마음대로 못하냐는 불만을 터뜨리기도 했다. 김광웅은 이에 대해 그가 가장 중시하는 인사 원칙을 이렇게 말했다.

"연수만 차면 올라가는 연공서열식 인사, 능력보다 안면이 중시되는 인사는 배제하고 있다. 인재풀 제도를 마련한 것도 그 일환이다. 그 자리에 필요한 인사를 배정함으로써 양질의 행정서비스를 제공하자는 게 궁극적인 목표다."[5]

김광웅은 인력의 원활한 수급을 위해 데이터 베이스화된 국가 인재풀을 만드는 작업을 추진하고 있다. 이 자료는 어떤 직위에 사람이 필요하면 곧바로 후보자를 볼 수 있도록 하기 위한 것이다. 자신이 추구하고 있는 인재풀 제도에 대해 김광웅은 다음과 같이 말한다.

올해 말로 마무리한다는 계획하에서 5만 명을 목표로 24단체에 서류를 보냈습니다. 공무원이 2만5천 명이고 나머지 일반 사회단체에서 받고 있는데, 직위 위주로 모으는 것이 문제가 될 수도 있을 것 같습니다. 이 때문에 외국인이나 외국에 머물고 있는 한국인도 오픈 가번먼트(개방형 정부)를 추구한다는 차원에서 데이터 베이스에 포함시킬 예정

---

4) 윤성철, 〈중앙인사위 '낙하산 인사' 첫 제동〉, 『부산일보』, 1999년 7월 12일, 26면.
5) 홍성추, 〈인사풀制는 능력위주 인선장치〉, 『대한매일』, 1999년 7월 24일, 27면.

입니다. 또, 가능하다면 전·현직 대통령의 자료도 입력하는 방안까지 구상 중입니다. 다른 나라처럼 대통령으로서 습득한 폭넓은 경험을 사회에 환원하는 차원에서 바람직할 것이라는 생각입니다.[6]

김광웅은 고시제도 개편안도 준비 중이다. 현재와 같은 암기력 측정 테스트를 공직 적격성 평가(PSAT: Public Service Aptitude Test)로 전환하는 것이 기본방향이다. 2000년에 법을 개정해서 2003년부터 첫시험을 실시할 예정이다. 김광웅은 현행 고시제도의 문제점을 이렇게 지적했다.

현행 고시제도의 가장 큰 문제는 공직자로서의 자질을 검증할 길이 없다는 점일 겁니다. 오로지 시험으로 머리만 테스트하고 있으니까요. 도덕성·책임감·희생 및 봉사정신 등을 포함한 복합적인 테스트 방안을 만들어야 합니다.[7]

그는 고위 공직자의 첫 번째 자질로 세계화 추세에 발맞춰 나갈 수 있는 외국어 해독 능력을 꼽는다. 또한 행정의 실수나 업무 착오를 줄이기 위해서 의사전달 능력을 갖추는 것도 중요하다고 생각한다. 그래서 그는 공무원들에게 해외견문을 넓힐 수 있는 기회를 많이 주고, 인사 심사기준에 외국어 능력을 첨가하는 방안을 검토하고 있다.

공무원들의 사기 진작을 위해 그가 내놓은 해결책은 공무원 봉급의 혁명적인 변화이다. OECD 기준으로 봐서 일반 선진국은 GDP 중 공무원 인

---

6) 임희경, 〈대통령 경력도 데이터베이스화 해야〉, 『뉴스메이커』, 1999년 10월 14일, 29면.
7) 김기찬, 〈능력이 공직 人事의 유일한 잣대〉, 『중앙일보』, 1999년 7월 19일, 12면.

건비가 차지하는 비중이 11.1%인데 비해 한국은 6.4%밖에는 되지 않기 때문이다. 그는 공무원직을 떠나는 사람들의 첫 번째 불만사유가 적은 보수 때문이라는 것은 상징하는 바가 크다고 말한다.

한편 최근 공무원 사회의 최대 관심사였던 '개방형 공무원 임용제도' 직위가 확정됨으로써 정부 고위직은 일대 전환기를 맞이하게 되었다. 이를 두고 우려의 목소리도 있고, 공무원들이 동요하고 있는 것도 사실이다. 하지만 김광웅은 개방형 임용제로 인해 공직의 경쟁력이 크게 강화될 것이라는 낙관적인 기대를 갖고 있다.

그는 일제시대 잡지사 기자를 지낸 '신여성' 어머니의 영향을 많이 받아 아내에게 항상 존칭을 사용하고 요리에도 관심이 많은 것으로 알려져 있다. 또한 여성문제 해결을 위한 확고한 방안도 하나 가지고 있다. '자녀 함께 키우기'가 바로 그것이다.

"어머니와 아버지의 역할이 확실히 다르다는 것을 보고 큰 아이들에겐 차별이 체화할 수밖에 없어요. 가부장적 권위가 잠재적으로 남는 거죠. 그래서 앞으로는 어머니와 아버지가 함께 자녀를 키우지 않으면 안 된다는 겁니다."[8]

깐깐하다고 소문 난 덕택인지 지금까지 그는 청탁이나 외압 한번 받아본 적이 없다고 한다. 그런 깐깐함으로 그는 취임 초 중앙인사위를 한국 관료제의 '싱크 탱크'로서 손색이 없는 모범적 기관으로 만들겠다는 포부를 하나씩 실현해 나가고 있다. **인·사**

---

8) 최진숙, 〈같은 조건이라면, 여성을 우선 뽑겠다〉, 『여성신문』, 1999년 7월 30일, 3면.

김 덕 수

한국 사람이라면 누구나 초등학교를 비롯하여 중·고등학교 학창시절 농악이나 풍물패의 신명나는 가락을 들어본 기억이 있을 것이다. 이는 주로 마당이나 운동장 같은 넓은 장소에서 그 판이 벌어지는데, 이를 지켜보던 구경꾼들은 그 흥에 겨워 그 자리에서 덩실덩실 춤을 추기도 한다. 반면 비교적 좁은 실내 공연장에서도 그러한 연주가 펼쳐지기도 한다. 꽹과리, 징, 장구, 북으로 연주되는 '사물놀이'가 그것이다.

음악평론가 김헌선은 사물놀이를 "긴장·이완의 원리와 음·양의 조화의 원리가 날줄과 씨줄로 교직되어 다양한 소리를 낸다"고 정의했다.[1] 그는 우주의 질서를 구현하는 악기가 사물이라며 그것과 각 악기를 다음과 같이

---

1) 이규섭, 〈지구촌 매료시킨 '원초적 가락'〉, 『국민일보』, 1994년 10월 30일, 9면.

대비시켰다. 쨍쨍거리는 꽹과리 소리는 천둥번개 소리와, 징을 쳐서 떨리는 울림은 바람과, 잦게 몰아가는 장구의 가락은 비와, 둥실 거리는 듯한 북 소리는 구름과 대비시켰다. 이들의 소리가 강약(强弱)의 조화를 이루며 서로 잘 어우러지는 것이 바로 '사물놀이'라는 것이다.

지금은 '사물놀이'라는 말이 초등학생들에게도 익숙하게 되었지만 사실 이 말은 1978년에 생겨난 것이다. 사물놀이 창단 멤버였던 장구잡이 김덕수는 그로부터 20여 년이 지난 지금도 사물놀이의 맥(脈)을 유지해나가고 있다. 그는 과거의 전통을 '답습'하지 않고, '창조적인 계승'을 일궈나가면서 사물놀이를 거듭 발전시키고 있다.

김덕수를 가리켜 한국의 기운을 가장 잘 대변하는 '민간 외교 사절'이라는 말이 있을 정도로, 그는 세계적 스타로 이름나 있다. 그 세계적 스타의 국악 인생은 이미 40년을 넘어서고 있다.

김덕수는 1952년 9월 23일 대전에서 태어났다. 그는 아홉 형제 중에서 여섯째였는데, 그의 아버지는 남사당패[2] 화주(貨主)이며 벅구 재인이었던 김문학이었다. 김문학은 김덕수가 태어나기도 전에 "다음에 태어나는 녀석이 사내면 무조건 새미(무동, 꼭대기에 서는 어린이)감으로 내놓겠다"고 선약을 했다.[3] 예인(藝人)의 길을 걸어야 했던 김덕수의 운명은 일찌감치 예정되었던 것이다.

1957년 조치원 남사당패에 들어가면서 김덕수의 국악 인생은 시작되었다. 그는 남사당을 따라 난장[4]이 열리는 곳을 찾아 돌아다녔고, 일명 남사

---

2) 남자들로 구성된 유랑예인집단을 가리켜 남사당이라 부른다.
3) 장성주, 〈영혼을 두드리는 천부의 재인〉, 『세계일보』, 1999년 1월 5일, 16면.
4) 5일장이나 7일장 등 정기적으로 열리는 장과는 달리 어느 지역에서 특수산물이 일시에 다량

당놀이의 '춤추는 아이'로 활약했다. 그러면서 어른들과 똑같은 행하(行下: 자기 몫의 수당)를 김덕수는 여섯 살 때부터 받을 수 있었다.

어려서부터 남사당 정신을 익힐 수 있었던 그는 10여 명이 넘는 스승을 만나 자신의 기예를 체계적으로 다듬어 나갔다. 남사당 인간문화재이기도 한 남운룡을 비롯하여 양도일, 김재원, 송순갑, 김복섭, 송창선, 이돌천, 최성구, 민창열, 정일파, 지수문 등 그에게는 이름난 스승들이 많았다. 그런 스승 아래에서 김덕수는 장구, 소리, 덜미(꼭두각시), 버나(접시돌리기), 북 등 많은 기예를 전수 받았다.

신흥초등학교를 다니던 시절, 그는 전국적으로 유명세를 탈 수 있는 기회를 얻었다. 전국농악경연대회에 출전한 일곱 살짜리 김덕수가 30~40대 어른들을 제치고 장구 분야 대통령상을 따낸 것이다. 이 일로 '천재소년'이라 불려지게 된 그는 더욱 바쁜 일정을 보내야 했다. 김덕수는 여러 지방을 돌아다니며 공연을 펼쳐야 했고, 때문에 결석률도 높았다. 그가 초등학교 6년 동안 출석한 날짜는 3백일도 채 되지 않는다.

초등학교 이후 김덕수는 국악고등학교의 전신인 국악예술 중·고등학교를 다니면서 민요, 피리, 판소리, 마당놀이, 탈춤, 시조, 그리고 서양음악까지 많은 분야를 배웠다. 그는 중학교 1학년 때 동경 올림픽에 참가하면서 해외 진출을 시작했다. 이후 그는 1년 가운데 6개월 가량을 외국에서 보냈다. 그렇게 국내·외 공연을 하면서도 그는 공부와 학교 생활에 대한 욕심이 많아 고등학교를 다닐 때는 학생회장을 역임하기도 했다.

생산될 때 그 생산물이 집산되는 곳에서 열리는 장을 난장(亂場)이라 한다. 난장은 하루에 끝나지 않고 열흘간, 길게는 2개월간 낮과 밤을 가리지 않고 계속된다. 또한 지방의 홍액 예방을 위해 난장을 트기도 한다.

김덕수는 서울대 국악과를 목표로 두고, 고등학교 1학년 때부터 입시학원을 다녔다. 그런데 피아노를 쳐야한다는 입학 조건이 생겨 서울대를 포기했다. 마침 단국대에서 민속예술반을 만든다며 그에게 특기생으로 와 달라는 제의를 했고, 그는 도자기를 굽고 싶다는 생각이 들어 단국대 요업과를 택했다. 그러나 이름만 단국대 요업과 학생일 뿐, 여전히 밖으로 돌아다니며 공연하기 바빴다.

김덕수는 국악예술학교 선생님이었던 박귀희의 수양아들이기도 했다. 그는 대학을 다니면서 박귀희가 이끌던 민속가무예술단에서 일을 하기도 했고, 리틀엔젤스단에서도 전체 총무 역할을 맡기도 했다. 그곳에서 김덕수는 아이들을 가르치며 해외로 나가 직접 공연에 참가하기도 했는데, 이 때문에 학교 생활과는 자연스럽게 멀어지게 되었다. 급기야 대학 2학년을 마치기도 전에 학교에서는 더 이상 장학금을 줄 수 없다고 그에게 통보해왔고, 김덕수는 이때 학교를 그만두었다. 그로부터 얼마 지나지 않아 그는 군에 입대했고, 군대에 가서도 해외 출장 특명을 받아 세계 각지로 돌아다녔다.

현대판 남사당이 되어 세계 곳곳을 누비고 다녔던 김덕수는 정신없이 일만 하는 자신의 모습에 대해 회의감을 느끼기도 했다. 자신이 남사당의 정신을 제대로 이어가면서 세상 사람들에게 그것을 정확히 알리고 있는지에 대한 회의였다.[5] 그런 그에게 인생의 전환점이 될 수 있는 계기를 마련해 준 사람이 있었다. 건축가 김수근이었다.

'오오사카 만국박람회장 한국관'을 설계하기도 했던 김수근은 그에게 '공간사랑' 소강당에서 공연할 수 있는 자리를 마련해주었다. 1978년 2월

---

5) 김덕수, 〈장구 들고 세계 누빈 '군인 남사당'〉, 『경향신문』, 1996년 1월 6일, 31면.

김덕수는 그곳에서 열린 '제 1회 공간 전통음악의 밤'에 국악예고 동기생들과 함께 장구, 꽹과리, 북, 징을 가지고 연주했다. 첫공연에서 장구는 김덕수가, 꽹과리는 김용배가, 북은 이종대가, 징은 최태현이 각자의 채를 잡고 '웃다리 농악-경기충청 가락'을 연주했다.

그로부터 두 달 후, 같은 장소에서 '제 11회 민속악회 시나위 정기연주회'가 열렸다. 김덕수는 이 무대에 이광수(징), 최종실(북)을 합류시켜 두 번째 공연을 펼쳤다. 공연이 끝나자 민속학자 심우성은 그들에게 '사물놀이'라는 이름을 지어 주었고, 이때부터 '사물놀이'라는 말은 세상 사람들의 입에 오르게 되었다.[6] 사람들에게 친숙해지고, 대중화된 사물놀이의 역사가 20여 년 정도밖에 되지 않은 것이다. 그러나 네 가지 타악기만을 이용해 농악의 장단을 실내 연주용으로 재구성한 그들의 '사물놀이'는 이제 하나의 당당한 예술적 장르가 되어 세상 사람들에게 사랑받고 있다.

김덕수는 오랜 기간 김용배, 이광수, 최종실과 함께 했다. 그들은 모두 5~7살 때 남사당 및 건립패에 입단해 어린 시절을 보낸 남사당의 후예들이었다. '김덕수네 사물놀이'의 화합과 공연은 당대 최고로 인정받았고, 지금까지도 사물놀이 멤버 가운데 최고로 뽑힌다. 그러나 1984년 김용배가 국악원으로 자리를 옮기면서 그들은 천천히 흩어지기 시작했다. 공연을 통해서 많은 돈을 모았으나 리더였던 김덕수는 최소한의 생계비만 단원들과 나눠가졌고, 나머지는 전통문화를 일으키는 데 기여했다. 그 때문이었는지 상쇠였던 김용배는 생활의 안정을 찾고 싶다며 김덕수를 떠났다. 그러던 86년 김용배가 자신의 아파트에서 자살하는 사건이 발생했고, 김덕수에게

---

6) 이규섭, 〈지구촌 매료시킨 '원초적 가락'〉, 『국민일보』, 1994년 10월 30일, 9면.

그 사건은 평생의 한으로 남아있다.[7]

이후 꽹과리는 이광수가, 징은 강민석이 맡았고, 1987년 '김덕수네 사물놀이'는 창단 10년을 맞이하게 되었다. 그러나 북을 맡았던 최종실은 팀을 그만두고 서울예술단으로 자리를 옮겼고, 얼마 후 이광수도 민족음악원을 창립하면서 김덕수를 떠나 사물놀이패는 해산될 수밖에 없었다. 김덕수는 남은 강민석과 함께 사단법인 '한울림예술단'을 창단하여 '김덕수네 사물놀이'를 계속 이어갔고, 97년에는 '김덕수 데뷔 40년, 사물놀이 20년'인 생을 맞이하였다.

지금까지 김덕수의 음악 활동을 보면 크게 두 가지로 나뉘어진다. 농악, 군악, 무속 등 우리 전통 가락을 정리·복원해 레퍼토리를 개발했던 것이 그 중 하나이다. 다른 하나는 재즈, 록, 교향악단, 팝오케스트라, 현대무용 음악 등 다양한 장르와의 크로스 오버(장르 혼합)를 통해 사물놀이 영역을 확대시키고 세계화하는 일이었다. 단순히 전통 가락을 그대로 전승하면서 연주했던 인물이 아니라는 뜻이다.

그는 '김덕수 사물놀이'를 통해 연주할 때에도 국악과 다양한 장르와의 독특한 혼합을 시도했었다. 이로 인해 그의 무대는 세계를 향해 더욱 넓혀졌다. 그는 캐나다의 넥서스, 인도의 타블라 그룹 등 각국의 타악그룹과 협연했다. 교향악단, 성악가, 피아니스트, 재즈그룹과 그의 만남은 끊임없이 이어졌다. 오스트리아 재즈그룹 '레드 선'과는 공동 앨범을 발표하기도 했다. 1집 『레드 선/사물놀이』, 2집 『여기 백호 납신다(Here Comes the White Tigers)』, 3집 『난장-새지평(Nanjang-A New Horizon)』, 4집 『땅에

---

7) 김덕수, 〈'세계인의 사물' 그날까지 '한 길'〉, 『경향신문』, 1996년 1월 10일, 31면.

서 하늘로(From the Earth To the Sky)』가 그들이 협연하여 만든 앨범들이다.

김덕수와 국내 가수와의 만남도 있었다. 1990년대 한국 최고의 가수로 손꼽히는 '서태지와 아이들'의 노래 『하여가』에 나오는 태평소 가락을 연주한 이가 김덕수인 것이다. 97년 김덕수가 데뷔 40년을 맞이하면서 발표했던 앨범도 여러 뮤지션들과의 호흡을 통해 이루어졌다. '미스터 장고, 김덕수-With His Friends'라는 부제가 붙었던 그 앨범은 한상원, 전원영, 김광민, 한충완, 신해철, 유진박, DJ-DOC의 이하늘 등 많은 대중음악가들이 참여한 작품이었다. 또한 그와 꾸준히 협연했던 해외 뮤지션 '엔울프강 푸쉬닉', '자말라딘 타쿠마' 등이 참여했다.

그런 김덕수에게는 찬사와 비판이 동시에 쏟아졌다. 한국의 고유성을 잃지 않으면서도 보편적인 세계 문화와의 교접을 대등한 관계 속에서 실천해 나가고 있다는 것이 그에 대한 칭찬이다. 반면 그를 비판하는 내용도 만만치 않다. 너무 크로스 오버에 집착한 나머지 오히려 국악의 레퍼토리가 빈곤해지고 있다는 지적이다. 그런 지적에 김덕수는 다음과 같이 말했다.

> 크로스 오버는 시대 상황에 잘 조화된, 당연하고 자연스러운 문화적 교류다. 과연 정통이 무엇이고 그것을 고집한다는 것은 무엇인가. …… 나는 그대로 '답습'하는 것보다 '전통의 창조적 계승'이 더 중요하다고 생각한다. 창조적 계승이란, 근본과 핵심을 받아들이되 그것을 창조적으로 물려받는 것이다. 음악에도 생명이 있다. 그것은 태어나고 자라고 죽기도 한다. 우리에게 지금 주어진 것은 바로 전 세대가 남긴 텍스트일 뿐이다. 우리는 거기서 우리의 기운을 발견하고 물려받으면 된다.

적어도 분명한 것은 음악이라는 것도 이 시대와 호흡하지 않으면 결국

대중들로부터 외면 당하고 만다는 것이다.[8]

"모든 국민, 나아가서 전 세계인이 사물을 다룰 줄 알게 되는 날, 그날이 오기 전까지는 순수한 예인의 삶으로 돌아가지 못할 것이다"라고 말한 적 있는 김덕수는 예술가, 기획자, 교육자로서의 많은 역할을 등에 짊어진 채 자신의 길을 걷고 있다.[9] 그는 1997년부터 한국예술종합학교 전통예술원 연희과에서 객원교수로 사물을 가르쳤고, 99년 교수자격심사위원회로부터 그 자격을 인정받아 더욱 적극적인 활동을 계획하고 있다. 또한 2000년 1월에는 여전히 크로스 오버 작업, 즉 전통 사물놀이와 서양 관현악의 만남을 기획하고, 연주하였다.

다섯 살의 어린 나이에 아버지 손에 이끌려 난장에 처음 발을 들였고, 스물 일곱 살의 젊은 나이에 '사물놀이'를 만들어 그것을 세계인의 음악으로 만들었던 김덕수. 50을 바라보는 나이가 된 지금도 사물에 대한 그의 열정은 식지 않았다. 사물놀이를 끊임없이 발전시켜 세계 속에 완전히 정착할 수 있도록 김덕수는 쉬지 않고 노력하는데, 이는 한민족의 역사를 통해 형성된 사물놀이의 정신에서 비롯된 것 같다.

사물놀이의 기본 정신은 대중과 함께 호흡하는 것이다. 꽹과리, 징,

장고, 북은 서민들에게 유일한 악기였다. 그것이 양반들의 소유가 아니

---

8) 이은주, 〈록·재즈 껴안은 우리 장단, 그 핵심은 폭발적인 에너지〉, 『윈』, 1998년 1월호, 324쪽에서 재인용.
9) 김덕수, 〈'세계인의 사물' 그날까지 '한 길'〉, 『경향신문』, 1996년 1월 10일, 31면.

라 서민들의 것이었다. 이 악기들은 어느 마을에서나 공공으로 관리됐으며 마을의 노동과 축제와 장례 등의 일이 있을 때마다 연주됐다. 또 80년대에는 민주화 운동 가까이에 있었다. …… 나에겐 이 점이 중요하다. 왜냐하면 난 '살아있는' 음악을 하고 싶으니까.[10] **인·사**

---

10) 이은주, 〈록·재즈 껴안은 우리 장단, 그 핵심은 폭발적인 에너지〉, 『원』, 1998년 1월호, 324쪽에서 재인용.

김 정 길

전 청와대 정무수석 김정길은 1999년 12월 6일 국민회의 중앙당사에서 가진 기자회견을 통해 16대 총선에 부산 영도에서 출마할 뜻을 밝혔다. 그는 "YS를 따랐다면 지금은 4선의원이 되었을 것이고 대권후보 반열에 들어섰을지도 모른다"며 김영삼 전 대통령과의 결별로 자신이 내리 3번이나 낙선한 것을 부각시키면서, "지역을 갈라놓는 정치에는 한번도 영합하지 않았고 지역갈등을 넘는 선거혁명을 통해 국민화합을 실현하겠다"고 말했다.[1]

경남 거제 출신인 김정길은 1945년 5월 28일 아버지 김남수와 어머니 원우순 사이에서 출생했다. 김영삼 전 대통령의 고등학교 후배이기도 한

---

1) 최낙상, 〈지역갈등 극복 국민화합 실현〉, 『부산일보』, 1999년 12월 6일, 4면.

그는 부산대학교 정치외교학과를 졸업했으며, 부산대 재학시에는 총학생회
장으로 활동했다. 그는 총학생회장으로 재임 중 데모를 주동한 혐의로 구
속되기도 했다. 정계에 입문한 뒤 줄곧 YS 진영에서 야당 생활을 해 온
그는 민추협 운영위원, 12·13대 의원 등을 역임했으며, 90년 3당 합당이
이루어지자 김영삼과 결별했다. 그리고 91년 8월 평민당과 '꼬마민주당'의
통합이 이루어지자 김대중과 인연을 맺기 시작했다. 이에 대해 김정길은
『월간중앙 원』과의 인터뷰에서 이렇게 말했다.

"정치입문 후 통일민주당 김영삼 총재와 인연을 맺었는데 꼬마민주당으
로 통합했을 때 원내총무로 일하며 김대중 총재와 친분을 맺었지요. 당시
여야협상을 잘한다고 김대중 총재가 칭찬했어요. 결정적인 것은 92년 대선
때 전국을 함께 돌며 지원연설한 것이에요." [2]

그는 당시 통합민주당 원내총무를 지냈으며, 최고위원, 부총재 등을 역
임했다. 1995년 7월에는 김대중의 정계복귀가 이루어지자 민주당에 남아
한동안 '반DJ노선'을 걷기도 했지만, 대선을 앞두고 김대중과 다시 인연
을 맺었다. 김정길은 97년 말 김대중이 대선에서 승리하자 대통령직 인수
위원회의 정무간사위직을 맡았다. 그리고 98년 2월 김대중 정권이 출범하
자 초대 행정자치부 장관에 발탁되었다.

그는 행정자치부 장관으로 취임한 지 두 달이 지난 후인 1998년 5월 초
한 언론과의 인터뷰에서 공무원 조직에 대한 그간의 느낌을 이렇게 토로
했다.

---

2) 박종권, 〈제2건국위 신당 준비작업 절대 아니다〉, 『월간중앙 원』, 1998년 12월호, 162쪽.

처음에는 되는 것도 안 되는 것도 없는 게 공무원사회가 아닌가 하는 느낌도 들었습니다. 그러나 위계질서가 강한 조직인 만큼 대통령과 장관이 소신을 갖고 개혁을 끈질기게 추진하면 빠르게 변할 수도 있겠다는 생각을 갖게 됐습니다. [3]

98년 여름 많은 사람들로부터 '행자부가 많이 달라졌다' 는 소리가 들렸다. 한 중앙 공무원이 '행자부의 두 얼굴' 이라는 제목으로 관료적이기로 소문난 행자부를 비판한 글을 인터넷 홈페이지에 올렸고, 그후 한 달 남짓한 시간이 지난 시점에 행자부가 매우 친절해졌다는 얘기가 들려온 것이다. 그는 기회가 있을 때마다 공무원들에게 '국민에 대한 봉사자' 라는 의식을 주입시켰으며, 친절교육 전문기관에 의뢰해 직원들에게 친절교육을 시키기도 했던 것이다. [4]

경찰들의 포위망을 잘도 피해 다니던 신창원의 탈옥행각이 극에 달했던 1998년 7월 27일 김정길은 전국 지방경찰청장 회의에서 호된 질책을 서슴지 않아 언론에 화젯거리를 제공했다. 그는 "수배전단을 뿌린 경찰이 신창원 얼굴도 파악하지 못해 놓치는 마당에 어떻게 국민들에게 안전과 생명, 재산을 맡기라고 떳떳하게 이야기할 수 있겠느냐"라며 경찰의 무능함을 꼬집었던 것이다. 그는 경찰도 정부 구조조정 대상에서 예외는 아니며, 구태의연하고 무능한 경찰은 퇴출대상이 될 것이라고 엄포를 놓기도 했다. [5]

98년 10월 김정길의 에세이집 『공무원은 상전이 아니다』(베스트셀러)가

---

3) 김성기, 〈공직사회개혁 이제부터가 진짜 시작〉, 『국민일보』, 1998년 5월 5일, 5면.
4) 서동철, 〈정말 행자부 맞아요?〉, 『서울신문』, 1998년 7월 3일, 23면.
5) 주병길, 〈경찰이 신창원을 몰라?〉, 『서울신문』, 1998년 7월 28일, 23면.

출간되었다. 『공무원은 상전이 아니다』는 정치인 생활을 오랫동안 해 온 그가 행자부장관으로 있으면서 6개월간 경험했던 공무원 세계를 신랄하게 비판한 책이다. 이 책은 당시 한국의 출판계가 불황기였음에도 불구하고 베스트 셀러에 올라 화제를 모았다. 행자부의 홈페이지 '열린마당'에는 이 책과 관련되어 열띤 논쟁이 펼쳐지기도 했다. 그는 한 시사주간지와 가진 인터뷰를 통해 『공무원은 상전이 아니다』를 쓰게 된 동기를 이렇게 밝혔다.

> 지난 4월 7일 인터넷에 '장관과의 대화방'을 개설했다. 대화방 내용을 매일 보고, 현장을 돌아보면서 '개혁과 사정에도 불구하고 공무원은 개혁바람이 지나가기만 기다리고, 복지부동 눈치만 보고, 이래도 되는 것인가' 라는 생각을 지울 수 없었다. 공직 사회의 이런 문제와 실상을 있는 그대로 '국민의 눈 높이'에서 공개함으로써 공무원의 인사 책임을 맡고 있는 장관부터 국민의 질책에 종아리를 걷는 심정으로 책을 내게 됐다. 또 공직자들의 겸허한 자기 반성을 촉구한다는 의미도 포함됐다.[6]

그는 이 책이 베스트 셀러가 되어 인세를 많이 챙기게 되면 공무원들을 위한 '청백리상'을 제정할 것이라고 밝히기도 했다.

"공무원들 마음 아프게 하고 벌어들인 돈인 만큼 값지게 쓰려고 합니다. 공무원들을 위한 '청백리상'을 제정할까 합니다. 이 상을 통해 공무원들이 거듭날 수 있다면, 장관의 보람이 아니겠습니까."[7]

---

6) 박홍신, 〈잘못된 1명 질타하려고 책 냈다〉, 『뉴스메이커』, 1998년 10월 29일, 26면.
7) 문소영, 〈공무원 사회는 지금 人材의 무덤〉, 『뉴스피플』, 1998년 10월 29일, 15면.

『공무원은 상전이 아니다』가 예상외로 독자들의 호응을 얻게 되었지만, 정작 공무원들에게서는 그리 좋은 소리를 듣지 못했다. 그는 98년 11월 2일 전직원이 참석한 월례조회에서 "스스로 종아리를 맞는 기분으로 책을 썼다. …… 그러나 공무원들이 자성은커녕 오히려 진의를 왜곡하고 비난하는데 혈안이 되어 있다"며 자신에게 성토공세를 일삼는 공무원들에게 공개적인 비판을 가하기도 했다.[8]

스스로를 페미니스트라고 자부하는 그는 1998년 가을 『여성신문』과 가진 인터뷰를 통해 사법시험에 여성할당제를 추진하겠다는 뜻을 피력하기도 했다.

> 전부 남성들이 남성적인 시각만 가지고 여성문제를 재단한다는 것은 옳지 않다고 봅니다. 지금 당장은 안되더라도 앞으로는 사시에도 여성할당제가 필요하지 않겠나 하는 겁니다. 한번에 너무 많이 힘들다면 점진적으로 넓혀 나가는 거지요. 장기적으로 30% 정도는 여성판검사가 나와야 하지 않을까요. 그래서 이에 관해 조금 지나서 문제제기 해볼려고 합니다.[9]

김정길은 99년 1월 11일 기자들과 가진 오찬간담회에서 당시 전격적으로 이루어진 경찰청장 경질과 관련하여 "호남출신을 중심으로 인사운동이 심하게 벌어져 더 이상 방치할 경우 경찰기강에 큰 문제가 생길 것 같아 전격적으로 인사를 할 수밖에 없었다"며 "이같은 호남인맥문제로 조직의

---

8) 김경철, 〈김정길장관의 분노〉, 『한국일보』, 1998년 11월 3일, 22면.
9) 최진숙, 〈사법시험에도 여성할당제 추진하겠다〉, 『여성신문』, 1998년 10월 23일, 3면.

기강이 무너지는 것은 곤란하다"고 말했다. [10]

그의 '호남인맥형성타파' 발언은 국민회의 내에서도 '경솔한 발언'이었다는 말이 나왔으며, 한나라당 전북도지부에서는 김정길에게 사과와 사퇴를 요구하기도 했다. 게다가 호남지역 공무원들의 반발이 거세지자 김정길은 부랴부랴 각 지방자치 단체에 팩스를 통해 해명자료를 보내기도 했다. [11]

그는 근 일년간 맡았던 행자부장관직을 그만두고 1999년 2월초 청와대 정무수석에 임명되었다. 그는 한 시사주간지와의 인터뷰에서 정무수석으로서 자신이 펼칠 활동에 자신감을 표시했다.

"저는 대통령을 모시고 오랜 기간 정치를 해왔습니다. 꼬마 민주당과 평민당이 통합한 이후 첫 번째 원내총무로서 총재(김 대통령)의 뜻을 받들기도 했습니다. 이후 92년과 97년 대선을 함께 치렀습니다. 대선 기간 중 두 달반이 넘는 기간 동안 지방유세에 동행하며 같이 생활했습니다. 이런 세월을 지나면서 서로 장단점을 잘 알고 호흡을 맞춰왔습니다. 김대통령의 뜻을 받들어 보좌하는 역할에 문제가 없을 것으로 봅니다." [12]

그러나 그러한 자신감과는 달리 정무수석으로서의 그의 행보는 그리 순탄했던 것만은 아니다. 김정길이 1999년 4월 22일 국민대 정치대학원 총동문회 초청강연회에서 행한 '큰 틀의 정계 개편' 발언은 뜻하지 않게 정계를 뒤흔들었다. 그는 강연회를 통해 정당명부식 비례대표제 도입만으로는 지역 분할을 깨기 힘들기 때문에 큰 틀의 정계개편이 이루어져야 한다

---

10) 임은순, 〈경찰 파벌은 용납 못해〉, 『경향신문』, 1999년 1월 12일, 19면.
11) 이상일, 〈"호남인맥 차단발언은 와전 행자부", 전북도 등에 '무마팩스'〉, 『국민일보』, 1999년 1월 19일, 15면.
12) 임희경, 〈대통령 중심제가 개인적 소신〉, 『뉴스메이커』, 1999년 2월 18일, 39면.

고 주장했다. 이는 강연회 당시 김정길 스스로가 사견이라고 밝혔기 때문에 그리 큰 파장이 없을 것이라 생각했었지만, 곧바로 공동 여권인 자민련 측에서 '내각제 약속을 회피하려는 저의가 깔려 있다' 며 김정길의 발언에 발끈한 것이다. 이러한 공동여권간의 갈등을 부추기기 위해 한나라당까지 '대통령제의 폐해가 심하면 내각제를 고려해 볼 수 있다' 며 '내각제 갈등' 에 부채질을 했다. 이에 박지원 당시 청와대 대변인은 "김대통령은 정무수석이 개인 의견을 발설한 것에 대해 주의를 요한다는 말씀이 있었다"며 김정길의 발언에 의해 촉발될 위기에 놓인 '내각제 논쟁' 의 불씨를 조기진화하기 위해 나서기도 했다. 그러나 이러한 조기진화에도 불구하고 김정길의 이 발언은 '이미 청와대측과 사전에 조율된 이야기라는 의혹' 이 계속해서 제기되었고 이러한 의혹을 완전히 지우지는 못했다. 99년 3월 '내각제 논의 연기 발언' 으로 곤혹을 치른 바 있었던 김정길로서는 또 한번의 큰 설화(舌禍)를 겪게 된 셈이다.[13]

그는 1999년 10월과 11월 『부산일보』 지면을 통해 한나라당 박관용 부총재와 지역감정의 원인과 해법을 가지고 논쟁을 벌이기도 했다. 이들간의 논쟁은 김정길이 『부산일보』 99년 10월 25일자에 특별기고 〈동서화합을 위하여〉를 통해 "현 정부가 실책이 있는 것은 사실이나, 그렇다고 현 정부가 부산지역을 소외시켰다고는 볼 수 없으며, 지금은 부산이 동서화합의 선구자적 자세를 가져야 한다"고 역설하면서 시작되었다. 이 특별기고가 실린 지 일주일이 지나 박관용은 반론을 통해 "부산 문제는 현 정권의 편중 인사와 부산의 지역은행인 동남은행과 4개의 종금사의 퇴출, 그리고 삼성자

---

13) 오민수, 〈각본대로 대사 읊었나〉, 『시사저널』, 1999년 5월 6일, 10면.

동차 빅딜 과정에서 이루어진 것"이라고 역설했다. 이 반론이 나가고 또 일주일이 지나 다시 김정길의 재반론이 『부산일보』에 실렸다. 〈누가 부산을 죽이고 있는가〉라는 제하의 이 글은 박관용의 글이 부산의 지역적 특질을 무시한 채 모든 잘못을 정부의 탓으로만 돌리고 있다는 내용이었다. 또한 야당은 자꾸 지역감정을 부추겨 정치적 이득을 취하려 한다며 한나라당을 비판하기도 했다.

> '진실'에 근거하지 않은 정치적 구호는 '선동'일 뿐이다. 이를 통해 한나라당은 정치적 이득을 얻을지도 모른다. 그러나 심화되는 지역감정은 21세기 한국의 모습을 비극적으로 만들고 있다. 또 부산 정서의 건강성을 해치고 있다. 억지 논리로 지역감정을 조장하고 이를 정치적으로 이용하는 한나라당의 태도는 결국 부산을 죽이는 것이다.[14]

1999년 한 해 한국의 정치권을 뒤흔들었던 '옷로비 의혹사건'의 포화에서 김정길 또한 자유롭지 못했다. 그의 부인 이은혜가 옷로비 의혹사건에 휘말렸기 때문이다. 99년 12월 18일 김정길은 그의 부인 이은혜가 '옷로비 의혹사건'과 관련하여 배정숙에게 위증을 교사했다고 보도한 『동아일보』(1999년 11월 18, 19일자)를 상대로 언론중재위원회에 반론 및 정정보도 청구 중재 신청서를 제출했다. 이미 부인 이은혜의 위증교사 혐의와 관련해서 11월 18일 최병모 특별검사 사무실에 출두한 바 있는 그는, 이미 당시부터 위증 교사와 관련되어 기사를 내보낸 언론에 대해 법적 대응을 할 것

---

14) 김정길, 〈누가 부산을 죽이고 있는가〉, 『부산일보』, 1999년 11월 9일, 6면.

임을 시사한 바 있었다.

그는 이번 '옷로비 의혹사건'으로 마음의 상처를 입은 부인 이은혜에게서 정치를 그만두고 농촌으로 가자는 말까지 들어야 했다.

"아내가 처음 그런 결심을 밝혔을 때는 매우 놀라웠고, 한편으로 저의 현재와 미래를 성찰하는 계기도 되었습니다. 야당 정치인 남편 만나서 20년간 희생하고 살아왔는데, 괜히 다른 사람 한번 따라갔던 일이 옷 로비 사건으로 불거지니 심적으로 괴로웠던 모양입니다." [15]

베스트 셀러가 된 그의 책 『공무원은 상전이 아니다』 이전에도 학생운동 시절의 경험담 등을 풀어놓은 『우리의 가을은 끝나지 않았다』라는 책을 펴낸 바 있는 김정길은 부인 이은혜와의 사이에 3녀2남을 두고 있다. 인·사

---

15) 정희상, 〈한나라당 국회 복귀 믿는다〉, 『시사저널』, 1999년 11월 25일, 35면.

백 태 웅

흔히 법을 어겨 죄를 짓고 감옥에 들어간 사람들을 가리켜 '범법
자'라 한다. 사람들은 그들에게 손가락질을 하며 욕을 퍼붓기도
한다. 또한 그들이 수감 생활을 마치고 돌아오더라도 사회라는 조직은 그
들에게 쉽사리 마음을 열지 않고 적대시한다. 하지만 나라에서 규정하는
'범법자'임에는 틀림없지만 일부 사회조직이나 사람들에게 추앙되고 환영
받는 자들이 있다. '양심수'가 바로 그들이다.

'양심수'(prisoner of conscience)라는 것은 말 그대로 '자신의 양심대로
행동하다가 실정법을 어긴 사람'을 뜻한다고 할 수 있다. 국내에서는 주로
1970~1980년대 민주화 운동에 가담했다가 옥살이를 하게 된 사람들을 가
리켜 '양심수'라 부른다. 폭넓게는 '장기수'들도 그들 양심수에 포함시킨
다. '내란죄의 수괴'라 불리는 전직 대통령 전두환과 노태우가 특별사면으

로 감옥 생활을 일찍 마감한 것과는 달리 그런 양심수 중에는 아직도 자유를 찾지 못하고 있는 이들이 많다.

1998년 '8·15 특사'로 석방된 백태웅도 그런 양심수 가운데 한 사람이었다. 92년 4월 29일에 붙잡혔던 그는 80년대 국내 진보진영의 사상 논쟁에서 가장 급진적인 입장에 있던 인물이었다. 그는 노동운동을 펼치다 국가보안법 위반 혐의로 붙잡혔고, 98년 준법서약서를 작성함으로써 6년3개월 만에 사회의 품으로 되돌아왔다.

백태웅은 1962년 경남 거창에서 태어났다.[1] 그는 2남3녀 가운데 셋째였는데, 중위로 예편하기까지 군인으로 평생을 산 아버지의 영향을 많이 받았다. 완벽주의라는 성격이 그렇다. 하나의 언어 정복은 그 세계를 정복하는 것이라며 감옥 안에서도 1교시 영어, 2교시 독일어, 3교시 러시아어와 같은 식의 시간표를 짜 공부했던 그였다. 현 통일문제연구소 소장으로 있는 백기완이 "사람은 누구나 한 가지 습벽(習癖)쯤은 있어야 한다"고 그에게 충고까지 했을 정도였다.[2]

새로운 일을 찾아 그것을 주관하고, 실행하는데 있어서도 적극적인 추진력을 보이는 그의 '끼'는 고등학교 시절부터 드러났던 것 같다. 백태웅은 거창을 떠나 부산에 정착해 부산 동성고등학교를 다녔다. 고등학교 2학년 시절, 그는 뜻이 맞는 학생들을 모아 영어회화 서클 '에코'를 결성했다. 1980년이었던 당시는 전체적인 교육 환경이 입시에 주안을 두고 있었기 때

---

1) 백태웅은 어린 시절 이사를 자주 다녔는데, 그 때문인지 언론에서 밝히는 그의 출생지는 한 곳으로 통일되지 않는다. 경기도 파주라고도, 경남 거창이라고도, 부산이라고도 나와 있는데, 그 가운데 많이 거론되는 곳이 경남 거창이다.
2) 안미현, 〈햇살 속으로 걸어나온 혁명가〉, 『뉴스피플』, 1998년 11월 19일, 78면.

문에, 취미나 특기를 바탕으로 하는 서클 활동을 만든다는 것은 획기적일 수밖에 없었다. 그때 백태웅이 만들었던 '에코'는 동성고 최초의 합법서클로 기록되었고, 지금도 그 명맥은 계속 유지되고 있다고 한다.

어려서부터 책을 늘 가까이 했던 그는 고교 졸업 후, 서울대 법대에 진학했다. 어수선한 사회 분위기를 반영하듯, 그가 대학에 다니던 시절은 사복경찰들이 캠퍼스 내에 상주하고 있을 때였다. 사회의 그런 어두운 모습에 대해 그가 눈을 뜨기 시작한 것은 언더서클 '대학문화연구회'와 법대 편집실 '피데스'와 인연을 맺은 후부터였다.

대학 4학년이던 1984년 백태웅은 총학생회장 선거에 출마해 당선됐다. 83년 전두환 정권의 학원자율화 조치가 내리자 각 대학은 총학생회 부활을 위해 노력했다. 이때 부활된 총학생회는 '어용'적 성격을 가졌던 '학도호국단'과는 질적으로 그 성격을 달리 했다. 학원자율화 조치가 내려졌다고는 하지만 대학에는 여전히 학생들의 동향을 감시하는 정보 요원들이 상주해 있는 등 대학은 여전히 자유롭지 못했다. 전두환 정권이 민주적으로 선출된 총학생회를 반길 리 만무했다. 결국 학생회가 부활되는 과정에서 그는 '프락치 사건'과 연계되었으며, 이로 인해 1년간 감옥 생활을 하게 되었다. 공안기관은 '학생회 부활'을 명분으로는 백태웅을 구속할 수 없었기 때문에 '학원 프락치 사건'과 엮었던 것이다. 이때 유시민, 이정우 등도 함께 구속되었다. 영등포구치소에서 재판을 받은 백태웅은 김해 교도소에서 완전히 격리되고 차단된 생활을 하며 1년을 보냈다.

백태웅이 징역 1년을 마친 후 뛰어든 곳은 다름 아닌 일당 3~4백 원 하는 전기공장이었다. 사실 그에게는 정치인 비서로 정치권에 입문하라는 등의 제안도 있었다. 하지만 그는 그것을 과감히 뿌리치고, 공장 생활을 직

접 체험하면서 당시 열악했던 노동 현장을 자신의 눈으로 목격하였다. 그
는 공장 노동자들과 생활하면서 그들의 경제적 권리를 지켜줄 수 있는 노
동조합을 만들어야겠다고 결심했다. 그의 계획은 실천으로 옮겨졌고 1987
년 7·8월 항쟁 이후부터는 어느 직장에서나 노동조합이 생겨날 수 있게
되었다.

그가 처음 만든 노동운동 조직은 1986년에 결성한 '노동자 해방 투쟁 동
맹'이라는 '노해동'이다. 노해동 활동을 시작하면서 그에게는 수배자라는
꼬리표가 붙게 되었다. 수배령이 떨어졌다고 해서 노해동 활동을 중단할
그가 아니었다. 백태웅은 후배 아파트에 피신하면서 나름대로 활동을 계속
전개해 나갔던 것이다.

그렇게 몸을 숨기고 다니던 중 그는 가슴아픈 소식을 접해야 했다. 자신
의 후배였던 박종철이 고문 끝에 죽임을 당한 것이다. 이 사건은 후에 '박
종철 고문치사 사건'으로 알려졌다. 박종철은 백태웅을 포함해 당시 민주
화 운동을 하던 이들의 은신처를 알고 있었는데, 그것을 밝히려던 자들에
게서 혹독한 고문을 당하다 목숨을 잃고 말았던 것이다. 현재는 그의 뜻을
기리는 추모비가 그의 흉상과 함께 서울대에 남아 있는데, 그런 박종철에
대해 백태웅은 이렇게 말한다.

"종철이는 자신의 목숨을 던져서, 어떻게 보면 인간으로서의 기본가치를
지키고 나아가 역사가 한 단계 발전하는 디딤돌이 된 것이다." [3]

계속되는 수배생활 속에서 백태웅은 1988년 여러 동료들과 함께 '남한사
회주의 노동자동맹'(사노맹)을 탄생시켰다. 그는 자신이 살고 있던 사회의

---

3) 한인섭, 〈사회에서 가장 불행한 날도 감옥에서 가장 행복한 날보다 백배는 행복한 날이더라〉,
『신동아』, 1998년 12월호, 440쪽에서 재인용.

부조리함에 반기를 들고, 새로운 사회로의 혁명을 주장했다. 그의 주장은 '남한사회주의 노동자동맹'이라는 이름에서도 알 수 있듯이, 당시로서는 매우 급진적인 내용들이었다. 당시 사람들은 그가 마르크스 이념을 좇는다고 말했고, 지금도 많은 이들이 그렇게 알고 있다. 하지만 세월이 흐르고 자유의 몸을 되찾은 지금, 그는 자신은 단지 이상 세계를 추구했던 것이지 사회주의를 꿈꾸었던 것은 아니라고 분명히 말한다.

> 당시 내가 사회주의에 대해 생각하고 있었다는 말은 정확하지 않다. …… 나아가 모순된 현실을 바꿔나가려는 이상을 지향하는 것이었다. 그 이상을 나는 사회주의란 용어로 설명했었다. 그렇지만 나 자신이 마르크시즘을 운동의 시작이라고 생각해본 적은 없다. …… 나한테 중요한 것은 사회주의였다기 보다는 이상을 향한 열정이었다.[4]

사노맹 활동을 하던 중 백태웅은 89년 지금의 아내인 전경희를 만나 약혼을 했다. 그리고 92년 4월, 두 사람은 사노맹 사건으로 구속되었다. 백태웅의 수배 생활 6년 만이었다. 백태웅은 검거된 후 안기부에서 20일간 수사를 받으며 말로만 듣던 고문도 당했다. 다행히 고문치사 사건으로 한바탕 세상이 시끄러웠었기 때문에 전기고문 같은 심한 고문은 당하지 않았다. 주요 인물이 아니었던 전경희에게는 징역 3년이 선고되었으나, 백태웅은 20년형을 언도받았다. 그리고 얼마 지나 그의 형량은 15년으로 감형되었다.

---

4) 안철흥, 〈내게 중요한 건 사회주의가 아니라 이상을 향한 열정〉, 월간 『말』, 1999년 7월호, 117쪽에서 재인용.

이후 원주 교도소로 옮겨진 백태웅은 수감생활 동안에도 편지에 자신의 의견을 실어 세상에 알렸다. 약혼녀 전경희가 '감옥에서 날아 온' 그의 편지를 여러 사회 운동 매체에 소개했던 것이다. 이후 잡지사와 직접적인 서신 왕래를 통해 그의 글은 세상 밖으로 여러 번 소개될 수 있었다.

백태웅이 특사로 풀려날 수 있었던 것은 국내·외적인 그의 구명운동 덕분이었다고도 할 수 있다. 사노맹 사건 이후 영국에 있는 국제인권단체 '국제 사면 위원회'는 그를 양심수로 규정하였다. 이후 각국에 있는 국제 사면위 지부는 그의 석방을 요구하는 편지를 한국 정부에 보냈다. 그러자 이들 단체의 지원에 힘입은 국내 일부 단체 시민들이 적극적인 구명운동을 펼치기 시작했다.

그를 위한 구명 편지가 끊이지 않는 가운데, 더욱 적극적이고 이채로운 행사도 펼쳐졌다. 전두환과 노태우의 사면이 거론되던 1997년 7월 김수환 추기경을 비롯한 각계 인사 1백40여 명이 법무부에 '백태웅의 사면 청원서'를 제출했다.[5] 이어 그 해 11월에는 서울 어느 레스토랑에서 '백태웅 석방을 위한 밤'이라는 행사가 열렸다. 이렇듯 활발해진 그의 구명운동 덕에 백태웅은 그 후 1년이 지난 1998년 8월 가석방 출소될 수 있었다. 이것으로 그는 6년간의 수배 기간을 합쳐 13년간 갇혀 지냈던 생활에서 해방되었다. 그리고 98년 12월 19일 백태웅, 전경희는 약혼 9년 만에 결혼식을 올렸다.

백태웅과 전경희 두 사람은 구속 직후 결혼식을 올릴 뻔한 적이 있었다. 당시 백태웅의 담당검사였던 박만은이, 검사실에서 두 사람이 서류상으로

---

5) 최영미, 〈순수한 영혼에 햇살을〉, 『한겨레 21』, 1997년 8월 7일, 30면.

나마 결혼식을 올릴 수 있도록 주선한 것이다. 그런데 결혼식 전날 석간 신문에 그 이야기가 미리 보도되어 모든 일이 수포로 돌아가버렸다. 당시 기사를 본 안기부에서 백태웅을 결혼시키면 잔존 조직원을 고무시킬 우려가 있다며 검사를 추궁했기 때문이다. 결국 결혼식도 올리지 못한 채, 전경희는 만기출소 후 과부 아닌 과부로 그의 옥바라지를 도맡아 했다.

수감 생활을 마감한 후, 그는 감옥에서 자신이 세운 계획을 하나하나 실행에 옮기기 시작했다. 우선 자신의 이야기를 듣기 원하는 사람들이 있어, 그들을 찾았다. 1999년 5월, 자신의 모교인 서울대에 1일 강사로 초빙되어 강의를 하기도 했다. 그리고 99년 7월 그는 미국 유학길에 올랐다. 백태웅은 유학을 결심하게 된 배경을 다음과 같이 말했다.

> 6년간의 수배기간을 합쳐 13년간 '갇힌 생활'을 하는 사이 우리 사회와 국제 정세가 많이 달라진 것을 알게 됐다. 사회 운동도 방식과 차원의 변화를 모색할 필요가 있다는 생각에 유학을 결심했다.[6]

백태웅은 미국 인디애나주 노틀담대의 로스쿨 석사 과정인 '국제인권법' 과정에 입학했다. 이는 앞으로 국제 기구에서 일해보고 싶어하는 그의 목표를 위한 첫시도인 것으로 보인다. 백태웅은 멀리 타국에 있지만 그는 여전히 한국 사회를 응시하고 있다. 그는 공부를 하는 바쁜 와중에도 매주 정기적으로 『한겨레』의 「아침의 향기」란에 칼럼을 쓰며 한국 사회와 소통을 시도하고 있다. 그가 쓰는 칼럼은 일상적인 것에서부터 국제적인 문제

---

6) 박윤철, 〈'사노맹' 백태웅씨 "미 로스쿨로 유학갑니다"〉, 『동아일보』, 1999년 7월 10일, 21면.

에 이르기까지 자신의 생각을 담담하게 적어 나가는 에세이 형식이다. 그 속에서 백태웅은 새로운 일에 적극 도전하려는 이들에 대한 격려와 함께 자신의 과거와 현재 그리고 미래를 점검하고 있다.

백태웅은 출소 후 '백태웅이란 인간에 대해 자신은 어떻게 생각하느냐'는 질문을 받고 다음과 같이 말했다.

> 난 나 자신을 '굴러다니는 조약돌'로 생각하고 있다. 시대가 어려울 때 한 개인으로서 일정한 역할을 하는 그런 존재 말이다. 내가 양심수의 대표자로 여겨져 나 자신을 나름대로 비중 있는 인물로 생각할 것 같지만 전혀 그렇지 않다. 오히려 바깥에서 어려운 현실의 짐을 지고 열심히 운동해 나가는 재야 운동가들, 노동 운동가들이 있기에 희망이 있는 게 아닌가 한다.[7] **인·사**

7) 고동우, 〈'사회주의자 백태웅'으로부터 자유롭고 싶다〉, 『사회평론 길』, 1998년 9월호, 42쪽에서 재인용.

서, 대니
대니 서

작은 실천 하나가 세상을 바꿀 수 있습니다. 환경운동에 대한 저의 소신은 작은 실천이 세상을 바꾸는 첫걸음이라는 것입니다. 생업을 포기하거나 꼭 조직을 결성해야 하는 것은 아니죠.[1]

이것은 환경운동연합의 초청으로 한국을 방문한 재미교포 환경운동가 대니 서(한국 이름: 서지윤)의 말이다. 이제는 세계적 유명인사가 된 대니 서, 1998년 미국의 저명한 인물 잡지 『피플』지는 '세계에서 가장 아름다운 50인' 중의 한 명으로 인기 정상의 배우 레오나르도 디카프리오, 기네스 펠트로 등과 함께 그를 선정하였고, 99년 『워싱턴 포스트』는 2개 면의 특집

---

1) 이주훈, 〈작은 실천이 세상을 바꾸는 첫걸음이죠〉, 『한국일보』, 2000년 1월 18일, 23면.

기사로 '세계에서 가장 경이로운 22살 청년'이라며 그를 격찬했다.[2]

평범하고 수수한 옷차림, 아직은 소년 같은 해맑은 웃음을 간직한 대니 서는 1977년 4월 22일 미국 펜실베니아에서 2남1녀 중 막내로 태어났다. 의사였던 그의 아버지는 달랑 트렁크 두 개를 들고 미국 이민길에 올라 그곳에 정착했다. 그의 형과 누나는 공부를 잘하는 모범생으로서 순조롭게 미국 아이비리그 대학에 진학했고 현재 각각 변호사와 교육자로 활동하고 있다. 반면 대니 서는 어릴 적부터 고집불통으로 심통이 나거나 자기 뜻대로 되지 않으면 행길에도 벌렁 드러누워 부모의 속을 썩이기도 했다.[3]

언제나 공부는 뒷전인 채 개구장이 짓만 했던 그가 열 두 살이 되던 해 4월 22일, '지구의 날'인 그 날과 그의 생일은 공교롭게도 같은 날이었고, 때마침 신문에는 지구의 종말을 언급하는 기사들이 많았다. 이전부터 TV와 책을 통해 동물학대와 환경재해를 목격하고 큰 충격을 받았던 대니 서는 생일 파티에 온 친구들에게 선물 대신 자신이 결성한 단체에 가입할 것을 요구했다. 그가 열 두 살이라는 어린 나이에 일곱 명의 친구들과 모은 23달러로 시작한 단체의 이름은 '지구 2000'이었는데, 그때 그의 목표는 '지구를 고치는 것'이었다고 한다.[4]

그가 주축이 된 이 단체가 첫 번째로 벌인 활동은 그의 집 근처에 있는 산과 숲을 밀어 버리고 고급 주택을 지으려는 건축업자를 저지하는 일이었다. 건설현장에서 친구들과 함께 반대 시위를 벌였던 대니 서는 이때부터

---

2) 백용성, 〈지상에서 가장 경이로운 청년〉, 『노동일보』, 1999년 12월 15일, 9면.
3) 정성희, 〈12세 때 환경단체 조직, 대학 안가고 시민-환경운동 헌신〉, 『동아일보』, 2000년 1월 18일, A8면.
4) 대니 서, 임지현 옮김, 『'작은 실천'이 세상을 바꾼다』(문학사상사, 1999), 289쪽에서 재인용.

지방 신문과 방송을 통해서 '꼬마 환경운동가'로 알려지기 시작했다. 결국 건축업자로부터 숲을 지켜낸 그는 이 경험을 통해 매스컴의 힘이 얼마나 큰가를 실감했다.[5]

그 뒤 열 여섯 살 때에는 워싱턴의 덴마크 대사관 앞에서 덴마크의 고래 잡이를 금지하라는 시위를 벌여 미 국무부가 긴급 조사에 나서기도 했다. 그의 활동은 여기서 그치지 않았고, 더욱 놀라운 일들을 해냈다. 대형 유통업체를 상대로 모피 불매운동을 펼치는 한편, 학교의 해부 실습시간을 필수과목에서 선택과목으로 바꾸게 하기도 했다.

대니 서는 갖가지 환경운동과 동물 애호운동, 그리고 어려운 사람들을 돕는 시민운동에 전념하느라 거버너 미플린 고등학교 재학 당시 170명 중 169등을 했을 정도로 학교 성적은 형편없었다. 미플린 고교의 학생 지도과 간사는 당시의 그를 이렇게 회상했다.

"그는 굉장했어요. 학교의 명물이었지요. 자유분방한 아이였어요."[6]

고등학교를 졸업하면서 대니 서는 대학엔 가지 않겠다는 폭탄 선언을 해 그의 부모를 놀라게 했다. 그의 부모는 그를 끈질기게 설득했지만, 아무도 그의 확고한 의지를 꺾을 수는 없었다. 그는 대학에 가지 않은 이유를 한 언론과의 인터뷰에서 이렇게 밝혔다.

그 질문을 던질 줄 알았다.(웃음) 한국사람들은 꼭 그 질문을 한다. 대학 진학 문제는 자신의 인생목표를 실천하는 데 대학교육이 필요한가 아닌가에 달려 있다고 본다. 12세 때부터 고3 때까지 7년간 환경운동을

---

5) 대니 서, 임지현 옮김, 『'작은 실천'이 세상을 바꾼다』(문학사상사, 1999), 277쪽.
6) 대니 서, 위의 책, 288쪽에서 재인용.

하면서 느낀 건 환경운동가로서 필요한 것은 대학교육이 아니라는 점이
었다. 그래서 대학에 갈 필요가 없다고 판단했다. 모두가 나처럼 대학
에 갈 필요가 없다는 뜻은 아니다.[7]

이런 이유로 대학까지 포기하면서 환경운동에 매달렸던 대니 서의 헌신
적인 노력은 곧 큰 성과를 거두었다. '지구 2000'은 활동을 시작한 지 7년
만에 2만6천 명을 거느린 미국의 가장 큰 청소년 환경단체로 성장했고, 그
는 연간 1백만 달러 이상을 모금하는 환경운동가가 됐다. 한번 옳다고 생
각한 일은 반드시 추진해 나가는 그의 강한 의지와 실천력으로 이룩해낸
성과였다.[8]

대니 서가 열 여덟 살 때인 1995년, 미국의 대표적인 시사주간지 『뉴스
위크』는 그가 이끄는 '지구 2000'의 환경운동 활동을 크게 보도했다. 그후
대니 서는 권위 있는 상을 수상하는 영광을 안게 되었다. 98년 그는 보통
평생을 바친 사회사업가에게 주어지는 '알베르트 슈바이처 인간존엄상'과
시민단체가 수여하는 '올해의 젊은이상'을 수상하였고, 96년 출판업계에서
뽑은 '미국에서 가장 영향력 있는 10대'로 선정되는 등 시민운동, 환경운
동에 큰 공적을 남긴 이에게 주어지는 여러 상을 수상했다.[9]

대니 서는 이미 미국 주요 신문과 방송 등에 자주 오르내리는, 미국 사
회에서 주목받는 유명인사가 되어 있었지만, 그가 한국 대중들에게 본격적

---

7) 이병기, 〈하루 15분만 남을 위해 쓰면 세상 바꿀 수 있죠〉, 『동아일보』, 2000년 1월 18일,
   A8면.
8) 백용성, 〈지상에서 가장 경이로운 청년〉, 『노동일보』, 1999년 12월 15일, 9면.
9) 대니 서, 앞의 책, 278쪽.

으로 알려지게 된 것은 1999년 8월 『워싱턴 포스트』의 이례적이고 대대적인 보도가 나간 후였다. 그리고 같은 해 11월 21일, 대니 서의 활동과 그 성과를 담은 KBS『일요스페셜』을 시청한 많은 사람들은 그의 경이로운 활동에 감탄을 금치 못하였다.

대니 서는 일찍부터 자신이 추구하는 일에 텔레비전의 막강한 힘이 필요하다는 것을 잘 알고 있었다. 보통 땐 그냥 평범한 학생이나 다름없던 그는 방송에 나가선 조리 있는 말솜씨로 청중을 매료시켰다. 1998년 1월 22일, 미국에서 가장 인기 있는 프로 중 하나인 『오프라 윈프리 쇼』[10]에서도 그의 이런 능력은 유감없이 발휘되었다. 이 프로에서 주관하는 자선 캠페인 '사랑의 집짓기 운동'에 참여한 그는 한 달도 안 되는 기간 동안 어떻게 3만 달러를 모금할 수 있었는지에 대해 이야기했다. 그 중 시청자들에게 가장 신선한 충격을 준 건 이 방법이었다.

> 한 가지 방법은 분수대의 동전이에요. 나는 백화점에 갔을 때 사람들이 페니(1센트)화나 다임(10센트)화, 또는 니켈(5센트)화를 분수대에 던지는 것을 봤어요. 나는 그 돈을 나중에 어떻게 하는지 물어 봤죠. 그랬더니 사람들은 '처치곤란해서 뒤쪽에 양동이째 그냥 쌓아두고 있지요' 하는 거예요. 그래서 나는 이 동전을 내게 달라고 했죠. 그렇게 해서 나는 그들을 돕는 셈이 되었고, 또 2천 5백 달러도 벌었습니다.[11]

그는 『오프라 윈프리 쇼』뿐만 아니라 리자 기본스가 진행하는 NBC의

---

10) 오프라 윈프리에 대해서는 『시사인물사전 2』를 참고하십시오.
11) 대니 서, 임지현 옮김, 『'작은 실천'이 세상을 바꾼다』(문학사상사, 1999), 297쪽에서 재인용.

『리자 쇼』, CNN 방송 등에도 출연하여 그의 활동을 미국 전역에 알렸다.

대니 서가 사람들에게 전하고자 하는 메시지는 간단하다. 하루에 15분만 할애해서 남을 돕거나 주위를 위해서 쓴다면 세상은 물론 자신의 삶도 긍정적으로 변화시킬 수 있다는 것이다. 구체적인 예는 이러하다. 길을 가다가 환경운동에 서명하는 것, 구매 금액의 일부가 환경 기금으로 기부되는 물건을 사는 것, 비행 마일리지나 집안에서 쓰지 않는 물건들을 기부하는 것 등 아주 사소하고 간단해 보이는 것들이다. 대니 서는 환경 문제에 대한 지식과 해결책을 제시하기보다는 이것들을 구체적인 행동으로 옮기는 것이 중요하다고 강조한다.

실제로 그는 떠오르는 아이디어가 있으면 작은 것이나마 바로바로 실천을 해왔고, 그런 작은 실천을 거듭하면서 수백만 달러의 기부금을 모금한다든지 하는 큰 일을 해냈다. 그는 동물애호가답게 채식주의자이며, 가죽으로 된 가방이나 구두는 사지 않는다. 또한 자가용이나 휴대 전화도 없이 활동하고 있다. 그가 현대 문명의 이기를 멀리하는 이유는 이러하다.

> 너무 많이 가지고 있어서 생활이 복잡해지느니 가진 게 없어서 단순하고 정리된 생활을 택한 것뿐이다. 내 생활방식을 남에게 강요할 생각은 없지만 내 생활 자체가 환경운동가로서 남에게 주는 메시지인 것만은 사실이다.[12]

대니 서는 현재 여러 단체와 손잡고 환경운동을 위한 모금운동을 펼치고

---

12) 이병기, 〈하루 15분만 남을 위해 쓰면 세상 바꿀 수 있죠〉, 『동아일보』, 2000년 1월 18일, A8면.

있고, ‘천국’이라는 단체와 함께 컴퓨터 보급 캠페인도 벌이고 있다. 더불어 신문에 칼럼을 쓰고, 1년에 30회 정도 강연을 한다. 이렇게 해서 모은 돈으로 환경기금을 조성해 ‘지구 2000’의 개념을 발전시킨 또다른 시민단체를 결성할 방침이다. 또한 2000년 하반기에는 미국 메이저 공중파 방송사에서 자신의 이름을 건 토크쇼를 진행할 예정이다.

그는 사회운동을 시작한 계기와 운동을 전개하면서 부딪혔던 어려운 일들을 소개한 『행동하는 세대』(문학사상사, 1999)와 하루 15분간의 실천이 만들어 내는 기적을 사례를 통해 소개한 『‘작은 실천’이 세상을 바꾼다』(문학사상사, 1999)를 펴냈다.

대니 서는 2000년 1월 초 일주일간의 일정으로 한국을 방문하여 모피옷 안 입기 캠페인 참가, 지리산댐 건설현장 방문 등 환경 관련 행사와 고등학생들과의 만남, 네티즌과의 대화, 책 사인회 등의 바쁜 일정을 마친 뒤 출국했다. 출국에 앞서 그는 앞으로 한국의 환경운동 단체들과 연계하여 활동을 펼칠 생각이라며 ‘고국을 알기 위해 한국어를 공부하겠다’는 포부를 밝혔다. **인·사**

손 석 희

1999년 12월 31일 새 천년을 눈앞에 두고 기대와 흥분으로 잠 못 이룬 사람들이 많았을 것이다. 한 세기가 교차되는 그 순간, 어느 누구보다도 떨리는 마음으로, 아마도 가장 많은 사람들과 함께 2000년을 맞이했던 사람이 있었는데, 그가 바로 손석희였다. 영국 BBC와 미국 PBS를 중심으로 전 세계 77개 나라의 방송사가 공동으로 제작해 방송한 밀레니엄 특집방송 『2000 투데이』의 한국측 앵커로 선정된 그는 새 천년의 해가 떠오르는 모습을 전 세계 45억의 시청자들과 함께 지켜보았다.

『2000 투데이』는 새 천년의 첫날을 축하하는 각국의 전야제 프로그램을 네트워크 형식으로 엮어 방송한 프로그램으로 말 그대로 '지구촌'이 함께 하는 세기말 최대 이벤트였다. 손석희는 탤런트 심혜진과 함께 한국 시각으로 1999년 12월 31일 오후 6시 40분부터 2000년 1월 1일 오후 8시 10

분까지 장장 25시간 30분 동안의 생방송을 진행했다. 완벽한 진행을 위해 강한 체력과 한치의 오차도 없는 철저한 준비가 필요했음은 물론이다. 한국을 대표하는 아나운서로서 평생 단 한 번의 기회밖에 주어지지 않을 이런 큰 프로의 진행을 맡게 된 것은 그에게 더없는 영광이었다.

1984년 MBC에 입사한 이후 10년 넘도록 깔끔한 외모와 강단 있는 성품으로 시청자들의 사랑을 한 몸에 받았던 손석희는 97년 4월에 갑자기 미국 유학 길에 올랐었다. 당시 그는 문화방송에 재직해온 14년 동안 곡절이 많은 시간을 보냈고, 그가 주로 맡아왔던 뉴스의 특성상 개인적으로 부대낄 일이 많았다는 것을 토로했다. 일에 대한 열정이 자꾸 소진되어 가는 느낌을 받았던 그는 어쩌면 지금까지 쌓아왔던 경력에 해가 될지도 모를 일을 꾸몄고, 그가 선택한 길은 휴직을 하고 유학 길에 오르는 것이었다. 한참 잘 나가던 아나운서였던 그가 하던 일을 다 집어치우고 미국으로 떠난다고 했을 때 주변에서는 갔다와서 '딴 짓' 하려고 그러는 거냐며 의아한 눈초리를 보냈다고 한다.[1] 사실 손석희는 정치권에서 늘 영입 영순위로 점찍은 인물이다. 하지만 그는 절대 '딴 짓'은 안 할 생각이라고 늘 말해왔다.

그는 미국에 도착해 LA에서 넉 달 반 동안 있으면서 MBC『손석희의 미국 탐험』을 통해 현지의 생생한 모습을 한국의 시청자들에게 보여주었다. 그리고 97년 9월, 그는 원래의 목적지였던 미네소타에 정착했다. 그런데 미네소타 주립대에서 객원연구원 자격으로 저널리즘 공부를 시작한 그해 연말에 한국에 IMF 사태가 터졌다. 이를 계기로 '어려울 때 외국에 와서 객원 연구원이란 이름으로 애매하게 보내기보다는 생산성 있는 일을 해

---

1) 손석희, 〈방송입문, 노조운동, 유학 어느것 하나 쉽지 않았다〉, 『한겨레』, 1999년 7월 7일, 18면.

야겠다'는 생각을 하게 된 손석희는 저널리즘 석사 과정에 들어가 본격적인 공부에 돌입했다.[2] 불혹(不惑)을 넘어선 나이에도 불구하고 주말에도 도서관에서 새벽 한두 시까지 공부하는 열의를 보였던 그는 미디어에 의한 국제지배 관계를 전공해 석사학위를 따냈다.

사실 회사에서 지원한 연수가 아니었기에 그가 유학을 결정하기까지 쉽지만은 않았다. 학비를 개인적으로 부담해야 했기 때문에 그는 유학을 떠나면서 집을 내놓기도 했다. 그런데 미국으로 떠날 때 어떤 재단에서 받기로 되어있었던 장학금이 재단 사정으로 취소됐고, 회사에선 휴직한 그에게 1년만 본봉을 주기로 되어있었기 때문에 미국에 간 첫해에 그는 정말 어렵게 지냈다고 한다. 하지만 그는 공부를 재미있게 했고, 앞으로 기회가 된다면 공부를 더 하거나 대학 강단에 서보고 싶다는 생각도 하게 됐다.[3]

1956년 서울에서 태어난 손석희는 학창 시절 모든 일에 적극적이고 활동적인 학생이었다. 휘문고등학교 시절, 어쩌면 그때부터 자신이 갈 길을 미리 점찍었었는지 그는 대학 입시보다는 방송반장으로서의 역할에 더 많은 노력을 기울였다. 또한 국민대학교 국문과 재학 시절엔 4년 내내 과대표로 활동하기도 했다. 당시 그는 수려한 용모와 깍듯한 예의범절을 갖춘 학생으로서 교수들의 총애를 받았고, 그의 '4년 장기 집권'은 과반수를 넘는 여학생들의 강력한 지지를 기반으로 한 것이었다.[4]

그는 원래 신문기자가 되고 싶었다고 한다. 꼭 특별한 이유가 있어서가 아니라 성장 과정에서 겪은 일들이 그에게 어떤 자극을 주었기 때문이다.

---

2) 오한숙희, 〈'딴짓' 안하고 좋은 방송하겠습니다〉, 『참여사회』, 1999년 8월호, 54쪽.
3) 오한숙희, 위의 글, 56쪽.
4) 조규완, 〈차라리 목이 길어 슬펐던 쪽〉, 『MBC 가이드』, 1992년 7월호, 94쪽.

　　69, 70, 71년이 중학시절이었는데 친구 삼촌인가 형인가가 신문기자

인데 기사를 잘못 썼다고 어딘가에 끌려가서 맞고 왔다는 거예요. 기자

가 기사를 잘못 썼다고 맞나? 누가 때리나? 불현듯 기자가 되고 싶었어

요. 고등학교 1학년, 유신이 났어요. 방송반을 했는데 유신이 나자 곧

방송반이 철폐됐어요. 그때 선배 하나가 방을 붙여서 경찰서에 끌려가

맞았어요. 그때 신문기자가 더 하고 싶었지요. 왜라고 꼬집어 말할 것

없이 그냥 하고 싶었어요.[5]

　손석희의 이런 기질은 부침이 심한 집안에서 자라나면서 자연스레 형성

된 것이었다. 원래 군인이었던 그의 아버지는 사업에 손을 델 때마다 실패

하기 일쑤였고, 집안 형편은 나아질 날이 없었다. 그는 서른 살이 될 때까

지 서른 번이나 이사를 다녔고, 집이 없어서 가족들은 뿔뿔이 흩어진 적도

있었다. 이런 모진 가난 속에서 그는 세상을 곱지 않은 시선으로 바라보게

되었고, 한때 허무주의적이 되기도 했다.[6]

　어려운 가정 환경 탓에 사고방식이 허무적이고 세기말적이었던 자신의

20대를 그는 암흑기로 기억하고 있다. 사회에 대한 문제의식은 단지 내재

되어 있었을 뿐이었다. 대학 졸업을 앞두고도 사실 그의 진로는 불명확했

다. 신문기자가 되고자 했던 막연한 꿈을 이루기 위해 신문사 시험을 봤지

만 떨어졌고, 생계 문제를 해결해야 했기에 그냥 들어간 직장에서의 생활

은 점점 무기력해져만 갔다. 그래서 그는 서른을 눈앞에 두고 직장을 바꾸

---

5) 오한숙희, 〈손석희, 부드럽지만 강한 남자의 ‘사랑법’〉, 『참여사회』, 1996년 11·12월호,
　　51쪽에서 재인용.
6) 오한숙희, 위의 글, 51쪽.

기로 맘을 먹었고, 1984년 MBC에 입사했다. 그에게 방송은 허무주의에 빠져 허덕이던 20대를 청산할 수 있는 유일한 탈출구였다.

하지만 1980년대 중반의 사회 상황은 방송계에 입문한 그에게 순응과 굴종, 문제의식으로부터의 도피를 요구했다. 그래도 그는 '80년대 중반의 상황에서 방송을 택했다는 것 자체가 문제의식 따윈 없었다는 것이 아니냐'는 자조 섞인 원죄의식을 변명 삼아 앞뒤 안 가리고 주어진 일에만 몰두했다.[7]

그런 노력 때문이었는지 손석희는 MBC에 입사한 초기부터 주요 프로를 맡게 되었고, 절제된 이미지와 깔끔한 진행으로 시청자들에게 널리 알려지게 되었다. 그리고 10년 동안 저녁 뉴스 시간에 시청자를 만났던 그는 어느덧 MBC의 간판 스타이자, 인기 아나운서로 자리매김되어 있었다.

1987년 6월 항쟁이 끝나고 문화방송에 노동조합이 생겼을 때, 그는 덜컥 가입원서를 냈다. 사실 특별한 목적이나 의식이 있어서는 아니었다. 하지만 그것은 그의 삶을 전혀 다른 방향으로 이끌고 갔다.

88년 서울 올림픽이 얼마 남지 않았을 때, 문화방송 노조는 첫 파업을 앞둔 쟁의기간 중 전 조합원이 '공정방송 쟁취'라고 쓰인 리본을 달고 출연하도록 방침을 정했다. 당시 회사측에선 리본을 달고 출연하려는 조합원들을 저지했고, 끝까지 방침을 고수하면 아예 출연을 금지시키기도 했다. 그런 상황에서 주말 9시 뉴스를 진행하고 있었던 손석희의 행보는 조합이나 회사측 모두에게 중대한 관심거리였다. 그는 결정을 내리지 못하고 안절부절못했다. 결국 첫날 밤 방송에 그는 양복이 아닌 그 속의 와이셔츠에

---

7) 손석희, 〈나이 쉰에 나는 무엇을 보여줄까〉, 월간 『말』, 1996년 11월호, 152쪽.

리본을 달고 나갔다. 그것은 달고 나갈 용기도, 달지 않을 용기도 없었던 그가 내린 '기회주의적인 결정'이었다.[8]

그날 밤 그는 거의 한잠도 이루지 못하고 괴로워했다. 조합원들에 대한 미안함과 부끄러움 때문만은 아니었다. 그는 비겁했던 자신을 절대 용서할 수 없을 것만 같았다. 다음날 밤, 우여곡절 끝에 그는 세상 사람들이 다 볼 수 있게 리본을 달았고 그는 전날 느꼈던 참담함에서 겨우 벗어날 수 있었다. 그 순간 그는 사람이 살아가는 데에는 아무리 자그마한 것일지라도 전기(轉機)가 있는 법이고 때로는 거기에 어느 정도의 고통이나 희생이 따르는 것이라는 것을 깨닫게 되었다.[9]

그 후 손석희는 노동조합의 간부로 활동하며 파업 때마다 앞장서는 열의를 보여 주위 사람들을 놀라게 했다. 일부에선 한참 '잘 나가는' 아나운서가 뭐가 아쉬워서 저러나하는 비아냥거림도 들려왔고, 어떤 사람들은 '너는 얼굴이 팔렸으니까 노조에 이용당하는 거'라며 그를 힐난하기도 했다.[10] 하지만 그 시절에 그가 왜 그토록 노조 활동에 열성적일 수밖에 없었는지에 대해 그는 이렇게 말했다.

> 왜 노조를 하는가. 이건 아주 단순한 문제입니다. 노조를 안 할 수 있는 명분이 없습니다. 운동가까지는 못 되더라도 직업인으로서 최소한의 양심, 소시민적 도덕성을 지키려만 해도 노조활동은 불가피합니다.

8) 손석희, 〈나이 쉰에 나는 무엇을 보여줄까〉, 월간 『말』, 1996년 11월호, 153쪽.
9) 손석희, 『풀종다리의 노래』(역사비평사, 1993), 187쪽.
10) 손석희, 〈방송입문, 노조운동, 유학 어느것 하나 쉽지 않았다〉, 『한겨레』, 1999년 7월 7일, 18면.

이게 우리 방송현실의 비극인데, 거기에 국민의 눈과 귀를 대신한다는 우리 직업의 특수성이 더해집니다. 노조만이 유일하고 합법적인 선택이지요.[11]

1992년 가을에 '해고자 복직, 공정방송 실현' 등을 구호로 내건 MBC 노조의 기나긴 파업은 시작되었다. 그들이 내세운 구호들은 당장 실현될 것 같지 않은 것들이었지만, 손석희는 그 파업기간 동안 참으로 오랜만에 동료들의 서로에 대한 믿음을 확인할 수 있었다.[12] 그리고 그들에 대한 믿음과 사랑을 바탕으로 머리띠를 두르고 쉼 없이 손을 흔들어댔던 그는 그 해 10월 불법 파업주동자로 몰려 20일간의 구치소 신세를 지게 되었다.

모든 것이 막막하기만 했던 시간이었지만, 20일간의 수감 생활은 그에게 평생 잊을 수 없는 기억들을 남겼다. 그는 세면장 갈 때나 면회하러 나갈 때 그에게 따뜻한 안부인사를 건네주고, 또한 그가 출소하던 날 침침한 복도의 철창문 창살 밖으로 손을 흔들어 주던 수인(囚人)들에게서 얻은 것들이 많았다. 그는 그들 덕분으로 자신의 삶의 지평이 이만큼이나 넓혀진 것이라 생각했다.[13]

그가 구속될 당시 '뽀미언니'로 잘 알려진 그의 아내 신현숙 씨는 둘째 아이를 임신 중이었다. 만삭의 몸으로 매일 아침 구치소로 출근하다시피한 그녀는 첫 면회 때 그에게 눈물을 보였다. 하지만 그녀는 점점 강인해진

---

11) 양성희, 〈공정방송의 간판스타-손석희 아나운서〉, 월간 『말』, 1992년 12월호, 229쪽에서 재인용.
12) 손석희, 『풀종다리의 노래』(역사비평사, 1993), 198쪽.
13) 손석희, 〈나이 쉰에 나는 무엇을 보여줄까〉, 월간 『말』, 1996년 11월호, 155쪽.

모습을 남편에게 보여주었고, 구속자 부인들과 함께 회사 앞에서 그의 석방을 촉구하는 피켓 시위를 벌이기도 했다.

회사측의 소송 취하로 석방된 후에 손석희에게는 한동안 일이 없었다. 그는 만약 계속 프로그램이 주어지지 않는다면 영영 방송을 떠나야 할지도 모른다고 생각하기도 했다. 하지만 몇 달 동안의 공백기간을 거친 후 그는 『생방송 아침만들기』와 『선택! 토요일이 좋다』 등의 교양정보 프로그램의 진행자로 방송에 복귀했고, 뉴스를 진행할 때처럼 좋은 반응을 얻었다.

그는 방송 경력 15년 동안 가장 마음에 들었던 방송으로 『장학퀴즈』를 꼽는다. 그 방송을 진행하면서 뉴스 진행 때와는 달리 자신의 의견을 어느 정도까지는 표명할 수 있었을 뿐만 아니라, 같이 일하던 사람들과 의기투합할 수 있었던 까닭이다. 그는 '좋은 방송'을 만들기 위해선 같이 일하는 사람과의 관계가 가장 중요하다고 본다.

자신이 처한 위치에서 얻을 수 있는 기득권을 포기하고서라도 그가 평생을 두고 지키고자 하는 원칙은 '일관성의 유지'이다.

> 상식적 판단에서 옳은 일이라면 바꾸지 말자. 내가 죽을 때까지 그 원칙에서 흔들리지 말고 나아가자. 세워놓은 단 하나의 방향성을 잃지 말자라고 그 언젠가 부터 다짐을 해놓고 있습니다.[14]

1993년 그는 성장기의 이야기, 기억에 남는 방송 이야기, 노조 이야기 등이 담겨 있는 『풀종다리의 노래』라는 에세이를 펴냈다. **인·사**

---

14) 장윤선, 〈인간 사랑을 실천하는 민주아나운서 손석희〉, 『세상사람들』, 1994년 3월호. 33쪽에서 재인용.

심 혜 진

"톡 쏘는 맛처럼 떠오르는 여자가 있다."[1] 약 10년 전 시인 유하는 자신의 시에서 심혜진을 이렇게 묘사한 적이 있다. 당시 심혜진은 코카콜라 CF에서 팔꿈치로 남자를 때리며 앙증맞게 웃는 모습으로 뭇남성들의 가슴을 설레게 했다. 이후 그녀는 다양한 영화를 통해 '콜라 맛처럼 톡 쏘는' 연기를 보여주는 배우로 통하게 되었고, 어려운 여건 속에서도 자신의 주장을 끝까지 관철시키는 당당한 커리어 우먼의 전형이 되었다.

1999년 여름, 푹푹 찌는 더위만큼이나 뜨거운 싸움이 MBC 드라마『마지막 전쟁』속에서 벌어졌다. 이 드라마에서 심혜진은 야채 가게 장남이자

---

1) 유하, 〈콜라 속의 연꽃, 심혜진論〉, 『바람부는 날이면 압구정동에 가야 한다』(문학과지성사, 1991), 92쪽.

소심한 샐러리맨을 연기한 강남길의 아내로 남편과 팽팽한 신경전을 벌이는 부유한 집안 출신의 미모 변호사 역할을 맡아 열연했다. 드라마 속 '잘난 아내'는 무능한 남편을 마구 윽박지르고, 부부싸움을 할 때는 남편을 밀치고 때리는 행동도 서슴지 않았다. 이를 두고 각 가정에서는 각양각색의 반응이 나왔다. 그만큼 그녀의 연기는 사실적이었고, 심혜진은 집안에서는 한없이 퍼지고 마는 30대 아줌마지만 사회에서는 유능한 변호사로 변신하는 '양면적'인 캐릭터를 잘 소화해냈다는 평을 들었다. 결국 주연급 연기자들의 탄탄한 연기력 덕분으로 『마지막 전쟁』은 화려한 캐스팅과 상당한 제작비로 10대를 공략한, 같은 시간대 타사 프로인 『고스트』를 제치고 시청자들에게 많은 사랑을 받았다.[2] 드라마 최종회의 시청률이 무려 45%에 달했으니, 한동안 스크린에서만 활동해 온 심혜진의 모처럼 만의 '외도'는 대성공을 거둔 셈이었다.

그녀의 활동 영역은 연기 분야에만 국한되어 있지 않다. 1998년 11월부터 진행해 온 『파워 인터뷰』(KBS 2TV)를 통해서 각계각층 출연자들의 속내를 자연스럽게 끌어내는 원숙한 진행솜씨를 인정받은 그녀는 신설 교양·예능 프로그램 MC 1순위로 꼽히고 있다. PD들이 심혜진의 매력으로 꼽는 것은 똑부러지게 자기 얘기를 하면서도 건방지거나 거부감을 일으키지 않는 독특한 흡입력이다.[3] 이런 매력을 가진 그녀는 현재 『파워 인터뷰』, 『토요스타클럽』(SBS), SBS FM 『심혜진의 시네타운』의 진행자로서 이미 폭넓은 지지층을 확보해 놓은 상태이다. 그리고 전 세계 77개 나라의 방송사가 공동 제작해 1999년 12월 31일 저녁부터 장장 25시간 30분 동안

---

2) 김명렬, 〈그녀가 지금 더 아름다운 이유〉, 『월간중앙』, 1999년 10월호, 276쪽.
3) 김희연, 〈안녕하세요, 심혜진입니다〉, 『경향신문』, 1999년 10월 15일, 33면.

생방송으로 방영된 밀레니엄 특집방송 『2000 투데이』의 한국측 앵커로 선발돼 손석희 씨와 공동 진행을 하는 영광을 누리기도 했다.

심혜진은 1967년 1월 16일 서울에서 평범한 가정의 1남3녀 가운데 셋째로 태어났다. 그녀의 본명은 심상군, 공덕초등학교 · 서울여중 · 보성여고를 졸업한 뒤 재수하면서 연예계에 데뷔했다.

고등학교 시절 공부엔 별로 흥미가 없었던 심혜진은 가출도 해보고 나이트 클럽에도 가보는 등 방황을 많이 했다. 사실 그녀가 연예계에 발을 들여놓게 된 것은 우연한 기회를 통해서였다. 이미 모델 활동을 하고 있던 큰언니 명군을 따라서 명동의 미장원에 갔다가 광고사진 작가의 눈에 띈 것이 계기가 되었던 것이다. 그녀는 원래 좋은 남자 만나서 결혼하는 것, 교사나 중소기업 사장이 되는 것이 꿈이었고 영화배우가 되고 싶다는 생각은 단 한번도 해본 적이 없었다. 그래서인지 심혜진은 광고모델 일에서 넉넉한 용돈이 생긴다는 이점 외에는 별다른 매력을 느끼기 못했다.

그랬던 그녀가 모델로서 이름을 알리기 시작한 것은 1988년 '코카콜라' CF를 통해서였다. 이후 도회적이면서도 섹시한 이미지가 부각된 이 CF를 본 영화사 쪽에서 하나둘씩 그녀에게 출연 제의를 해오기 시작했다. 하지만 모델 일조차 오래 할 생각이 없던 그녀는 자신에게 들어 온 영화 출연 제의를 단번에 뿌리쳐 버렸다. 그런 행운을 잡으려고 자나깨나 노심초사하는 수많은 영화 지망생들이 들었으면 말도 안 되는 소리였을 것이고, 그녀의 어머니도 이런 기회를 놓치기가 아까웠는지 '그래도 한번 해보라고' 그녀를 설득했다.[4]

---

4) 김명렬, 앞의 글, 277쪽.

그렇게 해서 그녀가 처음 데뷔한 영화는 『추억의 이름으로』(1989)였다. 뒤이은 『물의 나라』(1989)에서 심혜진은 곧바로 주연으로 발탁됐다. 당시 심혜진은 연기가 무엇인지도 모르고 감독의 지시에 따라 움직이기만 했지만, 영화 작업 속에서 조금씩 뭔가를 느끼기 시작했다고 한다.

> 우연히 모델 일을 시작했고, 우연히 영화를 시작했다. 우연도 여러 번 반복되면 운명이라고 하지 않는가. 잠 잘 시간이 없을 정도로 바쁜 촬영 스케줄이 이어져도 그 안에서 내가 굉장히 즐거워하는 것을 스스로 발견하고 이 일이 나에게 맞는다고 생각했다.[5]

하지만 심혜진은 자신이 찍은 작품의 결과에 대해선 거의 만족을 느끼지 못했다. 그녀는 자신의 서투른 연기뿐만 아니라 그녀의 섹시한 이미지에만 주목하는 감독들의 시선에 불만을 가지기 시작했다.

그 무렵에 그녀는 자신의 배우 인생에 커다란 전기(轉機)를 가져다 준 영화를 만나게 되었는데, 박광수 감독의 영화 『그들도 우리처럼』(1990)이 바로 그것이었다. 심혜진에게 주어진 역할은 가난 때문에 왜곡된 성장 과정을 거쳐 탄광촌까지 흘러 들어온 다방 레지 송영숙이었다. 이 영화는 그녀가 앞서 접해왔던 작품과는 달리 성의 상품성에만 초점이 맞춰진 것이 아니라, 치열하고 엄숙한 삶의 리얼리티를 전제로 한 작품이었다.[6] 누구보다도 열성적으로 연기를 했던 심혜진은 이 영화를 통해 연기의 참 맛을 알게 되었고, 배우로서의 면모도 서서히 갖추게 되었다. 더불어 이 작품으로 영

---

5) 김명렬, 〈그녀가 지금 더 아름다운 이유〉, 『월간중앙』, 1999년 10월호, 277쪽에서 재인용.
6) 김명렬, 위의 글, 279쪽.

화 데뷔 2년 만에 프랑스 낭트 영화제에서 최우수 연기상을 수상하는 영광
도 누리게 되었다.

이후 심혜진은 『결혼 이야기』(1992)와 『은행나무 침대』(1996)에서 당찬
전문직 여성으로 열연해 93년과 96년에 대종상 여우주연상을 수상하는 행
운을 거머쥐면서 한국 최고 여배우로서 발돋움하게 되었다.

도시적인 마스크를 가진 그녀는 누구보다도 지적이고 세련된 커리어 우
먼 역할이 잘 어울리는 배우였지만, 그렇다고 고정된 이미지만 보여준 것
은 아니었다. 1993년 『그 섬에 가고싶다』에서는 백치처녀로 연기변신을 했
었고, 96년 『박봉곤 가출사건』에서는 자아 찾기에 나선 30대 주부 역할을
잘 소화해냈다. 또한 깡패(문성근 役)의 정부이면서도 그의 부하(한석규 役)
를 사랑한 여인으로 나왔던 97년 이창동 감독의 『초록 물고기』에서는 무서
운 광기와 분노, 이와 대비되는 연약한 사랑의 감성 연기를 보여줘 평론가
들에게 '역시 심혜진'이라는 찬사를 받았다.[7]

이밖에도 심혜진은 『하얀전쟁』(1992), 『비상구가 없다』(1993), 『사랑하고
싶은 여자 결혼하고 싶은 여자』(1993), 『세상 밖으로』(1995), 『무소의 뿔처
럼 혼자서 가라』(1995), 『생과부 위자료 청구 소송』(1998), 『실락원』(1998)
등의 작품 속에서 끊임없는 변신을 시도해왔다.

2년 동안 드라마 출연으로 영화 출연이 뜸했던 심혜진은 1999년에 『중경
삼림』, 『해피 투게더』 등으로 한국에서도 널리 알려진 홍콩의 세계적인 감
독 왕가위 감독의 새 영화 『2046』에 출연 요청을 받아 놓은 상태이다. 아
직 시나리오도 받지 못해 자신이 맡게 될 역할도 모르는 상태지만, 그녀는

---

7) 백학기, 〈'콜라' 같은 여자, 한국의 톱스타로〉, 『KBS 저널』, 1999년 7월호, 96쪽.

양조위, 왕정문, 유가령 그리고 기무라 다쿠야 등 홍콩과 일본의 스타연기자들을 만난다는 기대에 들떠 있다. 왕가위는 심혜진을 캐스팅한 배경에 대해서 "개성있는 마스크에다 절제된 연기가 매력"이라고 말한 것으로 전해진다.[8] 또한 2000년 2월에는 『꽃을 든 남자』로 호흡을 맞췄던 황인뢰 PD의 주간 단막극 『비서』(KBS 2TV)에서 여주인공으로 드라마에 복귀할 예정이다.

심혜진은 '저 사람이 연기하는 것은 볼만하다'라는 믿음을 팬들에게 심어주는 것이 배우로서 목표하고 있는 꿈이라고 한다.[9] 그녀는 이미 여러 상을 수상한 바 있지만 정작 상에는 연연하지 않는다. 이제 서른 중반을 향해가고 있는 나이를 배우로서 의식할 만도 한데 그녀는 30대가 자신에게는 너무 좋은 나이라고 말한다.

> 물론 나도 스물 아홉에서 서른으로 넘어갈 때 갑자기 늙는 것 같아 초조하기는 했다. 그러나 정작 30대가 되니 그렇게 편할 수 없다. 현실을 현실대로 보는 눈이 생겼다. 그 이전까지는 마치 몽유병 환자처럼 시선이 막연한 허공에 있었다. 경제적·정신적·육체적으로 독립하고 성인이 되었다는 점에서 30대는 나에게 소중하다. 여성이 가장 아름다운 때라고 생각한다.[10]

특별히 눈에 띄는 외모를 소유한 건 아니지만 심혜진은 한국 영화의 대

---

8) 백학기, 〈'콜라' 같은 여자, 한국의 톱스타로〉, 『KBS 저널』, 1999년 7월호, 97쪽.
9) 김명렬, 〈그녀가 지금 더 아름다운 이유〉, 『월간중앙』, 1999년 10월호, 280쪽.
10) 김명렬, 위의 글에서 재인용.

부분을 20대 여배우들이 차지하고 있는 상황에서 30대가 가진 무게와 탄탄한 연기력으로 자기만의 영역을 구축하고 있는 배우로 평가될 수 있을 것이다.

　1992년 말 이혼한 후 경기도 양평의 전원주택에서 혼자 살고 있는 심혜진은 산과 들을 바라보고 좋아하는 책을 읽고 음악을 들으며 재충전을 한다. 또한 앞으로 찍게 될 영화를 위해 영어회화에도 틈틈이 힘쓰고 있다. 　**인·사**

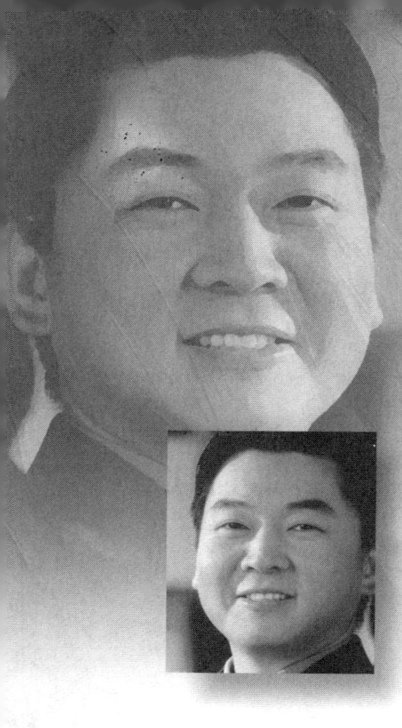

안 철 수

1999년은 새 천년을 맞이하는 사람들의 설레임으로 들뜬 한 해였다. 이런 사람들의 설레임은 2000년 1월 1일을 기점으로 전 세계 모든 컴퓨터에 치명적 손상을 입힌다는 Y2K 바이러스의 출현 경고로 어느 정도 수그러들기도 했다. 이에 대한 대비책으로 백신 프로그램의 중요성이 부각되자 그 어느 때보다도 99년을 바쁘게 보낸 한 인물이 있다. 바로 안철수 컴퓨터바이러스연구소 소장인 안철수이다.

안철수는 1962년 2월 26일 부산에서 출생했다. 어릴 적 안철수는 공부보다도 기계 조립이나 독서, 동물에 관심이 많았다. 특히 기계 조립에 대한 관심은 어린아이 수준의 것 이상이었다. 그의 손에 잡히는 물건들은 그것이 시계가 됐건, 라디오가 됐건 간에 조립 대상이었고, 한 번 조립을 시작하면 시간가는 것도 잊을 만큼 열중했다. 그러나 그 조립이라는 것이 기계에 대한 막연한 호기심 정도였으므로 대부분 그의 손에서 산산조각 나기 일쑤였다. 그가 친척이나 이웃집에 놀러 가면 사람들은 시계나 라디오부터 숨기기 바빴을 정도였다고 한다.[1]

그는 독서에도 유달리 관심이 많았다. 초등학교 1학년 때 한글을 깨친 안철수는 등교길 30분 동안에도 손에서 책을 놓지 않았을 정도로 독서에 열중했다. 내성적인 성격으로 남들과 어울리는 것에 소질이 없었으므로 당연히 책은 그의 가장 친한 친구일 수밖에 없었다. 대입 준비에 한창이어야 할 고3 때도 그의 손에는 문제집보다 소설책이 들려있는 시간이 더 많았다. 그렇다고 그가 공부를 못했던 것은 아니다. 그는 어렸을 적부터 쌓은 집중력과 탄탄한 기초실력을 바탕으로 고3 때부터는 줄곧 1등을 놓치지 않았다. 숫기 없고, 얌전해서 '흰둥이'라는 별명을 가지고 있는 그지만, 자신이 좋아하는 일에는 놀라운 관심과 집중력을 발휘했던 것이다.

1980년 부산고를 졸업한 안철수는 공대에 진학해 과학자가 되는 것이 꿈이었다. 그러나 부산에서 병원을 운영하고 계시는 아버지 때문에 그는 공대에서 의대 쪽으로 진로를 바꾸어 서울대 의과대에 입학했다. 그러나 어렸을 적부터 동물을 좋아하던 그에게 늘 사람과 동물을 해부하고 피를 만지는 의대 수업은 고역이었다. 그럼에도 그는 한번 선택한 길에 후회하지 않기 위해 열심히 공부했고, 본과부터는 올 A를 받아 수석을 놓치지 않았다.

철수는 예과 2학년 때 우연한 기회에 친구의 애플 컴퓨터를 보고 컴퓨터에 푹 빠져들었다. 그래서 그는 자신도 컴퓨터를 익히기 위해 1년간 관련 서적들을 공부한 뒤 컴퓨터를 구입했다. 그 뒤 그는 컴퓨터에 미치다시피

---

1) MBC 성공시대 제작팀, 〈보장된 미래보다는 좋아하는 일을 택하라〉, 우리기획 편집부 펴냄, 『성공시대』(우리기획, 1999), 188~190쪽.

매달렸고 전공도 컴퓨터의 활용도가 많은 기초의학인 전기생리학으로 정했다.

1988년 서울대 대학원 의학 석사학위를 취득하고 박사 과정을 밟고 있던 그는 자신의 컴퓨터에 이상이 생겼음을 발견했다. 세계 최초의 컴퓨터 바이러스인 c브레인바이러스에 컴퓨터가 감염된 것이었다. 당시에는 컴퓨터 보급률이 높지 않았기 때문에 컴퓨터 바이러스는 컴퓨터 관련 분야에서조차 생소한 것이었다. 당연히 국내 대부분의 컴퓨터들은 치명적 손상을 입게 되었다. 그러자 그는 며칠 동안 밤을 새워가며 바이러스 퇴치 프로그램을 연구해 국내 최초로 백신 프로그램을 개발했다.[2] 그것이 바로 안철수 컴퓨터바이러스연구소의 대표 소프트웨어인 V3이다. 그는 초보자도 쉽게 사용할 수 있도록 개발한 백신 프로그램을 곧 통신에 올리고 컴퓨터 사용자들에게 무상으로 공급했다. 이후에도 스스로 바이러스에 대한 정보를 모아 V3를 업그레이드시켜 아무런 대가도 받지 않고 통신을 통해 필요한 이들에게 제공했다. 또 시간을 가리지 않고 쏟아지는 문의전화와 이메일에도 일일이 답을 해주었다. 94년 해군에 입대하는 날에도 그는 새벽까지 백신 프로그램을 개발했다.

안철수는 89년부터 91년까지 서울대 대학원 의학 박사 과정을 밟으면서 단국대 의과대 전임강사와 의예과 학과장을 지냈다. 1991년 의학 박사학위를 취득하고 그는 3년 동안 해군에서 군의관으로 복무했다. 안철수가 군대를 제대하자 여러 대학에서 교수로 초빙하겠다는 제안이 쏟아졌다. 바이러스에 대한 미련을 버린다면 20대 박사에서 20대 교수로서의 화려한 삶이

---

2) MBC 성공시대 제작팀, 〈보장된 미래보다는 좋아하는 일을 택하라〉, 우리기획 편집부 펴냄, 『성공시대』(우리기획, 1999), 192~194쪽.

열리는 순간이었다. 그 순간은 그의 인생에 있어 가장 큰 갈림길에 선 시기이기도 했다.

아버지의 소원대로 의대에 진학해 박사학위까지 받았으나 자신이 하고 싶은 일은 의학이 아니라 컴퓨터 바이러스 연구와 백신 프로그램 개발이었다. 1988년 첫 바이러스를 발견한 그는 7년 동안 낮에는 의학도로 밤에는 바이러스 연구자로 보냈다. 의학 하나만 공부해도 빠듯한 시간에 결코 만만치 않은 두 가지 일을 병행했던 것이다. 그는 자신의 지난날을 돌이켜보았다. 그리고 의사와 교수로서의 탄탄대로보다 '자부심, 보람감, 사명감, 성취감'을 느끼게 해 준 컴퓨터 일에 자신의 미래를 걸기로 결심했다.[3] 94년 안철수는 그때 이미 디스크 정리 응용 프로그램인 'SWEEP'와 프로그램 실행기 'EXEC', 백신 툴키트인 'VTOOLS'를 개발해 놓은 상태였다. 어쩌면 컴퓨터 바이러스 문제 해결사로서의 미래는 예정된 길이었는지도 모른다.

평생을 바이러스 연구와 백신 프로그램 개발에 바치기로 결심한 그는 1995년 3월 15일 V3 제품군의 계승과 해외 시장 개척을 주요 사업으로 하는 안철수 컴퓨터바이러스연구소를 차렸다. 한글과 컴퓨터 이찬진 사장의 후원금과 사재를 털어 자본금 6억5천만 원에 일곱 명의 직원으로 시작했다. 그가 연구소를 설립한 목적은 "정보 네트워크 시대의 컴퓨터 관련 범죄 증가에 대비한 신속한 보안 솔루션 제공"과 "각종 컴퓨터 범죄예방 및 계도 활용", 그리고 "정보 이용 활성화와 건전한 정보 이용 마인드 구축"이었다.[4]

---

3) 안철수, 〈의학과 컴퓨터 사이에서〉, 『월간중앙』, 1999년 5월호, 144쪽.
4) http://www.ahnlab.com/(안철수 컴퓨터바이러스연구소 공식 홈페이지)

본격적인 사업을 벌인 1995년 그는 바이러스 연구와 백신 프로그램 개발은 직원들에게 맡기고 미국으로 경영자 수업을 받으러 떠났다. 그는 97년 5월까지 펜실베이니아대학 테크노경영대학원 와튼 스쿨에서 경영공학석사 과정(테크노 MBA)을 수료하고 학위를 취득했다. 처음 배우는 경영학을 공부하면서 이메일로 한국에서의 사업을 보고 받고 결재 업무를 했다.

날새기를 밥먹듯 하며 2년 반 동안 힘겨운 유학 생활을 정리하고 귀국하려던 그에게 하루는 세계 최대의 백신 회사인 맥아피(현 내셔널 어소시에이트)사(社)에서 초청장이 왔다. 귀국길에 맥아피사(社)를 방문한 그에게 사장인 빌 라르슨은 1천만 달러에 연구소와 백신 프로그램 관련 기술을 팔 것을 제의했다. 당시 극심한 재정난에 처해 있던 연구소를 살릴 수 있는, 결코 무시할 수 없는 거액이 걸린 제의였다. 그러나 그는 일언지하에 그 '엄청난' 제의를 거절했다. 당장 손안의 1천만 달러보다 먼 훗날 외국 기업에 의한 국내 백신 프로그램 시장의 함락을 막는 일이 급선무였기 때문이었다. 후일 이 일은 인구에 회자되었는데 정작 그는 거절한 이유를 담담하게 말했다.

> 상업적 이익만을 따지는 외국 기업에 회사를 팔면, 가족, 직원, 우리
> 나라 고객 모두가 피해를 본다. 직원들은 쫓겨나고 고객은 백신을 사는
> 데 비싼 돈을 들여야 했을 것이다. 나에게는 돈보다 인간 관계, 성취
> 욕구 등이 훨씬 중요했다.[5]

---

5) 윤길주, 〈고객감동·스피드 경영으로 승부〉, 『뉴스메이커』, 2000년 1월 20일, 41면.

자신의 연구소로 돌아온 이듬해 안철수는 마이크로소프트사에서 개발한 윈도우의 대체 수단으로 1991년 리누스 토발즈[6]가 개발한 리눅스(Linux)용 소프트웨어를 전문으로 개발하는 (주)앨릭스를 설립했다. 그리고 인터넷의 사용도가 증가함에 따라 개인 PC에서 네트워크까지의 보안을 책임지는 해결 프로그램 앤디(EnDe)를 개발했다. 또 88년 처음 개발한 V3도 용도별로 13가지나 만들고, 데이콤과 합작으로 컴퓨터 보안서비스 전문업체인 (주)코코넛을 설립했다. 이같이 탄탄한 기초력으로 그는 이제 세계 시장 공략을 꿈꿀 수 있게 되었다.

1998년 4월 26일, 전 세계를 강타한 체르노빌 바이러스(CIH바이러스)는 컴퓨터 시스템을 일순간에 망가뜨리며 전 세계적으로 최고의 피해액을 기록했다. 안철수는 여기저기서 백신 프로그램 수요가 급증하자 소 잃고 외양간 고치는 방식에 대해 씁쓸한 표정을 감추지 않았다. 그는 이런 모습에 대해 "성수대교나 삼풍백화점 붕괴사고와 같이 만들어 쓰기만 하고 유지·보수에는 관심없는 안전불감증에 빠진 우리사회의 한 모습을 보여주고 있다"고 지적했다.[7]

CIH 바이러스에 감염되었던 많은 컴퓨터들이 안철수가 배포한 백신으로 치료되었고, 이를 계기로 '안철수'라는 그의 이름은 전 세계로 알려지게 되었다. 그 덕에 한국은 내셔널 어소시에이트사(社), 시만텍사(社)와 더불어 세계 'Top3'의 바이러스 백신 프로그램을 보유하게 되었다.[8]

---

6) 리누스 토발즈에 대해서는 『시사인물사전 3』을 참고하십시오.
7) 최영창, 〈컴퓨터 백신 시장 80% 장악한 안연구소 안철수 소장〉, 『문화일보』, 1999년 12월 29일, 23면.
8) 안은주, 〈젖소 복제에서 새 은하 발견까지〉, 『시사저널』, 1999년 12월 30일, 47면.

1999년 12월, 체르노빌 바이러스의 변종인 러브 바이러스(Love.998)에 'V3 업데이트 엔진'이 감염된지도 모르고, 연구소의 홈페이지를 통해 무료 배포한 일이 있었다. 이 프로그램을 다운받은 2천여 대의 컴퓨터가 바이러스에 감염되자 연구소에서는 이 프로그램을 삭제하고 곧 치료버전을 개발해 배포했다. 물론 이 바이러스는 컴퓨터의 시스템을 파괴하는 것이 아닌 단순히 키보드 작업 속도만 느리게 하는 것이었다. 그러나 평소 신중하기로 소문난 안철수였기에 스트레스로 인해 온 몸에 피부염이 생겼을 정도로 정신적 충격이 컸다.[9]

안철수 컴퓨터바이러스연구소의 99년 매출액은 1백14억 원이다. 98년의 26억 원에 비해 4배가 넘는 성장을 이룩한 것이다. 한국 내에서는 한글과컴퓨터사(社)와 더불어 단일 소프트웨어로 연간 매출액 1백억 원이 넘는 벤처기업이 되었다. 백신 프로그램 하나, 그것도 개인에게는 무상으로 배포하고, 기업에게만 유료로 판매해서 이윤을 남겼다. 그는 평소 V3를 무료로 개방하지 말라는 주위 사람들의 만류에도 불구하고 자신의 이익보다 전(全) 국가적 손해를 막는 '공익(共益)'을 우선시하며 무료 개방을 고수하고 있다.

안철수는 직원들에게 '자율'을 강조한다. 개발실 직원의 경우는 1주일에 44시간의 근무시간만 지키면 그 외에는 간섭하지 않는다. 신입사원 채용 기준에 대해서도 남다른 소신을 갖고 있다.

"우리회사의 가장 큰 미덕은 정직이다. 성실 및 공부하는 자세, 인화(人和) 단결 등도 중요한 잣대다. 능력은 맨 나중이다."[10]

<hr>

9) 정호석, 〈바이러스 씨말리는 영원한 '컴 닥터'〉, 『스포츠투데이』, 2000년 1월 10일, 25면.
10) 윤길주, 〈고객감동·스피드 경영으로 승부〉, 『뉴스메이커』, 2000년 1월 20일, 41면.

　현재 안철수는 의사면허증을 가지고 있는 만큼 의학과 관련해 대한의학
협회 의학정보연구위원회 위원과 보건의료기술연구기획 평가단 보건의료정
보분과 위원으로 활동하고 있다. 컴퓨터와 관련해서 그는 소프트웨어벤처
협의회 회장, 아시아 안티바이러스연구협회 부회장, 정보보호산업협의회
부회장, 정보통신미래모임 부회장, 한국통신정보보호학회 이사, 한국컴퓨
터기자클럽 자문위원, 월간 『마이크로소프트웨어』 편집자문위원, 월간 『윈
도우세계』 편집자문위원, 전산발전위원회 위원, 소프트웨어진흥원 법제도
개선 자문위원, 한국전자통신연구원 연구개발 자문위원, 서울지검 정보범
죄수사센터 자문위원을 맡고 있다.

　그는 길지 않은 활동에 비해 많은 수상 경력을 가지고 있는데, 이를 나
열해 보자면 다음과 같다.

　1990년 12월 한국컴퓨터기자클럽 올해의 인물상, 92년 6월 한국정보문화
센터 정보문화 기술상, 94년 1월 한국과학기술보급회 김용관상, 94년 3월
월간 『마이컴』 선정 컴퓨터 인물, 95년 1월 『시사저널』 선정 한국의 30대
뉴리더, 95년 2월 월간 『PC라인』 선정 컴퓨터 인물(소프트웨어 부문 및 필자
부문), 95년 5월 한국 PC통신 하이텔 공로상, 96년 12월 청와대 자랑스런
신한국인상, 98년 7월 월간 『프로그램세계』 선정 가장 존경받는 프로그래
머, 98년 9월 한국경제신문사 제7회 다산기술상과 전자신문사 주최 1만5천
명 네티즌 대상 50대 기업인 중 1위, 98년 12월 국가안전기획부 정보통신
보안업무 유공자 표창, 99년 1월 『시사저널』 선정 21세기를 이끌 벤처기업
가 20인, 99년 4월 월간 『인에이블』 선정 21세기 디지털 리더, 99년 12월
올해의 정보통신인상 등등.

　그의 저서로는 『바이러스 뉴스 1호』(성안당, 1990), 『바이러스 뉴스 2호』

(성안당, 1991), 『별난 컴퓨터 의사 안철수』(비전, 1995), 『바이러스 분석과 백신 제작』(정보시대, 1995), 『안철수와 윈도우 98』(정보시대, 1998)이 있다.

그는 현재 삼성의료원 진단방사선과 의사인 서울대 의대 1년 후배인 김미경 씨와 88년 결혼식을 올렸으며 슬하에 외동딸 안설희가 있다. 【인·사】

윤 대 녕

1990년대를 대표하는 '신세대 작가' 혹은 90년대 감성문학의 선두 주자로 통하는 윤대녕은 99년 11월 장편소설 『코카콜라 애인』(세계사)을 출간했다. 이 소설은 윤대녕이 지난 10년 간의 문학 생활을 정리하면서 내놓는 작품이라고 한 일간지와 가진 인터뷰에서 스스로 밝혔다. 『코카콜라 애인』을 쓰게 된 동기에 대해 윤대녕은 이렇게 말했다.

바깥에 나와 사람들과 술을 마시면서도 마음은 끊임없이 집에 들어가 혼자 있고 싶은 때가 있지요? 몸은 '여기' 있는데 마음은 '저기'에 가 있는 현상들. 자신이 생각하는 자신의 존재가 현실적으로 드러나는 모습과 달라서 느낄 수밖에 없는 고통들을 누구나 경험했을 겁니다. 그 일치를 지향하려는 노력은 타인의 삶과 어울리면서 평균율을 회복하려는 몸짓으로 드러나야 합니다. 나와 타인이 같은 공간에서 함께 부대끼는 것, 무의미로부터 탈출하는 것, 가장 가까이 있는 사람이 가장 소중하다는 사실들을 이번 소설에서 적극적으로 구현해 보려고 했지요.[1]

1962년 충남 예산에서 출생한 윤대녕은 단국대학교 불문과 81학번이다. 문예장학생으로 대학에 입학한 그가 불문학을 전공으로 선택한 이유는 고교 시절 까뮈나 사르트르 같은 프랑스 실존주의 작가들의 작품을 많이 읽고 그들의 글쓰기에 매료되었기 때문이다. 또한 그의 글쓰기에 많은 암시를 준 작가 김승옥이 불문학을 전공했다는 사실도 크게 작용했다.[2]

윤대녕은 1988년 대전일보 신춘문예에 『圓』이 당선되는 기쁨을 누렸다. 그리고 2년 후인 90년 『문학사상』 신인상에 단편 『어머니의 숲』이 당선되면서 윤대녕은 본격적으로 작가 세계에 입문하게 되었다. 그는 홍익대 근처에 있는 한 출판사에서 편집부장으로 일했지만 94년 봄에 창작 활동에만 전념하기 위해 전업작가의 길로 나서게 되었다. 그는 당시의 선택에 이렇게 말했다.

"살다 보면 양자택일의 순간이 있는 것 같습니다. 그때 선택을 잘해야 되는 것은 물론이죠. 저는 비교적 앞질러서 선택을 잘한 것 같습니다. 운이 좋았던 거지요."[3]

1994년 4월 그의 첫 작품집인 『은어낚시통신』이 출간되었다. 문학동네에

---

1) 조용호, 〈현실 - 이상의 삶 괴리극복에 천착〉, 『세계일보』, 1999년 11월 12일, 16면.
2) 권성우 · 윤대녕 인터뷰, 〈대중문화시대의 고독한 유목민〉, 『리뷰』, 1996년 봄호, 325~326쪽.
3) 원대로, 〈텅빈 광산 꿈꾸는 광부와의 우울한 인터뷰〉, 『인재제일』, 1996년 5 · 6월호, 87쪽.

서 출간된 이 책은 평론가들로부터 좋은 평가를 받았다. 이 작품으로 윤대녕은 90년대를 대표하는 주요 신세대작가 중 한 명으로 부상했다. 윤대녕은 같은 해 가을 문화체육부가 제정한 제2회 '오늘의 젊은 예술가상'을 수상하기도 했다.

94년 10월 윤대녕은 그의 첫 장편소설인 『옛날 영화를 보러 갔다』(중앙일보사)를 발표했다. 그러나 이 작품이 발표된 후 윤대녕은 여러 평론가들에 의해 비판의 도마 위에 올랐다. 당시 계간 『창작과 비평』 1995년 봄호의 지면을 통해 문학평론가이자 영남대 교수인 염무웅은 윤대녕에게 가차없는 비판을 가했는데 그 내용의 일부를 보면 이렇다.

"솔직히 말한다면 도저히 더 이상 읽을 기력도 없거니와 읽고 싶은 흥미도 일어나지 않았다. 내가 낡아버린 건가, 윤대녕의 작품이 평판과 다른 건가. 도대체 이제 겨우 소설집 한 권을 내놓았을 뿐이고 어렵게 자기 길을 찾아가는 젊은 작가를 명색 평론가라는 자들이 제멋대로 터무니없이 과장되게 선전하는 이 행태는 어떻게 된 노릇인가. 그런데 이번 발표된 작품들을 읽고 나서 나는 평론가들이 문제가 아니라 바로 작가 자신이 문제의 근원이라는 것을 깨달았다."[4]

권성우도 계간 『리뷰』 1995년 봄호를 통해 그의 첫 장편소설에 대해 다소 불만스러운 목소리를 토로했다.

"윤대녕은 강렬한 서사성 보다 이미지의 매혹으로 소설을 쓰는 작가이다. 이는 윤대녕의 더할 수 없는 매력이자 동시에 약점일 것이다. 그러나 이미지와 파편적인 상징은 반복되고 늘어질 때, 그 신선한 매혹을 상실하

---

4) 염무웅, 〈변화된 현실과 객관세계의 준엄성〉, 『창작과 비평』, 1995년 봄호, 231쪽.

게 되는 것이다. 『옛날 영화를 보러 갔다』가 바로 이러한 한계를 지니고 있는 것은 아닐까. …… 이러한 창작방법론 자체를 가치 평가할 수는 없겠지만 적어도 『옛날 영화를 보러 갔다』에서는 『은어낚시통신』에서 간간이 엿볼 수 있었던 단편소설의 상큼한 매혹을 그다지 찾을 수 없었다는 점은 작가가 염두에 두어야 할 고려 사항일 것이다."[5]

『은어낚시통신』에 이은 그의 두 번째 창작집 『남쪽 계단을 보라』는 1995년에 세계사에서 출간되었다. 96년 윤대녕은 두 번째 장편소설인 『추억의 아주 먼 곳』(문학동네)을 선보였고 같은 해 『정육점 여인에게서』(하늘연못)를 펴냈다.

윤대녕에게 문학상 수상 소식이 들려온 것은 96년이었다. 그는 『문학사상』 1996년 4월호에 발표한 단편소설 『천지간』으로 96년도 이상문학상을 수상하게 된 것이었다. 이 작품은 후에 KBS의 『신 TV문학관』을 통해 심은하,[6] 김상중 주연으로 극화되기도 했다. 또한 윤대녕은 『문학동네』 97년 가을호에 발표한 단편소설 『빛의 걸음걸이』로 제43회 현대문학상을 수상했다.

그의 세 번째 장편소설인 『달의 지평선』은 1998년 가을에 해냄출판사에서 두 권짜리로 출간되었다. 『세계일보』에 연재되었던 이 소설은 그의 전작 장편소설들이 그러했듯 평단으로부터 그리 좋은 평가를 얻었던 것은 아니다. 『서평문화』의 지면을 통해 서영채(한신대 문예창작과 교수)는 『달의 지평선』에 대한 아쉬움을 다음과 같이 토로했다.

---

5) 권성우, 〈창공의 별들은 언제 반짝이는가〉, 『리뷰』, 1995년 봄호, 92쪽.
6) 심은하에 대해서는 〈심은하: 그녀는 더 이상 여기 살지 않는다〉, 변희재 외, 『스타비평 1』 (인물과사상사, 1999)을 참고하십시오.

"나쁜 새것보다는 좋은 옛것으로 돌아가고자 했던 것일까. 염려스러운 대목이 없지 않다. 그러나 지금까지의 그의 문학적 행보에 아낌없는 지지를 보낸 독자의 한 사람으로서, 또한 그의 향후의 가능성에 대해 전폭적으로 신뢰하는 독자로서, 나는 윤대녕이 『달의 지평선』의 실패를 기꺼운 마음으로 받아들이리라 믿는다."[7]

1999년 여름에 출간된 그의 세 번째 창작집 『많은 별들이 한곳으로 흘러갔다』(생각의 나무)에는 그 동안 그가 문학상을 수상했던 『천지간』, 『빛의 걸음걸이』 같은 작품들과 함께 두 번째 창작집인 『남쪽 계단을 보라』 이후에 여러 문예지들에 발표했던 단편소설들이 실려있다. 장편보다는 단편소설에서 더욱 문학적 빛을 발하는 그이기에 4년 만에 출간된 그의 세 번째 창작집은 그의 애독자들에게 반가운 소식이 아닐 수 없었다. 그는 『많은 별들이 한곳으로 흘러갔다』가 나왔을 때 한 언론과 가진 인터뷰를 통해 이 책의 출간 소감을 이렇게 밝혔다.

> 4년만에 세 번째 창작집 『많은 별들이 한곳으로 흘러갔다』(생각의 나무)를 묶어냈다. '게을렀구나' 하는 반성과 '간신히 버텨냈구나' 하는 안도감이 동시에 들었다. 돌이켜보면 걸어오던 길 위에 주저앉았을지도 몰랐을 시간이다. …… 언어의 긴장감이 떨어지고 있다는 사실이 두려웠다. 장편이든 단편이든 내 속에서 여러 번 걸러진 압축적인 언어를 써야 한다는 것이 원칙이었는데 96년 이후 신문과 하이텔에 연재를 하며 '마구 쏟아내고 있다'는 느낌에 시달렸다. 수록작 중 올 1, 2월에

---

7) 서영채, 〈윤대녕과 90년대식 소설 쓰기〉, 『서평문화』, 1998년 겨울호, 17~18쪽.

쓴 '많은 별들이…'와 '수사슴 기념물과 놀다' '에스키모 왕자'를 통해 비로소 언어에 대한 긴장감을 회복하고 있다고 느끼게 됐다.[8]

『은어낚시통신』부터 『코카콜라 애인』까지 그의 소설 속에 등장하는 주인공들은 대부분 어느 한 곳에 정착하지 못하고 현대의 도시 속을 부유(浮游)하는 '떠돌이'들이다. 이러한 것들은 다분히 그의 소설 속에서 불교적 색채와 함께 곧잘 표출되고는 한다. 자신의 작품 속에 많이 녹아 있는 불교적 색채에 대해 그는 이렇게 말했다.

"별건 아니지만, 내 인간관은 불교적 체험에 바탕을 두고 있다. 서양의 이성중심주의는 20세기를 지배해 왔다. 그런데 그 이성중심주의라는 것이 공격적인 합리성, 자연 파괴로서의 산업화, 권력투쟁의 깃발 역할을 하지 않았나 싶다. 이성에 대한 지나친 과신이 인간이 갖고 있는 감정적 진실과 신비를 빼앗아 갔다고 볼 수도 있다. 우리나라의 근대 이후의 삶을 지배해 온 것도 역시 이성중심주의였다. 아무튼 불교 서적을 접하면서 이성주의의 한계 같은 걸 느꼈다."[9]

또한 그의 소설들 속에서 일관되게 표출되는 것은 '존재에 대한 근원적인 물음' 혹은 '시원으로의 회귀'로 통한다. 그의 소설 속에 나오는 주인공들은 대부분 고독하며 또한 한곳에 정착하지 못한 채 정처 없는 여정(旅程)을 계속한다. 당연하게도 윤대녕의 소설세계를 좋아하는 독자들 중 많은 사람들은 그의 소설들 속에서 전개되는 '서사'들보다는 소설 속에 끊임없이 떠도는 '이미지'와 '언어'들에 매료되기 마련이다. 그래서 거대 서사(敍

---

8) 정은령, 〈지금 나의 화두는 현실과 접점찾기〉, 『동아일보』, 1999년 6월 16일, A13면.
9) 권성우·윤대녕 인터뷰, 〈대중문화시대의 고독한 유목민〉, 『리뷰』, 1996년 봄호, 331쪽.

事)의 문학들이 그 주류를 점했던 80년대의 문학과는 확연히 구별되는 90
년대 문학의 한 기수로서 윤대녕이 거론되는 것일 것이다. 이러한 윤대녕
의 문학세계에 대해 문학평론가 백지연은 이렇게 평했다.

> 신비와 영원의 세계에 대한 작가의 동경은 때로 시적인 묘사 속으로
> 기울어지며, 다분히 반복적인 플롯을 동원하여 긴장감을 떨어뜨리기도
> 한다. 메마른 일상 뒤에 감추어진 심미적 경험을 섬세하게 포착하는 그
> 의 글쓰기가 주는 신선함과, 고전적인 문체 미학의 감성을 알고 있는
> 마지막 작가일지도 모른다. 몸 빠른 산문의 세계에서 문체와 수사를 향
> 한 그의 고집은 앞으로도 계속 유지될 것이다. 꿈을 잃어버린 시대에
> 살고 있는 현대인들이 간직한 환각을 윤대녕 만큼 정성스럽고 세심하게
> 복원해내는 작가도 드물다. 독자들은 그의 소설을 읽으면서 표현하기
> 힘든 삶의 비의를 접하게 된다. 작가 자신의 몸은 지루하고 갑갑한 일
> 상에 묶여 있지만 그의 시선은 늘 하늘을 향해 있다. 별과 꿈과 사랑을
> 목마르게 갈구하는 윤대녕의 소설은 우리 앞에 "존재의 투명한 슬픔"
> (에스키모 왕자)[10]을 조용히 이야기하고 있다.[11]

1962년생인 그에게 점점 가까이 다가오고 있는 '마흔'이라는 나이의 무
게는 그를 새로운 문학세계로 이끌어주는 계기가 되어줄 것으로 보인다.
윤대녕은 이렇게 말한다.

---

10) 여기서 '에스키모 왕자'는 그의 소설집 『많은 별들이 한 곳으로 흘러갔다』에 실린 단편 소
　　설의 제목 중 하나이다.
11) 백지연, 〈'존재의 투명한 슬픔'을 읽어라〉, 『뉴스메이커』, 1999년 7월 29일, 84면.

내 안에 절대 성숙이 안되는 어떤 부분이 있다는 것을 인정한다. 그
러나 그걸 버리면 내 정체성마저 버리는 것이다. 내 나이 곧 마흔이다.
이제 정말 글을 쓸 만한 나이가 됐다. 현실의 수면위로 머리를 내밀고
나를 점검해 봐야 한다. 현실과 나 사이의 접점을 찾는 것이 지금 나의
화두다.[12] 인·사

---

12) 정은령, 〈지금 나의 화두는 현실과 접점찾기〉, 『동아일보』, 1999년 6월 16일, A13면.

이 영 순

1999년 10월 28일 울산 동구에서는 진보 정당 건설에 매진해온 사람들에게 큰 힘을 준 일대 사건이 발생했다. 울산 동구청장 보궐 선거에 민주노동당(가칭)[1]의 '범민주 단일후보'로 출마했던 이영순이 국민 회의와 한나라당 후보를 1만여 표가 넘는 큰 표차로 물리치고 구청장에 당선된 것이다. 이영순의 구청장 당선은 한국 선거 역사에서 여성 최초의 민선 기초 단체장이라는 기록을 세웠으며, 남편에 이어 구청장에 당선돼 부부가 구청장에 당선되는 초유의 기록을 작성했다. 뿐만 아니라 이영순의 당선은 민주노동당에게 척박한 한국 토양에서 진보 정당도 할 수 있다는 자신감을 심어주는 계기로 작용했다.

---

1) 민주노동당은 2000년 1월 30일 공식적으로 창당 선언을 했으며 상임 대표로 권영길을 선출했다.

　　이영순은 1962년 3월 5일 강원도 원주에서 태어났다. 그의 아버지는 한국전쟁 때 가족을 이북에 두고 홀로 남한으로 내려온 실향민으로 경남 통영 출신인 부인을 만나 1남2녀를 낳았는데, 이영순은 둘째였다. 어린 시절 이영순은 매사에 적극적이지 못해 내성적이라는 평가를 많이 들었다. 그런 그에게 가장 큰 영향을 미친 사람은 그의 어머니였다. 자식들에게 엄했던 아버지와 달리 그의 어머니는 이영순의 친구이자 선생님 같은 존재였다. 그의 어머니는 교편을 잡았는데, 당시로서는 보기 드물게 진보적인 사람이었다. 그는 한국전쟁을 몸소 겪었으면서도 좌·우 이데올로기 대립에 사로잡히지 않았으며 자식들에게도 균형잡힌 시각으로 세상을 보도록 교육시켰다. 뿐만 아니라 그의 어머니는 이영순에게 '너는 큰 인물이 될 것이다'라고 격려를 해 주며 이영순에게 자신감을 심어주었다. 더 나아가 그의 어머니는 이영순에게 불평등한 대접을 받고 있는 여성을 대변하는 일을 하라고 가르쳤다. 이영순은 어린 시절 어머니로부터 음악 이야기와 책 이야기를 듣는 시간이 가장 즐거웠다고 한다. 그의 어머니는 이영순의 정신적 지주였고 지금도 그의 가장 든든한 친구이자 동지이다.

　　이영순은 초등학교 2학년 때 서울로 이사해 광희초등학교, 서울대학교 부속여자중학교, 명성여자고등학교를 졸업했다. 대학에 진학할 때 그는 여자대학에 진학해서 시집이나 잘 가라던 담임 선생님의 권유를 뿌리치고 고려대학교 사학과에 진학했다. 그가 남녀공학을 선택한 이유는 좁은 새장과도 같았던 여성만의 세계가 아닌 폭넓은 세계를 경험하기 위한 것이었다. 집과 학교, 교과서와 고전문학밖에 몰랐던 이영순은 남녀 공학을 통해 세상을 보는 새로운 시각을 갖게 됐다.

　　이영순이 '운동'이라는 지난한 열차에 몸을 실은 계기는 1980년 '광주의 진실'이었다. 그는 광주 출신 친구들의 "피눈물나는 한 맺힌 증언을 듣고, 정권의 비민주성, 군부독재의 실상을 깨달았고", 학회 활동을 통해서 "민중중심의 세계관"을 확립할 수 있었다.[2] 이때 그는 같은 계열 동기로 남편인 김창현 전 울산 동구청장을 만났다. 운동에 관한 고민을 함께 공유하면서 시작된 이들의 인연은 김창현이 대학 3학년 때 학생운동으로 수배를 받던 도중, 이영순이 그의 도피 생활을 도와주다가 자연스럽게 연인 관계로 발전했다. 하지만 얼마 되지 않아 김창현은 학내분규의 주동자로 몰려 강제 징집을 당했다.

이영순은 졸업을 앞두고 영등포 양평에 있는 대한방직에 자리를 잡았다. 이전에 그는 경기도 양명시 '등불 야학'에서 노동자들을 대상으로 야학 강사로 활동하기도 했다. 현장 투신은 '이론'이 아닌 '체험'으로 살인적인 저임금과 혹독한 노동 조건 속에서 인간 이하의 삶을 살아야했던 노동자들의 삶을 직접적으로 경험해보고자 하는 것이었다. 이영순이 자리를 잡은 공장은 '지옥'이었다. 그 곳의 작업 환경을 이영순은 이렇게 말한다.

> 그 곳은 주야 맞교대 근무를 하는 곳으로서 12시간 노동을 하면서도 단 1분도 쉴 수가 없는 책에서만 보았던 지옥같은 현장이었다. 아예 작업장에 의자가 없는 곳이었다. 아니 딱 한 개의 의자가 있었는데, 그것은 여공들의 일거수 일투족을 감시하는 반장의 자리일 뿐이었다. 야간 작업일때에는 쏟아지는 졸음을 쫓기 위해 노래를 부르며 작업을 해도 어느새 서서 졸기가 일쑤였다. 정말 지옥이었다.[3]

---

2) 2000년 1월 3일 서면 인터뷰.
3) 2000년 1월 3일 서면 인터뷰.

　이영순의 공장 활동은 그리 오래가지 못했다. 제대한 후 공장에 위장 취업했던 김창현이 사문서 위조죄로 구속된 것이다. 그는 김창현의 옥바라지에 매달릴 수밖에 없었다. 6개월 후 김창현은 석방되었고 그 해에 결혼식을 올렸다. 하지만 행복은 그리 오래가지 않았다. 첫아이를 낳은 지 1주일 만에 김창현이 또다시 조직 사건으로 구속되었다. 당시 난산(難産) 끝에 어렵게 출산한 아이 때문에 이영순의 몸은 많이 망가져 있었다. 그럼에도 그런 그에게 휴식은 사치스러운 것이었다. 출산 이후 2개월 가량 병원 치료를 하면서도 그는 또다시 남편의 옥바라지를 해야만 했다.

　어렵고 힘든 시기가 계속되는 가운데서도 이영순은 구속되어 있는 남편의 마음이 나약해질까봐 힘든 이야기는 한번도 할 수 없었다. 대신 그는 남편의 석방을 위한 집회에 참석하고 유인물을 만들어 배포하느라 바쁜 나날을 보내야 했다. 그는 서대문 구치소, 공주 교도소, 청주 교도소 등 남편이 이감(移監)된 곳을 방문하며 남편의 옥바라지에 전력했다. 하지만 난산이 부른 후유증과 이에 겹친 과로로 인해 그는 다시 입원해 재수술을 받아야 했다. 이때만큼 이영순을 힘들고 서럽게 만들었던 시기는 없었다. 그의 남편은 1987년 6·29 선언 이후 시행된 대규모 사면에서도 노동운동 관련자란 이유로 사면 대상에서 제외되었고 만기 1년6개월을 다 채우고서야 석방될 수 있었다.

　1988년 이영순은 석방된 남편과 함께 시댁이 있는 울산으로 활동 무대를 옮겼다. 당시 울산은 이제 막 노동운동이 눈뜨기 시작한 곳이었다. 이영순은 노동운동을 지원하기 위해 설립된 울산사회선교실천협의회(울사협)에 자리를 잡았다. 울사협은 울산지역을 대표하는 재야사회단체로 성장하기 시작했고, 이영순은 전교조의 전신으로 교육민주화운동을 준비 중이던 울산

교사협의회에서 간사로 활동했다. 이후 울사협이 울산민주시민회, 전교조, 새날여는청년회 등으로 발전적으로 해소되자 이영순은 남편과 함께 울산 동구에 학원을 열었다. 학원은 자신들의 생계 해결과 동시에 현대중공업 노동자 및 그 가족들과 지역 운동을 일구기 위한 근거지로 활용되었다.

이러한 취지를 토대로 그는 학원에서 주부문화학교를 열었다. 주부들의 잘못된 여가 선용을 바로잡고 노동자의 아내로서 당당하게 살아가도록 이 끌기 위한 것이었는데, 이것은 큰 호응을 얻었다. 지금까지 총 12기를 배 출했는데, 8백여 명의 주부들이 이 곳을 거쳐갔다. 이후 그는 한글 학교를 개설했으며 '좋은 아버지가 되려는 사람들의 모임'을 만들어 강연회도 개 최하고 캠프에도 참여하는 등 활발한 활동을 지속했다. 그 후 그는 가족 단위의 산행을 통해 자연정화운동을 벌인 '지역사랑 등산회'를 조직했으며 97년에는 '동구사랑어머니회'를 결성했다. 이 곳에서는 빈민가정의 자녀들 을 위해 방과후 교실 및 방학교실을 열었으며, 가정폭력 사무소를 부설로 꾸렸다.

동구에서의 활동이 어느 정도 성과를 내오자 그는 울산여성회를 건설하 자는 제안을 받고 울산여성회 창립위원으로 활동했다. 몇 년의 준비 기간 을 거쳐 울산여성회는 1999년 11월 27일 발족했고 그는 여성 실직 가장을 위한 연대모임의 공동대표로 활동했다. 그 동안 남편은 울산 동구 구청장 에 출마해 당선됐다. 하지만 구청장에 취임한 지 채 한 달이 못돼 남편은 영남위 사건에 연루돼 국가보안법 위반 혐의로 구속되었다. 또다시 남편의 옥바라지 생활이 시작되었다. 그는 울산 공대위 동구주민대책위원회 공동 대표를 맡아 남편의 석방을 요구하는 한편 국가보안법 철폐 운동을 전개했 다. 하지만 그의 남편은 1심에서는 7년, 2심에서는 2년을 선고받았고 대법원에서 형이 확정돼 실형을 선고받았다.

이영순은 남편의 무죄를 울산 동구민들에게 입증받겠다며 동구 보궐선거에 출사표를 던졌다. 그는 민주노동당 내부 경선에서 초대 경남도의원을 지낸 김상훈 씨를 따돌리고 민주노동당 후보로 선출됐다. 보궐선거에다 투표일이 공휴일이 아닌 평일이었음에도 불구하고 그는 56.3%의 투표율에 45.9%의 득표율로 한나라당 후보와 국민회의 후보를 1만여 표 이상 큰 표차로 누르고 당선되었다. 그가 얻은 득표율은 1998년 남편 김창현 전 구청장이 획득했던 득표율인 37.6%를 뛰어넘은 것이었다.

이영순은 선거 기간 중 각종 비난과 흑색선전에 시달렸다. 상대편 후보들은 '여성'이라는 약점을 이용해 '집에 가서 애나 보라'는 모욕적인 비난을 퍼부었다.[4] 게다가 이영순은 '색깔론' 시비에 휘말려 들어야만 했다. 국민회의와 한나라당 후보는 김창현 전 구청장의 국가보안법 위반 사건을 쟁점으로 부각시키려 했다.

'색깔 공세'에 대해 이영순은 정면 돌파를 시도했다. 그는 '국가 보안법 철폐'를 슬로건으로 내걸고 선거운동을 진행했다. 그가 '국가 보안법 철폐'를 슬로건으로 내세운 데는 나름대로 자신감이 크게 작용했다. 남편의 구속 이후 울산연합을 비롯해 지역노동시민단체와 함께 벌인 '국가 보안법 철폐' 서명운동을 통해 동구에서만 1만5천여 명이 넘는 광범위한 지지를 받았던 것이다. 선거 때만 되면 '약방에 감초'처럼 등장하는 '레드 콤플렉스' 바람이 동구 주민들에겐 먹혀들지 않았던 것이다.

이영순의 당선은 울산 지역의 특수한 역사성에서 기인하기도 한다. 울산

---

4) 김진경, 〈울산 동구청장 이영순 당선자〉, 『부산일보』, 1999년 11월 3일, 15면.

은 노동자 밀집 지역으로서 한국 사회에서 노동운동의 메카로 평가받는 지역 중 하나이다. 오는 2000년 4월 13일로 예정된 16대 총선에서 민주노동당이 원내 진출의 교두보로 삼고 있는 전략지역인 것이다. 그런 기대에 부응이라도 하듯, 보궐선거는 울산 지역 노동자들의 단합된 '계급적 성향'이 그대로 표로 연결되었다. 그 동안 민주노총이 울산 지역에 뿌려 왔던 '조직화'라는 씨앗이 그 싹을 틔웠던 것이다. 울산 지역 노동자들은 이번 선거에서 이영순 후보의 당선을 위해 놀라울 만큼 열정적인 활동을 펼쳤다. 월차를 사용해가며 선거운동을 도왔으며, 투표 당일에는 차로 공장에서 투표장까지 유권자를 실어 나를 정도로 열성 그 자체였다. 투표 종료 시간이 마감된 6시 이후에도 민주노총 조합원들은 투표소로 몰려들었다.[5]

이영순은 스스로 노동자 서민의 후보를 자처했다. 그 이유는 지금까지 그의 삶이 바로 그들과 함께 한 삶이었으며, 자신은 그들이 주인 대접받는 사회를 만들기 위해 한 알의 밀알 역할을 해왔다고 자부하기 때문이다. 그래서 그는 그의 구정목표를 '주민이 주인 되는 새로운 행정구현'으로 정했다. 이번 선거에서 그는 외형적인 공약은 하나도 내걸지 않았는데, 그것은 자신이 추구하고자 하는 구정목표에 어울리지 않는다고 생각했기 때문이다. 구청장으로서 가지는 이영순의 마음가짐을 직접 들어보자.

나는 과거 행정의 권위주의적인 모습을 척결하고자 한다. 언제나 주민들과 편안하게 어울릴 수 있고 그들의 애환이나 고충에 함께 슬퍼할 수 있는 그런 구청장! 그들의 작은 문제라도 내 문제로 여기고 문제 해

---

5) 김병기, 〈민주노동당, 울산 동구에서 '공룡정당'에 한판 승〉, 『참여사회』, 1999년 12월호, 32쪽.

결에 전력할 수 있는 구청장이 되고자 한다. 뿐만 아니라 여성의 섬세함과 꼼꼼함, 그리고 지금껏 민주화운동을 해 온 사람으로서 주민들의 귀한 세금 축내지 않고, 지금보다는 훨씬 소외계층에 대한 지원을 늘릴 생각이다.[6]

"상식이 통하는 사회, 정의는 모두가 추구해야 할 가치, 땀흘려 일하는 사람들이 대접받는 사회 분위기, 이런 것을 통해서 사회공동체가 따뜻해지는 것!"을 염원하며 발걸음을 떼고 있는 이영순 구청장의 꿈은 비단 그 혼자만의 꿈은 아닐 것이다. **인·사**

---

6) 2000년 1월 3일 서면 인터뷰.

이 찬 진

새로운 세기의 시작과 더불어 '희망', '미래' 등의 의미를 떠올리게 하는 '벤처'라는 단어에 대한 사람들의 관심이 고조되고 있다. 사회적으로도 새 천년을 이끌고 갈 지도자 그룹으로 벤처기업가를 꼽는다. 이찬진은 우리 시대 벤처기업 1세대로 1989년 국내 최초의 한글문서편집기 '훈글'을 발표하여 소프트웨어 업계 1인자로 손꼽혔다. 90년 국무총리 표창장, 93년 한국정보문화상 기술상, 95년 제13회 벤처기업상, 96년 IR 52 장영실상 등이 '훈글' 개발 공로로 그에게 주어졌다. 그로부터 10여 년이 흐른 지금, 그는 새로운 벤처기업을 통해 또 한번의 '이찬진 신화'를 이룩하기 위해 노력하고 있다.

이찬진은 1965년 10월 25일 인천에서 태어나 제물포고등학교, 서울대 기계공학과를 졸업했다. 그는 군에 입대하기 전 대학 후배인 김형집, 우원

식과 함께 한글 워드프로세서를 연구하여 '훈글' 개발에 성공했는데, 그 동기에 대해 다음과 같이 말했다. "대학생이었던 내게 마음에 쏙 드는 워드프로세서가 없었기 때문이었다. …… 불편한 것을 잘 참지 못하는 성격 탓에 '훈글'이 만들어진 셈이다." [1]

스물 셋의 나이에 새로운 소프트웨어를 개발해 그 분야 정상에 오르고, 다음해 '한글과 컴퓨터'(한·컴)사를 설립한 이찬진을 가리켜 '한국의 빌 게이츠'라 부른다. 빌 게이츠[2]는 스무 살이라는 젊은 나이에 마이크로 소프트를 창업해 일찍이 세계 컴퓨터 시장을 제패한 인물이다. 그러나 이찬진은 이 별명을 못마땅해 하며 이렇게 말했다.

이제 그런 식으론 보지 말았으면 합니다. '한글과 컴퓨터' 그리고 이찬진은 객관적으로 평가되고 비판받아야 합니다. 빌 게이츠처럼 성공하길 바라는 주위 분들의 격려는 눈물겹게 감사하지만 언제까지 빌 게이츠의 한국판 정도로 동화 속의 인물이 될 순 없지 않습니까.[3]

이찬진이 사업가로 첫발을 내딛었던 당시 그를 응원하는 후원자가 몇 있었다. 그 중 한 사람이 국문학자 이어령 교수다. 1990년 이어령은 이화여대 교수로 재직하면서 교환교수로 일본의 한 연구소에 있었다. 그 곳에서 '한글'을 처음 대한 그는 곧바로 이찬진을 수소문하여 국제전화까지 걸어

---

1) 이찬진, 〈SW '훈글' 기술보단 고민의 결정체〉, 『세계일보』, 1997년 10월 8일, 17면.
2) 빌 게이츠에 대해서는 강준만, 〈빌 게이츠: 탐욕으로 이룬 신화?〉, 송기도·강준만 외, 『권력과 리더십 2』(인물과사상사, 1999)를 참고하십시오.
3) 이규찬, 〈무거운 짐을 지고 가는 어린 양의 이미지〉, 『세계적 한국인』(동아일보사, 1994), 402~403쪽.

격려하는 열성을 보였다. 그 후 초대 문화부장관이 된 이어령은 한·컴의 자문위원으로 활동하였다.

이찬진은 기존 '흔글'을 보완하는 '흔글' 프로그램을 혼자 힘으로 계속해서 개발함으로써 컴퓨터에 대한 자신의 능력을 세상에 알렸다. 그러던 1995년 그가 주장했던 '슈퍼 컴퓨터로도 1백 30년 이상은 걸려야 해독이 가능할 만큼 철옹성인 흔글 암호체계'를 해독하는 프로그램이 공개되어 큰 화제가 됐다. 같은 대학 출신 이승욱이 '흔글 2.1'의 암호 해독 프로그램을 PC통신에 공개한 것이다. 언론에서는 '컴퓨터 전쟁'에서 이찬진이 이승욱에게 판정패를 당했다며 떠들어댔고, 이찬진은 그의 재능을 인정하고 영입의사를 타진했으나 실패했다.

이찬진은 소프트웨어 산업에만 그치지 않고, 컴퓨터 교육 보급에도 관여했다. 초·중·고생과 일반인 과정으로 실시하는 프로그램 '이찬진 컴퓨터 교실'(1994년)과 컴퓨터 실용 안내서 『이찬진의 쉬운 컴퓨터』(한글과 컴퓨터 프레스, 1997)가 그것이다. '쉬운 컴퓨터' 사용의 대중화를 위해 다방면으로 활동하는 그의 모습을 찾아볼 수 있다.

그런 그의 활동은 정치활동으로까지 이어졌다. 신한국당에 입당하여 기관지인 『신한국당보』「이찬진 칼럼」의 고정필자로까지 등장한 것이다. 이찬진은 자신의 정계입문에 대해 "정치권에 정보통신분야를 잘 아는 사람이 없고 정책에 관련업계의 의견이 잘 반영되지 않는다고 판단해 결심했다"고 의사를 밝혔다.[4] 하지만 대다수의 사람들은 "한국 소프트웨어의 희망이 사라지는 게 아니냐"며 아쉬움과 함께 불만을 토로하기도 했다.

---

4) 김학진, 〈업계의견 정책 반영위해 정계입문〉, 『동아일보』, 1996년 1월 30일, 21면.

　1996년 9월 21일 이찬진은 당시 수원전문대학 방송연예학과 겸임교수이자 탤런트였던 김희애와 결혼하였고 이듬해 12월 22일 15대 국회의원으로 금배지를 달았다. 97년 말 한나라당의 이회창 명예총재가 대통령 후보 등록과 함께 의원직 사퇴를 하자 이찬진이 전국구 의원직을 승계한 것이다. 하지만 98년 5월 4일 그는 "우리 나라는 선진국과 달리 정보통신 투자에 대한 인식이 매우 낮고, 국회에서도 정보통신 분야에 적극 기여하려 했지만 뜻대로 되지 않았다"며 의원직을 사퇴하였다.[5]

　그가 의원직을 사퇴한 것은 정보통신 분야에 대해 무지하고 실천적인 지원이 되지 않는 정치권의 벽에 부딪힌 이유도 있지만 한·컴의 경영난도 중요 이유가 되었다. 소프트웨어 산업에 있어 가장 심각한 문제는 바로 불법 복제이다. 이찬진 역시 이로 인한 시련을 겪어야 했던 것이다.

　1992년 기존의 '흔글 1.5' 프로그램을 향상시킨 '흔글 2.0'을 발표해 한 달여 만에 1만 개 이상 팔리는 성과를 거두었지만, 불법 복제로 인해 석 달째에는 그 판매량이 4백 개로 줄었다. 이때부터 이찬진은 '불법 복제 근절 캠페인'에 적극 참여했었는데, 97년부터는 그 피해 정도가 심각하여 한·컴의 경영 위기까지 초래했다. 꾸준한 '흔글'의 판매량 상승으로 96년 2백21억 원이라는 매출액을 기록했던 한·컴이, 97년에는 매출액이 1백84억 원으로 하락했던 것이다.

　결국 1998년 6월 15일 이찬진은 '흔글' 포기 의사를 밝혔다. 누적된 적자로 회사 경영이 어려워지자 '흔글'을 포기하면서 그 대가로 마이크로소프트사로부터 1천만~2천만 달러를 지원받기로 한 것이다. 이에 '6월 15일

---

5) 이동훈, 〈'한컴' 사장 이찬진씨 의원직 사퇴〉, 『국민일보』, 1998년 5월 6일, 5면.

은 또 다른 국치일' 이라는 '훈글' 포기 반대 의견들이 PC통신에 게재되 ·
었고, '훈글' 포기 저지 성명서가 발표되었다.

당시 '비트정보기술' 대표였던 이종훈은 〈회사가 어렵다고 한글을 MS에
팔면 나라가 어렵다고 독도를 일본에 팔겠습니까〉라는 제목의 대국민 호소
문을 신문에 광고로 게재했다. 또한 이종훈은 '훈글 살리기 국민운동본부'
를 발족시켜, '훈글' 사용자로부터 1만 원씩 모금하는 운동도 펼쳤다. "훈
글, 지금 잃으면 다시는 되살릴 수 없습니다"와 같은 광고 카피만 보더라
도 당시의 '훈글' 지키기 운동이 어느 정도였는지 짐작할 수 있다.

반면 이러한 여론에 대비되는 입장도 많았다. 정보통신부는 'MS사의 한
컴 투자관련 보고' 라는 제목의 문건을 통해 "이 문제는 기본적으로 시장
원리에 맡겨야 한다"며 '훈글' 지키기 운동에 부정적인 입장을 밝혔다.[6]
또한 "「한글과 컴퓨터」 살리기 운동이 아닌 '훈글 살리기 운동' 이라는 점을
알아야 하며, 이는 부실 책임이 있는 벤처기업을 정부나 국민이 나서 도와
준다는 것은 '벤처정신' 에도 어긋나는 것이니 분명히 구분해야 한다"는 의
견도 있었다.[7]

그렇다면 한·컴의 경영 위기를 불러온 원인은 무엇일까. 당시 한국 사
회에 불었던 한·컴 살리기 운동에 정보산업계의 반응이 냉담했다는 것에
서 그 한 원인을 찾을 수 있다. 그 원인에 대해 『한국일보』 김광일 기자는
다음과 같이 보도했다.

한컴도 여느 업체와 마찬가지로 사업초기 몇 년간 공짜로 훈글을 뿌

---

6) 이선희, 〈훈글파동 9개월 그 후〉, 『월간중앙』, 1999년 4월호, 330쪽.
7) 김종윤, 〈한글과 한컴사는 별개〉, 『중앙일보』, 1998년 6월 24일, 22면.

리는「고객 입맛 길들이기」전략을 사용했다. 이는 ᄒᆞᆫ글 불법복제에 대
한 이용자들의「범죄인식불감증」을 초래했고 10년이 지난 지금 한컴은
부메랑처럼 날아든 불법복제의 위력앞에 백기를 들고 말았다. 10만원
안팎의 높은 가격도 판매부진과 불법복제의 유혹을 부추긴 요인이다.
…… 한컴은 MS에「개발포기」를 약속하지 않았어도 다음 제품이 나오
기 힘들 만큼 이미 오래전부터「개발공백」상태를 맞고 있었다. 한 해
100억원을 쏟아부어야 할 만큼 비대해졌지만 정작 창업초기 넘쳐나던
열정과 아이디어 번뜩이던 엔지니어들은 온데 간 데 없다. 이사장 자신
이 외도(정계진출)을 걸었다.[8]

결국 이찬진은 반대 여론을 극복하지 못하고 '흔글' 포기 의사를 발표한
지 한 달 만인 1998년 7월 20일 마이크로소프트와의 투자유치협상을 중단
하였다. 그리고 회사를 설립한 지 약 9년 만에 다시 개발부로 자리를 옮겨
사장이 아닌 기술 담당 대표가 되었다. 그를 대신하는 사장으로 전하진이
공개채용을 통해 영입되었다. 한·컴은 '흔글' 포기 원인으로 밝혔던 '불
법복제'를 완화시키기 위해 1만 원의 가격으로 '흔글 815판'을 내놓기도
했다.

가까스로 한·컴의 고비를 넘긴 이찬진은 1999년 6월 새로운 출발을 위
해 10년간 몸을 담았던 한·컴을 떠났다. 한·컴의 주요 창업 멤버였던 박
순백, 정래권 등 20여 명과 자본금 20억 원으로 새로운 벤처기업 '드림위
즈(dreamwis)'를 설립하기 위해서였다. '드림위즈'는 '인터넷을 통해 꿈

---

8) 김광일, 〈'흔글'의 비극〉, 『한국일보』, 1998년 6월 24일, 2면.

(dream)의 실현을 돕는 마법사(wizard)가 되겠다’는 그의 의지가 담긴 것으로써, 그의 아내인 김희애가 가장 좋아하는 영어 단어 ‘dream’에서 힌트를 얻었다고 한다.[9] 이는 인터넷 포털 서비스로 인터넷에서 이용자가 접속어를 통해 방문하는 서비스를 말한다고 한다. 그가 꿈꾸는 새로운 사업은 한·컴을 만들어 국내 첫 ‘밀리언셀러’(소프트웨어 매출 1백억 원) 기록을 세웠던 그가 ‘제 2의 이찬진 신화’를 이룩하기 위한 시도로 분석된다.

1998년 1월 『PC라인』의 국내 워드프로세서 사용률 통계자료에 따르면 80.5% 정도가 ‘훈글’을 사용하고, MS 워드는 11.5%에 그치는 것으로 나타났다. 이 결과에서도 짐작할 수 있겠지만, 마이크로소프트사의 시장점유 확보가 이뤄지지 않는 유일한 국가가 한국이라고 한다. 그만큼 ‘훈글’의 위력이 대단한 것이다.

이렇듯 소프트웨어 하나로 이 분야 최고 자리에 오른 이찬진의 성공비결이 무엇인지에 대해 사람들의 관심이 높다. 이에 이찬진의 메모 습관을 그 비결로 제시하는 사람도 있다. 이찬진은 밤새 꿈속에서 얻은 아이디어까지 메모하기 위해 아침에 눈을 뜨자마자 메모지부터 잡는다고 한다. 그의 주변을 자세히 살펴보면 여기저기 메모한 것들이 많다고 하니 그만큼 새로운 아이디어가 많다는 것을 의미한다고 볼 수 있겠다.[10] **인·사**

---

9) 이희정, 〈내가 가진 것은 꿈 그리고 자신감〉, 『한국일보』, 1999년 8월 10일, 22면.
10) 이진동, 〈메모광이 ‘한국의 빌 게이츠’로〉, 『한국일보』, 1996년 8월 19일, 9면.

이 창 동

"무섭진 않지만 내재된 카리스마, 감독님은 없다고 하지만 끈끈하고 야금야금 파고 들어오는 카리스마가 있다. 표정 하나하나를 지적하기보다는 그 상황의 감정에 대해 충분히 얘기한 뒤 일단 합의가 되면 무조건 배우를 믿어준 것도 큰 힘이 됐다. 안 풀릴 때도 너무 많고, 단선이 아니라 복합다단한 감정인데 설명을 잘 해준다." [1]

영화배우 설경구는 영화 『박하사탕』의 감독 이창동에 대해 위와 같이 말했다. 1997년 『초록 물고기』로 영화계에 발을 들여놓았던 이창동은 2년 만인 99년 영화 『박하사탕』을 내놓았다. 『박하사탕』은 한국 영화로는 최초로 부산 국제영화제 개막작으로 상영되면서 국내외 영화인들의 관심을 모았

---

1) 황혜림, 〈징글징글하지만, 사랑한 것 같애〉, 『씨네 21』, 2000년 1월 11일, 45면.

다. 부산영화제에서 처음 선보인 『박하사탕』은 이전 개막작들보다 뛰어난 작품성을 지녔다는 평가를 받았고, 이로써 이창동 역시 연예인 못지 않은 유명세를 타게 되었다.

세간에 드러나 있는 이창동의 어린 시절, 젊은 시절에 관한 구체적인 이야기는 많지 않다. 아마도 그리 유복하지 않은 데다 혼란스러웠던 청년 시절을 보냈기 때문인지도 모르겠다. 이창동은 1954년 대구에서 출생했다. 그는 대구고등학교를 졸업할 때까지 공납금을 제때 내본 적이 거의 없었을 만큼 어려운 가정 환경 속에서 생활했다. 그의 어머니는 삯바느질로 집안 살림을 꾸려나갔고, 해방 공간에서 좌익 세력에 몸을 담았었던 아버지는 당시 사회 체제를 부정하던 생활력 없는 인물이었다.

그런 아버지의 영향으로 그의 큰형은 학생 시위에 가담했다가 고교 2학년 때 제적을 당했고, 둘째형도 마찬가지로 제대로 된 교육을 받지 못했다. 결국 4형제 중 고등학교를 졸업하고 대학까지 나온 이는 이창동 혼자 뿐이었다.[2]

이창동은 철거민 판자촌에 살았던 스무 살 되던 해, 재수에 실패하여 아버지한테 쫓겨났다. 그는 아버지에게 자살만큼 좋은 복수는 없다고 생각하고 유서를 남긴 후 죽으려 했다. 그는 수면제를 사들고 산동네 여인숙에까지 투숙했었다. 그 다음 이야기에 대해서는 이창동의 말을 직접 들어보자.

무슨 마음에선지 그 방에 있던 새한테 약을 먹여 죽였다. 죽은 새를
보니까, 죽음이 실감났다. 새벽에 도망 나왔다. 그때 하늘을 봤다. 심

---

2) 조용호, 〈소시민의 삶에 희망을 주는 작가〉, 이규원 외, 『한국의 차세대』(대원미디어, 1996), 162~164쪽.

리적으로 자살을 경험한 뒤에 본 별은 너무 찬란했다. 내가 살아 있다

는 느낌이 막 밀려 올라왔다. 그런 느낌으로 살고 싶었다.[3]

이창동은 40대에 접어들 무렵 영화계에 뛰어들었다. 그 이전에 그는 대학을 졸업하기 전까지 7년간 대구의 극단 '원각사'에서 『티타임의 정사』, 『수업』 등 10여 편에 이르는 연극에 출연했었다. 이때 연출가와 희곡작가도 겸했다. 그의 연기자 생활은 연극배우였던 형의 영향을 받은 것이었다. 이창동은 1981년 경북대 사범대 국문과를 졸업한 후 고등학교 교사 생활을 시작했다. 그는 경북 영양고등학교에서 근무를 하다가 82년 상경하여 신일고등학교 국어 교사로 재직했다. 그는 86년까지 교사 생활을 했다.

이창동은 그의 나이 스물 아홉 되던 1983년에 소설가로 데뷔했다. 그는 고등학교 문예반 시절부터 그 능력을 인정받았지만, 당시 그가 처해있던 어두운 현실로 인해 사회에 적응하는 것이 급선무라고 여겨 소설가의 꿈을 접어두었다. 그리고는 서울에서 교사 생활을 하며 본격적으로 소설 작업에 들어갔다. 그는 중편소설 『전리』가 『동아일보』 신춘 문예에 당선되면서 소설가로서 발돋움하게 되었다.

이창동은 등단 이래 10여 년 동안 두 권의 소설집만 냈는데, 그런 그를 가리켜 '뚝심 있는' 소설가라고도 한다. 이창동은 데뷔 5년 만에 첫 번째 소설집 『소지』를 발표했다. 『소지』는 전쟁 미체험 세대가 내놓은 분단 소설이라는 특징을 가지고 있는 작품이다. 그리고 또다시 5년이 흐른 1997년에서야 그는 두 번째 소설집을 냈고, 이 소설로 『한국일보』 문학상을 수상했

---

3) 허문영, 〈첫사랑을 잃고, 나는 쓰네〉, 『씨네 21』, 2000년 1월 11일, 46면.

다. 운동권 이복 동생을 밀고한 뒤 똥구덩이에 앉아 우는 한 인간의 슬픔을 다룬 『녹천에는 똥이 많다』가 그것이다.

이창동은 두 번째 작품집을 내면서 작가 후기에 "지금까지 살아온 것과 다른 모습으로 살고 싶다는 욕망을 느낀다. …… 헌 옷을 벗어 던지듯, 또 다른 모습으로 변신하고 싶다"고 자신의 심기를 밝혔었다.[4] 그 말을 실천에 옮기듯 그는 소설가에서 영화인으로의 변신을 꾀했다. 이창동은 박광수 감독의 영화 『그 섬에 가고 싶다』와 『아름다운 청년 전태일』을 제작할 때, 시나리오 제작에 함께 참여하고 조감독으로 일하며 영화에 대한 감각을 익히기 시작했다. 그리고는 두 번째 작품집을 냈던 1997년, 그는 직접 메가폰을 집어들었다.

1997년 국내 최고의 영화로 『초록 물고기』가 선정됐다. 이창동의 영화 데뷔 작품인 『초록 물고기』는 현대 사회에서 가족의 해체와 삭막한 도시 속의 서글픈 삶을 응시한 작품으로 호평을 받았다. 그리고 한국영화평론가 10명이 각각 선정한 베스트 5에 『초록 물고기』가 지명돼 최고의 작품으로 인정받은 것이다. 영화평론가 이명인과 김시무, 양윤모는 각각 이창동의 영화 『초록 물고기』에 대해 다음과 같이 말했다.

"여지껏 한국 영화가 소홀히 해온 디테일이 살아 숨쉬는 작품이다", "사회 문제를 바라보는 감독의 예리한 시선과 성찰이 돋보인다. 이 영화는 한국적 리얼리즘 전통에 있어서 또 하나의 성과물로 기록될 것이다", "한국 사회의 내면 정서와 생리를 예리하게 꿰뚫은 작품으로 내러티브 구조가 탄탄하고 주연 배우들의 연기도 상당히 인상적인 작품이다."[5]

---

4) 조대영, 〈초록 물고기는 있다〉, 월간 『책마을』, 1997년 3월호, 56쪽.
5) 지영준, 〈한국 영화, '초록 물고기', '접속' 최고의 수작으로 떠올라〉, 『TV 저널』, 1997년 12월 24일, 66면.

이창동은 『초록 물고기』를 통해 신인 감독으로는 보기 드문 성과를 얻었다. 흥행 성적으로 따지면 서울에서 17만 명 동원에 그쳤기 때문에 그리 대단한 일이라고는 할 수 없다. 그러나 이창동은 『초록 물고기』를 통해 30여개 국제 영화제에 초청을 받았을 뿐 아니라, 각종 영화제에서 많은 상을 거머쥐었다. 우선 제18회 청룡 영화제에서 최우수 작품상 등 4개 부문을, 대종상에서는 각본상을 비롯한 5개 부문을 석권했다. 또한 한국영화평론가협회에서 주최하는 영평상에서도 4개 부문을 거머쥐었는데, 이 중 이창동 개인이 최우수 작품상, 각본상, 신인 감독상 등 3개 부문을 차지했다.

『초록 물고기』 이후 이창동이 2년 만에 내놓은 작품은 영화 『박하사탕』이다. 이 영화는 일본의 NHK가 영화 시나리오 단계에서 제작비 15%를 투자하기로 결정해 시작부터 주위의 관심을 모았던 작품이다. "나 다시 돌아갈래!"라는 주인공의 외침과 함께 시작되는 영화 『박하사탕』은 2000년 1월 1일 0시에 개봉했다. 그 이유에 대해 이창동은 다음과 같이 밝혔다.

> 모든 과거는 지나간 미래다. 한 젊은이가 최초로 삶을 바라보던 자리
> 로 가보자는 것이다. 그 꿈과 희망의 자리를 지나 온 우리는 다시 돌아
> 갈 수 없지만 지금 스무 살에게는 현재이자 출발점이다.[6]

1999년 10월 14일 제4회 부산국제영화제 개막작으로 상영되었던 영화 『박하사탕』은 예매 첫날 3천 석이 매진되는 등 많은 영화인들의 관심 속에서 상영됐다. 『박하사탕』은 삶의 벼랑에 선 중년남자 김영호(설경구 분)의

---

6) 이대현, 〈잊고 싶은 것들을 우리 얘기해 보자〉, 『한국일보』, 1999년 12월 24일, 19면.

현재에서 시작하여 20년 세월을 거슬러 올라가며 펼쳐지는 이야기를 담아
낸 것이다. 특히 영화가 시간을 거꾸로 거슬러 올라간다는 점과 7개의 완
결성 있는 내용들이 자연스럽게 연결된다는 점에서 호평을 얻었다. 이것은
중견 작가인 이창동이 발휘하는 절제력과 짜임새에서 비롯한다. 영상물 등
급위원회는 99년 12월 28일 등급 분류된 영상물 가운데 '올 해의 좋은 영
상물'로 이창동의 『박하사탕』을 선정했다. 이창동은 영화 『박하사탕』을 만
든 이유에 대해 이렇게 말한다.

> 뭔가 따뜻한 가슴으로 세상을 만났던 순수함을 담고 싶었다. 20대의
> 시간은 너무 많아 기다리는 것이고, 40대의 그것은 짧고 무섭고 섬뜩하
> 다. 어떤 면에서 주인공은 나 자신이기도 하고, 같은 시대를 살아가는
> 사람들일 수도 있다.[7]

이창동은 단 두 편의 영화를 통해 이름난 감독들과 그 어깨를 나란히 할
수 있을 만큼 훌쩍 커버렸다. 물론 그것은 이창동의 작가적 역량이 뒷받침
된 노력의 결과였다고 할 수 있다. 하지만 그것은 영화의 작품성과 예술성
이라는 측면에서만 인정되고 있다. 영화인이나 영화 매니아들 사이에서 그
의 작품은 더할 나위 없이 좋은 작품으로 평가받고 있지만 전반적인 대중
의 호응을 얻는 데는 실패한 것이다.

『초록 물고기』가 서울 관객 17만 명을 동원한 것에 이어 『박하사탕』은
개봉 후 11일 동안 서울 관객 11만 명을 동원했다. 물론 『박하사탕』의 경

---

7) 김갑식, 〈순수했던 인간의 타락과정 추적, 우리시대 굴곡진 자화상 그렸다〉, 『동아일보』,
   1999년 10월 15일, 14면.

우 종영되지 않은 상태에서 집계된 수치인 만큼 그 결과는 더 두고봐야 할 것이다. 이런 결과에 대해 이창동은 감독을 그만두고 싶은 생각마저 든다며 이렇게 말한다.

> 영화에 내 진심을 담아왔다. 스스로에게 한치 거짓없이 진실을 담아 관객과 함께 나누고 싶다. …… 그런데 관객이 안 받아주고 외면하는 상황을 무시하고 짝사랑을 계속 해야할지, 본 사람들은 좋아하고 마음이 통하는데……. 더 두고 봐야지.[8]

이창동이 글쓰기에서 영화 만들기로 전향한 것은 더 이상 글쓰기로 할 수 있는 이야기가 없어져 가는 시대가 되었다고 여겼기 때문이다. 그러나 이창동은 결코 인문주의를 포기한 것이 아니라고 외친다. '큰 소리로 떠드는 자가 왕'인 세상에서 상업주의로 무장한 할리우드 영화가 엄청나게 큰 마이크를 잡고 있도록 놔둘 수 없었기 때문에 영화계에 직접 뛰어들었다는 것이다.

"문학이 언어라면 아마도 영화는 시간 같다"고 말하는 이창동은 이번 『박하사탕』을 통해 한국인들이 지나간 삶의 시간을 생각해봤으면 하는 의미를 담았다고 한다.[9] 그런 의미를 제대로 몰라주고 그에게 소외감을 주는 사람들 때문에 다음 작품에 대한 불안감마저 갖게 되었다는 이창동이지만, 그는 결코 쉽게 포기할 인물이 아닌 듯하다. 이는 장기간 숙성시킨 아이디

---

8) 배장수, 〈한국영화를 사랑하십니까? 박하사탕의 맛을 아십니까?〉, 『경향신문』, 2000년 1월 14일, 31면.
9) 최학림, 〈'문학과 영화' 어떻게 다를까?〉, 『부산일보』, 1999년 10월 15일, 17면.

어를 가져다 문학을 통해 쌓아올린 화술로 풀어내는 그의 작업 스타일과도
관련이 깊다. 그렇기 때문에 많은 관객들은 오랜 시간이 걸리더라도 그가
또다시 『초록 물고기』나 『박하사탕』에 버금가는 영화를 만들어낼 것으로
기대할 것이다. **인·사**

전 도 연

영화가 개봉되기 전부터 네티즌 사이에서 '보고 싶은 영화' 1위로 꼽혀, 그들을 대상으로 제작비 1억 원을 모을 수 있었던 영화 『해피엔드』가 1999년 겨울 극장가를 뜨겁게 달구었다. 『해피엔드』는 4분여에 걸친 정사 장면으로 세간의 화제가 되었는데, 그 여주인공을 맡은 배우가 전도연이다.

전도연은 1973년 2월 11일 서울에서 1남2녀 가운데 첫째로 태어났다. 전도연이 주연한 영화 『접속』, 『약속』, 『내 마음의 풍금』이 잇달아 성공하면서 그녀는 '흥행공주'라는 별명을 얻었다. 전도연은 영화 제작자들이 좋아하는 '흥행'을 몰고 다니는 능력 있는 배우이지만 연예계 데뷔는 우연한 기회로 이루어졌다. 고등학교 졸업 후 하이틴 잡지 거리패션모델로 찍은 사진이 그 잡지 표지 모델로 쓰였고, 이로 인해 '존슨 앤 존스' CF 모델로 발탁됨으로써 연예계에 데뷔한 것이다.

전도연은 서울예전 방송연예과를 졸업했고, 그녀가 처음 출연한 드라마는 1992년 MBC『우리들의 천국』이었다. 이후『사랑의 향기』, 『사랑은 블루』, 『종합병원』, 『젊은이의 양지』, 『프로젝트』, 『사랑할 때까지』, 『간이역』, 『별은 내 가슴에』 등 많은 드라마에 출연하였고, 『연예가 중계』 MC를 맡기도 했다.

이 가운데『종합병원』, 『젊은이의 양지』, 『사랑할 때까지』는 그녀가 각각 새로운 이미지를 구축할 수 있었던 작품이었다. 각각의 드라마를 통해 '천사표 간호사', '당차고 야무진 둘째 딸', '참한 며느리'라는 이미지 변신을 하며 배우로서의 기질을 발휘했다. 하지만 무엇보다도 전도연이 '배우'로서 스포트라이트를 받으며, 자신의 입지를 확고히 다질 수 있었던 것은 영화에 출연하면서부터였다.

1997년 그녀는 TV 드라마가 아닌 다른 분야에 눈을 돌리기 시작했다. 그녀의 첫 번째 외도는 그 해 4월에 열린 연극『리타 길들이기』를 통해서 이뤄졌다. 연극에 도전한 것은 진정한 배우로 성장하기 위한 시도였는데, 그 이유에 대해 전도연은 다음과 같이 말했다.

> 너는 '스타'지 '배우'가 아니다라는 선배들의 말이 항상 마음에 걸렸다. 그 말은 '만들어진 배우'지 진짜 프로연기자가 아니다라는 말처럼 들렸다.[1]

---

1) 김승현, 〈연극 첫 외도, 실수 없는 연기, 무한책임 부담〉, 『문화일보』, 1997년 2월 19일, 16면.

연극을 마치며 "기회가 또 주어진다면 연극에 출연하고 싶고, 영화도 해보고 싶다"고 말했던 그녀는 그 해 『접속』(장윤현 감독)이라는 영화에 출연, 단박에 제35회 대종상 신인 여우상을 따냈다. 영화 『접속』은 1997년 9월 13일 개봉하여 일주일 만인 19일에는 전국 관객 1백만 명을 기록하면서, 사회적으로 '접속' 신드롬을 일으켰다.

영화 속에서 전도연은 '여인 2'라는 ID로 PC통신을 하며, 한석규를 만나 사랑을 키워나가는 인물 역할을 맡았다. 영화가 성공함과 동시에 사람들 사이에서는 PC통신이 유행했고, 그녀의 '여인 2'라는 ID 또한 가장 인기 있는 ID가 되었다. 뿐만 아니라 영화 속에서 그녀는 전화를 통해 상품을 중개·매매하는 직업을 갖고 있었는데, 그러한 텔레마케팅을 통한 상품 구매율이 높아지는 현상도 나타났다. 『접속』의 라스트 씬을 장식했던 음악 『러버스 콘체르토』는 많은 사람들에게 사랑을 받아, 현재까지도 가장 많이 팔린 O.S.T 앨범으로 기록되고 있다.

전도연은 TV 탤런트로서 1995년 KBS 연기대상에서 받은 인기상이 전부였지만, 영화 『접속』 하나로 대종상을 비롯하여 제18회 청룡영화상 신인 여우상, 제34회 백상예술대상(98년 4월) 인기상을 수상했다. 『접속』이 가져다 준 선물은 그뿐만이 아니었다.

여성들이 주체적으로 영상문화를 만들어 간다는 취지아래 서울 여성문화예술기획이 96년부터 시작한 설문조사에서 여성관객이 뽑은 97년 최고의 영화로 『접속』이 선정됐다. 뿐만 아니라 전도연은 최고 여자 배우 2위로 뽑히게 되었다. 전도연과 같이 열연했던 남자 주인공 한석규[2] 역시 이 조사에서 그 해 최고 남자 배우라는 타이틀을 얻게 되었다.[3]

연극과 영화에 이어 전도연이 도전한 분야는 대중가극이었다. '끼있는 연기자'라 불렸던 배우 이혜영과 함께 1998년 3월 대중가극『눈물의 여왕』 무대에 오른 것이다. 전도연이 대중가극을 통해 특히 힘들게 배운 것은 발성법이었다. 가극에서의 발성법은 영화나 일반 연극과는 그 성격에 있어 차이가 나기 때문이다. 걷는 방법, 호흡하는 법, 노래 등을 기본부터 교육 받으면서 "다시 태어난다"는 기분이 들었다는 전도연은 "텔레비전 연기자 의 한계를 벗어나야 한다"는 자신의 목표를 실현시키고자 노력했다.[4]

전도연이 '멜로의 여왕'이라는 소리를 듣게 된 것은, 그녀가 출연한 두 번째 영화『약속』(김유진 감독) 때문이었다.『약속』은 여의사(전도연)와 깡 패 두목(박신양)의 사랑, 그리고 남자들의 우정과 의리를 다룬 영화로, 전 도연은 시나리오를 읽으면서부터 크게 울었다고 한다.

1998년 12월 14일 개봉한『약속』은『접속』에 이어 상영 1개월 만에 전 국 1백30만 명의 관객이 관람했다. 1년이란 기간을 두고 조심스럽게 선택 한 영화『약속』으로 그녀는 99년 제35회 백상예술대상에서 최우수 연기상 을 거머쥘 수 있었다. 그녀의 성장을 바라보던 언론에서도 "전도연 영화에 는 '사랑과 슬픔'이란 공통분모가 있다. 그것을 섬세하게 만드는 것은 그 의 맑은 감성이다"며 호평을 늘어놓았다.[5] 또한 영화 제작사인 '신씨네'가 PC통신 이용자 1천 명을 대상으로 '98년 하반기 개봉작 중 가장 잘 어울 리는 찰떡 궁합'을 묻는 여론 조사에서,『약속』의 박신양과 전도연 커플은 1등으로 뽑혔다.

『약속』에 이어 전도연이 선택한 영화는 60년대 산골을 배경으로 하는

---

2) 한석규에 대해서는『시사인물사전 1』을 참고하십시오.

3) 민경택, 〈'노는 계집 창' "NO", '접속'은 "YES"〉,『국민일보』, 1997년 12월 12일, 14면.

4) 김창금, 〈대중가극 '눈물의 여왕' 이혜영 - 전도연〉,『한겨레』, 1998년 2월 5일, 13면.

5) 이대현, 〈'백상예술대상' 영화 여자연기 전도연〉,『한국일보』, 1999년 4월 5일, 15면.

『내 마음의 풍금』이었다. 스물 여섯 살의 전도연은 이 영화에서 열 일곱 살의 늦깎이 초등학생 역을 해냈다. 『내 마음의 풍금』의 메가폰을 잡았던 이영재는 그녀에게 "영리하지만 교활하지 않고 톱스타인데도 성실한 자세로 주변을 감동시켰다"며 '예쁜 여우'라는 별명을 붙여주었다.[6]

또다른 관계자는 그녀를 '독한 년'이라 생각했다는데, 이는 촬영도중 발생했던 일화와 관계 있다. 『내 마음의 풍금』을 촬영하던 1998년 11월 계곡 물에 빠진 닭을 건지려고 전도연이 물에 뛰어드는 장면을 촬영하면서 생긴 일이었다. 영하 10도라는 날씨 탓에 물에 빠졌던 닭은 두 마리나 얼어죽었다. 하지만 전도연은 아무 불평 없이 물에 뛰어들어 허우적대는 연기를 해냈다는 것이다.[7]

그렇게 몸을 아끼지 않고 열연했던 『내 마음의 풍금』으로 그녀는 1999년 제20회 청룡영화상 여우주연상을 수상해 배우로서 탄탄한 입지를 구축했다.

한 세기를 마감하는 1999년 영화계는 섹스와 살인 등을 주제로 하는 어두운 현실 세계를 그려내는데 치중했다. 전도연 역시 그런 영화계 흐름에 동참하면서 새로운 변신을 시도했다. 지금껏 '멜로의 여왕'이라 불리며 청순한 이미지를 보여줬던 그녀가 99년 12월 11일 개봉한 영화 『해피엔드』를 통해 옛애인과 밀회를 즐기는 유부녀로 등장한 것이다. 17세 소녀에서 30대 유부녀로 변신한 그녀는 배우에게 변신은 '무죄'가 아닌 '필수'임을 입증했다.[8]

---

6) 김희경, 〈27일 개봉 '내 마음의 풍금' 주연 전도연〉, 『동아일보』, 1999년 3월 12일, 13면.
7) 김희경, 위의 글.
8) 노순동, 〈물오른 연기로 '해피 엔드' 꿈꾼다〉, 『시사저널』, 1999년 12월 23일, 102면.

『해피엔드』는 개봉 전 예매표가 7천여 장 팔려나감으로써 일지감치 성공적인 흥행을 예고했는데, 그 요인 중 하나는 전도연의 '정사(情事) 씬'이었다. 그녀는 대타를 기용하지 않고, 상대 배우 주진모와 촬영기사, 감독 정지우만 있는 현장에서 직접 정사(情事) 씬 연기를 펼쳤는데, 이에 대해 이렇게 말했다.

> 선정적인 연기가 큰 부분이 아니라는 생각이 들었다. 만약 그것이 주(主)였다면 출연하지 않았을 것이다. 한 번쯤은 지금 이 시대에 봐야 될 영화라는 확신이 들었다. 수치심을 버리기가 어려웠지만 촬영에 들어가는 순간 모두 사라졌다. 이렇게 한 작품 한 작품 해가면서 성숙하는 모양이다.[9]

> 촬영을 시작하기 전에는 과연 해낼 수 있을까 하는 두려움이 컸었다. 하지만 막상 촬영에 들어가자 '어정쩡하게 했다가는 영화도 망치고 제 이미지에도 큰 타격을 줄 수 있겠다'는 생각이 들었다. 그래서 마음을 다부지게 먹었다. 확실하게 제 모든 것을 공개해 정말 불륜에 빠진 여자의 모습을 완벽하게 드러내 보이겠다는 각오를 하게 되었다.[10]

전도연은 『해피엔드』를 통해 정부(情夫)와 남편을 향한 서로 다른 감정을 드러내는 일상의 디테일을 원숙하게 연기하여 연기자로서의 자질을 인정받았다. 하지만 실질적으로 영화에 쏠린 관심은 그녀의 '노출 연기'였다. 그

---

9) 이대현, 〈벗은 건 전도연이 아닌 최보라〉, 『한국일보』, 1999년 12월 3일, 17면.
10) 장순호, 〈헤어누드까지 노출 … 온몸을 던졌다〉, 『스포츠투데이』, 1999년 12월 6일, 12면.

녀의 연기에 대해 영화 관계자들은 서로 다른 평가와 관심을 보였다. 먼저 언론과 영화 전문잡지들이 내놓은 평은 다음과 같다.

"무명시절 대담하게 벗다가 유명해지자마자 단추를 채워버리는 일반 유형에서 벗어난 것으로 영화에 대한 전도연의 투신이 돋보이는 영화이다",[11] "그녀가 해피엔드로 칭찬 받아야 할 큰 이유 중 하나가 한국 여배우들의 '벗기 콤플렉스'를 허물었다는 점이다." [12]

반면 영화 제작자들의 관심은 그들과 다른 곳에 있었다. "전도연이 저렇게까지 몸을 던져가며 자극적인 노출연기를 펼쳐낼 줄 알았다면 우리가 진작 '해피엔드' 류의 색깔 있는 영화를 기획했을 걸 그랬다", "개런티는 원하는 만큼 줄 수 있고 감독과 남자 상대역도 선택할 수 있게 해주겠다"는 제작자까지 등장하면서 전도연은 20여 편 넘는 에로물 출연 제의를 받기도 했다.[13] 결국 전도연은 에로물에 출연해 달라는 성화 때문에 99년 12월 미국에 있는 그녀의 언니 집으로 몸을 피했다.

동그란 이마가 매력인 전도연은 출연하는 영화마다 성공하는 '럭키 걸'이 되었다. 그녀가 지금의 자리에까지 오를 수 있었던 것은 항상 새롭게 변신한 모습으로 대중 앞에 다가섰기 때문이다. 가슴 아픈 사랑의 여주인공에서 열 일곱 살의 철부지 소녀, 가정을 버리고 다른 남자와 밀회를 하는 유부녀로 말이다. 비록 전도연이 최근 보여준 연기가 지속되기를 바라는 제작자들도 많은 상황이지만, 대부분의 사람들은 그녀의 또다른 다음 '변신'을 기대하고 있다. **인·사**

---

11) 김중기, 〈전혀 행복하지 않은 '해피엔드'〉, 『매일신문』, 1999년 12월 11일, 12면.
12) 조종국, 〈일상의 디테일, 옷을 벗다〉, 『씨네 21』, 1999년 12월 14일, 71면.
13) 장순호, 〈전도연씨 한 번만 더 벗어주〉, 『스포츠투데이』, 1999년 12월 21일, 18면.

주 윤 발

周 潤 發

1980년대 후반 한국의 중학교, 고등학교 남학생들은 담배를 피우는 사람이건 그렇지 않는 사람이건 너도나도 성냥개비, 혹은 이쑤시개를 입에 물고 다녔다. 입 안에서 그것을 굴리며 한쪽 입술을 씩 올리며 웃기도 하고 허리춤에 손을 갖다 대고 폼을 잡기도 했다. 혹은 라이터 불꽃을 입안으로 빨아들이기도 했다. 한번 하고 나면 입안이 비린내로 가득 찼지만 모두들 그것을 개의치 않고 라이터 불꽃을 빨아들였다. 또 옷을 입을 때 양팔을 옷의 팔이 들어가는 입구에 끼우고 먼지를 털어내 듯 한바퀴를 돌려 옷을 입었다. '푸드득' 거리는 바람소리에 옷이 제자리에 안착(安着)하면 자신도 모르게 씩 웃으며, 마치 검은 색 바바리 코트를 입은 것처럼 옷깃을 세우고 바람에 옷자락을 날리며 걸어다녔다.

이 모든 행동이 한 배우가 나오는 한 편의 영화 때문이라면 믿어질까?

믿어지지 않는 사람도 있겠지만 어쨌든 이것은 바로 그 배우가 출연한 영화 때문이었다. 『영웅본색』(1986), 그가 출연한 이 영화는 1970년대 한국에 상륙해 돌풍을 일으켰던 성룡의 『취권』 이후 한국에 다시 한번 홍콩 영화 돌풍을 일으켰다. 사나이의 우정, 의리가 한국의 청소년들에게 새삼스레 강조되기 시작했고 그들은 너도나도 비디오 대여점에 몰려들었다. 그리고 홍콩 영화 진열대에 가서 그의 이름이 있는지 없는지를 확인하고 비디오를 빌렸다. 삼삼오오 모여 앉아 그가 나오는 장면 하나하나, 그가 취하는 손짓 하나하나, 그의 표정 하나하나까지 열심히 봤고, 그를 따라했다.

이것은 모두 『영웅본색 1·2』, 『첩혈쌍웅』 등으로 홍콩 느와르의 대표적인 인물로 부상했던 인물, 주윤발 때문에 벌어진 기현상이었다. 기존의 할리우드 영화에서 보여지던 쌍권총과는 다른 쌍권총[1]을 휘두르는 그의 모습에 한국의 청소년들은 색다른 감흥을 느꼈고 그에게 매료됐다. 그가 나오는 비디오는 언제나 대여 순위 1위였다. 1980년대 후반 한국에 불어닥친 주윤발 열풍은 이같이 강렬한 것이었고 주윤발은 이 열풍에 힘입어 "싸랑해요, ***!"라는 광고카피와 함께 한국 음료수 광고에 등장하기도 했다.

오우삼과 짝을 이뤄 홍콩 느와르를 주도했던 주인공 주윤발은 1955년 5월 18일 홍콩 근해에 있는 '라마'라는 섬에서 태어났다. "신발도 신지 못한 촌놈이었다"고 표현한 그의 말처럼 그는 궁색한 시골에서 궁핍한 생활을 해야 했다.[2] 그의 아버지는 근해에 있는 유전(油田) 작업장에서 일을 하

---

1) 그가 쓰는 총은 언제나 총알이 가득했다. 탄창을 갈아 끼우지 않아도 총알은 무한정 쏟아졌다. 그리고 총을 맞아도 주인공은 웬만하면 죽지 않았다. 하지만 모두들 그것에 크게 개의치 않고 영화를 봤다.
2) 『Current Biography』(1998).

는 노무자였고 그의 어머니는 야채를 키우고 그것을 내다 파는 행상을 업으로 하고 있었다. 주윤발은 그 곳에서 열 살 때까지 자랐다.

열 살 되던 해 주윤발은 광동으로 이사했다. 그리고 학교에 들어갔는데 그가 처음 다닌 학교는 마오쩌뚱을 지지하는 사회주의 계열의 학교였다. 그는 이 학교에 다니던 1967년 중국에서 진행되던 문화대혁명의 영향을 받은 홍콩의 시위에 참가했다. 그의 어머니는 이를 우려했고 그를 국민당 계열의 학교로 전학시켰다.

그는 이때 처음으로 영화라는 매체를 접했다. 당시 그의 어머니는 가정부 생활을 하고 있었는데 주윤발은 2주에 한번씩 그의 어머니를 찾아갈 수 있었다. 그때 영화광이었던 집주인의 영향으로 그는 영화를 보게 됐다. 그가 영화를 처음보고 느낀 것은 "어떻게 벽에서 사람이 움직일 수 있나" 하는 것이었다.[3]

전학을 가서도 어려운 환경에서 학업을 계속하던 주윤발은 결국 학교 졸업장을 받지 못했다. 주윤발은 열 일곱 살 되던 해에 학업을 포기해야만 했다. 가난이 이유였다. 그 이후 그는 우체부, 카메라 외판원, 호텔의 벨보이, 택시 운전사 등의 직업을 전전하며 돈을 벌었다.

그러던 중 그는 우연히 당시 홍콩의 TV방송국이었던 TVB에서, 신인배우 응모자격을 주는 연기수업을 진행한다는 광고를 보게 됐다. 주윤발은 좀더 여유로운 시간을 가질 수 있다는 생각에 수업에 참가했고 1년 뒤에 그 과정을 마쳤다. 그리고 드라마 출연으로 연기자로서의 첫발을 내딛었다. 1974년의 일이었다.

---

3) 『Current Biography』(1998).

그는 대다수 연기자가 그렇듯이 단역으로 출발했다. 이런 저런 드라마에서 연기를 계속하던 그가 유명해지기 시작한 것은 1980년 방영된 『상해탄』이라는 드라마에서 암흑가 보스 역할을 하면서부터였다. 그는 그 사이 영화 쪽으로도 진출했다. 주윤발은 1976년 영화 데뷔작 『환생』을 시작으로 첫 주연을 맡은 『마사지 걸』 등 여러 편의 영화를 찍었으나 두각을 나타내진 못했다.

그가 영화배우로 대중들에게 알려진 것은 허안화 감독의 『호월적고사』(1981)에서였다. 이 영화에서 그의 트레이드마크인 쌍권총이 처음으로 등장했다. 그는 이 영화에서 필리핀의 사창가에 빠진 베트남 난민 소녀를 구하기 위해 쌍권총을 휘두르는 역할을 연기했다. 이 영화를 계기로 대중들에게 영화배우로 점차 알려지던 그는 1983년 대만 TV연출가였던 여안안과 결혼했다. 그러나 그들의 결혼 생활은 길지 못했다. 6개월간의 결혼 생활을 끝으로 그들은 이혼했다.

이혼 후에도 계속 영화에 출연하던 주윤발은 1984년에 찍은 『홍콩1941』로 아시아 태평양 영화제와 대만 금마장 영화제 남우주연상을 수상했다. 그러나 상을 수상했음에도 불구하고 주윤발의 시대는 아직 도래하지 않았다. 상업적인 흥행작을 내놓지 못했던 그는 여전히 불안한 행보를 계속했고 싸구려 코미디 영화 등에 출연했다. 그렇게 지지부진한 활동을 하던 주윤발이 일약 톱스타로 급부상한 것은 오우삼 감독을 만나고부터이다.

오우삼과 주윤발은 당시 모두 어려운 시기를 겪고 있었다. 오우삼은 자신의 데뷔 작품이 지나친 폭력묘사로 상영금지 판정을 받아 좌절한 상태에서 싸구려 코미디 영화를 찍으며 평범한 감독 생활을 하고 있었다.[4] 그러던 중 오우삼은 당시 홍콩의 정서를 느끼고 그것을 대변하는 영화를 만들고 싶어했다. 그가 느낀 홍콩의 모습을 들어보자.

> 　사회 전체가 무언가를 잃어버린 듯한 모습이었죠. 특히 젊은이들 사
> 이에서 가치관, 도덕성은 결여되어 있었고 배우고 따를만한 모델을 갖
> 고 있지 못한 상황이었어요. 사람들에게 자신의 고유한 특성을 잃어버
> 린 느낌을 받았어요.[5]

오우삼은 이것을 타개하기 위한 영웅상을 만들기 원했고 그 영웅은 주윤
발로 인해 나타났다. 오우삼이 주윤발을 만나게 된 것은 주윤발에 관련된
신문기사 때문이었다. 그는 주윤발이 고아들을 위해 돈을 기부했다는 기사
를 읽었고 그가 바라던 따뜻한 영웅상이 주윤발에게 있음을 알게 됐던 것
이다.[6]

1985년 주윤발을 처음 만난 오우삼은 그에게서 현대적인 기사의 풍채를
느꼈고 이들은 곧 작업에 들어갔다. 서극 제작, 오우삼 감독, 주윤발 주연
의 『영웅본색』(1986)은 이렇게 탄생했다. 홍콩 느와르의 시발점으로 불리
는 이 작품은 사나이간의 우정, 명예 등을 중요시했고 무협지에 나올 만한
중국의 강호를 현대의 홍콩에 재현해냈다. 칼 대신 총을 들고 의리를 위해
싸우는 그들의 모습은 할리우드 액션영화와 구별되는 새로운 미학을 창출
해냈다.

주윤발은 이 음산한 영화에서 찡그린 얼굴을 비롯한 특유의 제스처로 홍

---

4) 씨네 21 엮음, 〈오우삼〉, 『영화감독사전』(한겨레신문사, 1999), 282쪽.
5) http://cm.dongailbo.co.kr/movieline/people/korea/96/chow/chow.htm
6) http://cm.dongailbo.co.kr/movieline/people/korea/96/chow/chow.htm

콩은 물론 동남아시아 각 나라의 차이나타운 등에서 폭발적인 인기를 얻었
다. 한국에서도 마찬가지였다. 그는 이 영화 한 편으로 톱스타의 자리에
올랐고 '주윤발 신드롬'이라는 말이 생길 정도로 그의 제스처를 따라하는
청소년들이 늘어갔다. 주윤발 시대의 개막이었고 홍콩 느와르라는 새로운
장르의 태동이었다.

이 영화를 시작으로 주윤발은 오우삼과 계속 작업해 『영웅본색 2』
(1987), 『첩혈쌍웅』(1989), 『종횡사해』(1990), 『첩혈속집』(1992) 등의 영화
에 출연했다. 이 중 『첩혈쌍웅』은 주윤발의 이름을 미국 컬트 영화시장에
알리게 한 영화로 가장 홍콩 느와르적인 작품으로 평가받는다.[7] 이 영화에
서 살인 청부업자 역을 맡은 주윤발은 청부살인을 하던 도중 실수로 한 여
가수의 눈을 멀게 하고, 그 눈을 고치기 위해 자신의 목숨까지 내던지는
역할을 연기함으로써 따뜻한 영웅의 모습을 여실히 드러냈다. 그리고 오우
삼은 주윤발과 이수현을 통해 강호에서나 나올 법한 무사(武士)간의 의리와
동지애를 재현함으로써 홍콩 느와르의 완성을 이끌어냈다.

한편, 주윤발은 그가 TV에 진출했을 때부터 친구로 지냈던 임영동 감독
과도 작업을 같이 했는데 이때 나온 작품들이 『용호풍운(한국 출시명 : 미스
터 갱)』(1987), 『감옥풍운』(1987), 『감옥풍운 2』(1991) 등의 영화였다. 이
영화들은 주윤발 팬임을 자처하는 쿠엔틴 타란티노의 『저수지의 개들』이란
영화에 영향을 미치기도 했다.[8]

이 외에도 주윤발은 『가을날의 동화』(1987)와 홍콩 영화사상 최초로 도

---

7) 구회영, 〈홍콩 느와르, 1997 그리고 천안문〉, 『영화에 대하여 알고 싶은 두세가지 것들』
　　(한울, 1991), 208쪽.
8) 『Current Biography』(1998).

박을 소재로 한 영화 『정전자』(1989) 등의 작품으로 인기를 끌었다. 주윤발의 인기는 동남아시아와 한국 등에 홍콩 영화 붐을 일으켰고, 그로 인해 불어온 홍콩 영화 바람에 많은 홍콩 영화배우들이 편승함으로써 그들은 일약 스타의 자리에 올랐다.

1980년대 말부터 1990년대 초까지 홍콩 영화시장은 주윤발의 시대였다. 그는 홍콩 아카데미 남우주연상에 12번이나 노미네이트 되기도 했는데 이때 『영웅본색』, 『용호풍운』, 『아랑적고사』(1990) 등의 영화로 홍콩 아카데미 남우주연상을 3번이나 수상했다.[9]

1990년대 초반 이후 작품 활동이 뜸해진 주윤발은 『도신 2』(1992), 『화기소림』(1992) 등의 영화에 출연한 이후 1995년에 찍은 『화평본위』를 마지막으로 홍콩 영화계를 떠나 할리우드에 진출했다. 이미 임영동과 오우삼 등 홍콩 감독들이 할리우드에 진출해 있었다. 그러나 주윤발은 오우삼이 존 우(John Woo)로, 임영동이 링고 람(Ringo Lam)이라는 이름으로 할리우드에 진출한 것과는 달리 저우룬파(Chow Yun-Fat)라 불리는 자신의 이름 석 자를 그대로 가지고 갔다. 이미 자신의 이름이 미국 시장에서 어느 정도 알려져 있었기 때문에 가능한 일이었다.

1995년 말 할리우드로 떠난 주윤발은 부족한 자신의 영어 구사능력을 키우는 등 영화계 진출을 모색하다 98년 『리플레이스먼트 킬러(Replacement Killer)』로 스크린에 복귀했다. 미라 소르비노와 함께 출연한 이 영화에서 주윤발은 가족을 구하기 위해 자신의 보스와 싸우는 고독한 킬러 역을 맡아 열연했다. 그러나 그의 할리우드 데뷔작인 이 작품은, 그의 트레이드마

---

9) 『Current Biography』(1998).

크인 쌍권총이 등장했음에도 불구하고 흥행에 성공하지는 못했다.

그 다음 출연한 영화가 『커럽터(The Corrupter)』(1999)였다. 마크 월버그와 호흡을 맞춘 이 영화에서 악역을 맡은 주윤발은 무수히 많은 총알을 맞고 죽었던 홍콩 영화와는 달리 단 한 방의 총알로 목숨을 잃는 약한(?) 모습을 보였다. 그리고 쌍권총을 휘두르지 못하고 단 하나의 권총에 의지하는 약해진 모습을 보이기도 했다. 결국 주윤발은 이 영화가 자신을 위해 만들어진 영화임에도 불구하고 자신의 강렬했던 카리스마를 제대로 발휘하지 못해 팬들을 아쉽게 하기도 했다.

주윤발이 할리우드에 진출해서 세 번째로 찍은 영화가 『애나 앤 킹』(1999)이다. 율 브리너, 데보라 카 주연의 『왕과 나』(1956)의 리메이크작인 이 작품에서 주윤발은 조디 포스터와 호흡을 맞췄다. 태국 시암 왕국의 몽구트 왕과 가정교사로 들어온 영국의 애나 레노웬스간의 로맨스를 그린 이 영화에서 주윤발은 몽구트 왕 역할을 연기했다. 주윤발은 『왕과 나』에서의 카리스마를 가진 완고한 율 브리너와는 달리 부드러운 이미지의 왕을 연기했다. 쌍권총을 버리고 정통 로맨스 영화에 도전한 주윤발에 대해 상대역인 조디 포스터는 "그는 연기에 대한 열정이 상상을 초월하는 배우"라고 평하기도 했다.

주윤발은 현재 1986년 결혼한 그의 부인 자스민과 함께 할리우드에 계속 머무르고 있다. **인·사**

차 범 근

'**한**국 축구계의 승부조작설'을 주장해 파문을 일으킨 차범근 전 축구국가대표팀 감독의 사면이 확정되었다. 대한축구협회는 2000년 1월 14일 기자회견을 열어 1998년 8월 12일자로 5년간 국내 지도자 자격정지 처분을 받았던 차범근을 전격 사면하겠다고 밝혔다. 이 기자회견에서 정몽준[1] 대한축구협회장은 "2002년 월드컵 개최라는 중대사를 앞두고 한국축구 최고의 스타플레이어 출신인 차 전감독을 중징계로 계속 묶어두는 것은 바람직하지 않다는 여론에 따라 차 전감독을 사면하기로 했다"고 밝혔다.[2] 이로써 차범근은 징계 17개월 만에 한국 내에서 지도자 자격을 회복하게 되었다.

---

1) 정몽준에 대해서는 『시사인물사전 3』을 참고하십시오.
2) 권순일, 〈차범근 전격 사면〉, 『동아일보』, 2000년 1월 15일, A13면.

　　차범근은 1953년 5월 22일 경기도 화성 출생으로 경신중·고교와 고려대 체육학과를 졸업했다. 그는 어릴 적부터 스포츠에 뛰어난 재능을 보였고, 그런 아들은 아버지에게 있어 자랑의 대상이었다. 차범근은 다음과 같이 회고했다.

> 　　누가 무심코 "아들이 어렸을 때부터 운동에 소질이 있었던가 보지요" 하고 묻기라도 했다가는 그 날은 영락없이 그 길고 긴 얘기가 끝날 때까지 앉아서 듣는 수밖에 별도리가 없었다. 수도 없이 하시면서도 그 때마다 조금도 변색되지 않는 감흥으로 감탄을 늘어놓으시는 아버지 얘기의 시작은 늘 이랬다.
>
> 　　"갸는 스케이트를 신자마자 그 걸음으로 그냥 내빼는 아이였어."
>
> 　　"즈기(저희) 형들이랑 자전거를 가르치는데, 아! 갸는 한 번 넘어지더니 두 번째 질(길)로 그냥 달리는 거여." [3]

　　경기도 화산초등학교 시절부터 축구를 시작한 차범근은 졸업 후에도 축구를 계속하고 싶은 욕심에 서울 영도중학교에 진학했다. 그러나 불행하게도 그가 입학하던 해에 영도중학교 축구부가 해체되는 일이 벌어졌다. 그러나 그는 이에 낙담하지 않고 체력이라도 키울 목적으로 필드하키 선수 생활을 하며 축구에 대한 열정을 버리지 않았다. 그의 부모님은 가난한 살림에도 불구하고 밭까지 팔아가며 영도중학교 3학년 때 그를 경신중학교로 전학시켰다. 매일매일 계속되는 고된 훈련 탓에 영양실조로 쓰러지는 일도

---

3) 차범근, 〈땀으로 뛰어온 '90분 인생'〉, 동아일보사 출판부, 『나의길 나의삶』(동아일보사, 1993), 292쪽.

있었지만 늦게나마 다시 축구를 할 수 있다는 사실은 그에게 무척 큰 기쁨
이었다.

전학 후 축구를 할 수 있다는 것, 내가 축구선수라는 것은 하루 스물
네 시간이 모두 낮이 아니고 밤이 있다는 것조차 불만스러울 정도였다.
캄캄한 밤에도, 새벽에도 뛰고 헤딩연습을 하던 그 때에는 흔히들 칭찬
할 때 쓰는 단어인 '열심'이 아니라 그냥 도취되어 있었기 때문에 힘들
지도, 어렵지도 않았다. 도리어 행복했던 것 같다.[4]

차범근은 1970년, 청소년 국가대표로 선발되어 이듬해까지 활약했다. 경
신고를 졸업하기도 전인 72년에는 고등학생으로는 첫 국가대표팀에 발탁되
어 79년까지 국가대표 선수를 지냈다. 그는 72년 첫 A매치(대표팀간 국제공
인경기)에 출전해 독일에서 선수로 활동하던 86년까지 모두 127회 이상 출
전해 57골을 넣었고, 한국 축구선수 중 최다 A매치 출장 기록을 가지고
있다.[5]

1976년 9월 11일에 벌어진 대통령배 국제축구대회 말레이시아전은 한국
축구팬들에게는 물론 차범근에게도 잊을 수 없는 경기였다. 당시 한국은
말레이시아에 후반 40분까지 1 대 4로 뒤져 패색이 짙었다. 그러나 마지막
7분 동안 차범근은 38·42·44분에 무려 3골이나 연속 성공시킴으로써 경
기를 무승부로 만드는 데 결정적 역할을 했다.[6]

한국에서 그의 명성은 날이 갈수록 높아갔으나 그는 한국이라는 좁은 무

---

4) 차범근, 앞의 글), 293쪽.
5) 박찬주, 〈'아시아 축구 영웅'〉, 『부산일보』, 1999년 12월 4일, 20면.

대에서 활동하는 것에 늘 만족하지 못했다. 그 시기에 월요일 밤마다 MBC TV에서 방영하는 독일의 분데스리가 축구는 그에게 신기루와 같은 것이었다. 마침내 차범근은 독일행을 결심했다. 당시 외국으로 진출하는 선수들이 전무하다 싶은 상황에서 그의 독일행이 발표되자 주위에서는 "자기만 잘 살려고 돈벌러 간다"며 비난의 화살을 퍼붓는 사람들도 적지 않았다.[7] 그러나 이 모든 비난을 뒤로 한 채 그는 1978년 12월 22일 독일행 비행기에 몸을 실었다.

차범근은 우선 독일에 도착하자마자 체력적인 약세를 극복하는 것을 우선으로 여겼다. 기술력과 스피드에서는 여느 유럽 선수에 뒤지지 않았으나 선천적인 체력 조건에서는 유럽인들이 절대적으로 한 수 위였다. 그는 처음 몇 달 동안은 매일 육식만 하면서 유럽 선수들과 비슷한 체격을 만들기 위해 노력했다. 결과적으로 몇 달 후 그는 20대 후반이었음에도 불구하고 신장이 2cm나 더 자랐다.[8]

차범근은 1978년 12월 25일 다름슈타트와 6개월 가계약을 맺고 바로 보, 쿰전에 출전해 77분을 뛰었다. 바로 그 날 독일인들은 난데없이 뛰어든 한 동양인의 활약에 입을 다물지 못했고, 독일 축구전문지인 『키카』지(紙)가 그를 '금주의 베스트 11'으로 선정하는 등 모든 일간지들도 그의 등장을 스포츠란 1면에 대서특필했다. 차범근은 데뷔 첫해인 79년 12골을 넣으며 단숨에 득점 7위에 올랐다. 이후 차범근은 서독 아인트라흐트 프랑크푸르

---

6) 김한석, 〈20세기 한국스포츠 해프닝-차범근 종료 7분전 3골 '진기록'〉, 『스포츠서울』, 1999년 12월 30일, 26면.
7) 배극인, 〈계획? 없어요 당분간 쉬렵니다〉, 『동아일보』, 1999년 12월 29일, C3면.
8) 배극인, 위의 글.

트 프로축구단과 레버쿠젠 축구단을 거치면서 '갈색폭격기'로서 명실공히 독일 최고의 스트라이커로 자리매김했다.[9]

차범근은 1989년 독일선수 생활을 마감하기까지 10년 동안 308경기에 출전해 모두 98골을 기록했다. 또 80년과 88년 그가 속해 있던 프랑크푸르트와 레버쿠젠을 각각 UEFA(유럽축구연맹)컵 정상에 올려놓았으며, 프랑크푸르트에 있던 80년에는 유니세프 기금마련 세계 축구선발팀에 뽑히기도 했다. 이 같은 활약으로 그는 유럽인들에게 '차붐(Cha Boom)'이라고 불렸으며, 유럽에 한국이라는 나라를 새롭게 인식시키는 데 이바지했다.

차범근은 1989년 11월 10일 화려했던 독일생활 10년을 정리하고 한국인들의 환영을 받으며 영구 귀국했다. 그는 한국에 돌아온 이듬해인 90년 청소년들을 대상으로 무료로 지도하는 차범근 축구교실을 개설했다. 99년까지 차범근 축구교실은 전국적으로 15개 곳에 개설되었으며 3천 명의 축구 꿈나무들을 배출했다.

1991년 차범근은 현대 호랑이 프로축구단 감독으로 선임되었다. 당시 현대 호랑이 축구단은 전력부진과 선수들의 사기저하로 침체되어 있었다. 차범근은 독일에서 익힌 훈련기법을 적용해 연일 맹훈련을 시켰으며, 부임 첫해 현대팀을 준우승시켰다. 그러나 문제는 거기서부터 시작되었다. 팀에 대한 구단의 간섭이 심해진 것이었다. 선수와 감독간에 불협화음이 생겼고, 결국 그는 94년 감독에서 해임되었다.

현대팀 감독으로 있던 1992년 차범근은 대권도전장을 낸 현대그룹 정주영으로부터 국민당 입당제의를 받은 적이 있었다. 당시 현대그룹 전체가

---

9) 박찬주, 〈'아시아 축구 영웅'〉, 『부산일보』, 1999년 12월 4일, 20면.

정주영의 선거유세에 발 벗고 뛰는 마당에 거절한다는 것은 웬만한 강심장
아니고서는 상상할 수 없는 일이었다. 그러나 차범근은 한마디로 거절한다
는 의사를 밝혔다.

> 부끄럽고 화가 났다. 내가 얼마나 허술하게 보였으면, 내가 얼마나
> 날라리 족쟁이(축구인)로 보였으면, 그 사람들 눈에 내가 하는 일이 얼
> 마나 하찮아 보였으면 그런 제의를 했을까, 하는 생각이었다.[10]

현대 감독에서 해임된 이후, 그는 2002 월드컵 유치에 전념했다. 2002
월드컵유치위원회와 함께 세계 각국을 돌며 유치 홍보를 펼쳤으며, MBC
2002 월드컵 유치홍보 방송의 진행을 맡기도 했다.

그처럼 바삐 활동하던 차범근은 1997년 1월 월드컵 국가대표팀 감독으
로 선임되었다. 그리고 9개월 뒤, 98프랑스월드컵 아시아 예선전에서 무패
를 기록하며 조1위로 월드컵 본선 연속 4회 진출권을 따냈다.

98 프랑스월드컵 아시아예선전에서 한국대표팀이 승승장구하자 대표팀
을 지도한 차범근의 인기도 상승일로를 달렸다. 한국의 언론들은 그를 일
컬어 '솔선수범으로 세운 감동의 지도력'이라는 찬사를 아끼지 않았고, 일
부 극성팬들은 '차범근 대통령'이라는 말까지 서슴지 않았다.[11] 또 광고업
계에서는 '차범근 모시기'에 전력을 다했다. 각종 인터뷰는 물론이고, 신
앙간증을 해달라는 제의까지 물밀듯이 밀려들었다. '스타플레이어 출신은
명지도자가 될 수 없다'는 축구계의 속설이 무색할 정도로 차범근에게 있

---

10) 박윤석, 〈'98월드컵 축구 사령탑 차범근 감독〉, 『신동아』, 1997년 11월호, 345쪽에서 재인용.
11) 서정은, 〈'헤픈 언론'의 '영웅'·'역적' 꿰맞추기〉, 『시민의 신문』, 1998년 8월 17일, 12면.

어 1997년은 독일선수생활 이후 제2의 황금기였다.[12]

그러나 이 같은 인기도 잠시, 98년은 차범근의 축구인생에 있어 최대의
시련기였다. 월드컵 예선전에서는 파죽지세의 기세로 밀어붙이던 대표팀이,
그 해 3월 열린 제4회 다이너스티컵 국제축구대회에서는 졸전(拙戰)을 면치
못하자 그에 대한 경질론이 거론되었다. 게다가 막상 98프랑스월드컵 본선
이 시작되자 한국 대표팀은 단 1승도 올리지 못하고 멕시코에게는 3-1, 네
덜란드에게는 5-0으로 대패했다. 거기에 감독과 선수들간에 불협화음까지
발생하자, 그는 경기가 채 끝나기도 전인 98년 6월 21일 전격 해임되었다.
그의 해임이 결정되자 언론은 찬사일색이던 기존 입장을 180도 바꿔 '차범
근 죽이기'에 열을 올렸다. 일간지마다 그를 독선적인 감독으로 몰아붙였
고, '감독인지 CF전문 스타인지 의심스럽다'는 평가까지 했다.[13]

차범근은 프랑스에서 귀국한 후인 1998년 7월 15일, 한국 언론에 대한
불신만을 안은 채, 중국 선전(深圳)시 핑안(平安)팀과 연봉 50만 달러 계약
을 맺고 중국으로 떠났다. '사건'은 그 후에 일어났다. 그로부터 약 일주일
후에 나온 『월간조선』 8월호에 그가 한국 축구에 대해 신랄한 비판을 한
발언이 게재됨으로써 사회적으로 엄청난 파장을 몰고 왔던 것이다. 다음은
그의 발언 중 일부이다.

> (현대감독시절) 우리는 우승을 못하게 돼 있었어요. 프로 리그는 끝
> 날 때쯤이면 순위가 다 정해지잖아요. 우승을 다투는 팀에게는 중요하
> 지만 6~7등 하는 팀에게는 아무것도 아닌 게임이 있거든요. 그럼 다

---

12) 권순일, 〈실리축구-용병술 '차(車)붐불패' 신바람〉, 『뉴스플러스』, 1997년 10월 16일, 76면.
13) 서정은, 앞의 글.

짜고 해요. 친한 감독에게 져주고……. 지나고 보니까 고의적으로 하는 것 같더라고요.[14]

『월간조선』의 보도가 일파만파로 커지자 차범근과 그의 부인 오은미는 평소 친분이 있던 기자에게 사심 없이 털어놓은 이야기가 그대로 보도될 줄은 몰랐다며 당혹스러움을 감추지 못했다. 그리고 "물의를 일으킨 것에 대해서는 도덕적으로 죄송하다"고 공식적으로 사과했다.[15] 그러나 대한축구협회측은 '터무니없는 발언'이라고 일축하고, 진상조사 후, 상벌위원회를 소집해 98년 8월 12일자로 그에게 5년의 자격정지 처분을 내렸다.[16]

이 같은 일련의 사태를 지켜본 일부 축구계 인사와 축구팬들은 그를 옹호하며 아쉬움을 금치 못했고, 『국민일보』의 서우석 논설위원도 차범근을 '역적'으로 몰아붙이는 한국의 일부 언론과 축구계에 대해 다음과 같은 말로 유감을 표했다.

차감독은 10년에 한 명 나올까말까한 축구선수로 꼽힌다. 외국에서 활약하는 동안 이룩한 국위선양과 청소년들에게 꿈을 불어넣은 공적은 금액으로 환산하기 어려울 만큼 크다. 이유가 무엇이건 그런 위치의 축구스타를 잃어버린다면 크나큰 손실이 아닐 수 없다.[17]

---

14) 장원준, 「우리 축구계 풍토는 정치판과 똑같다. 승부조작까지…」〉, 『월간조선』, 1998년 8월호, 231쪽에서 재인용.
15) 송대수, 〈차범근 "물의 일으켜 죄송"〉, 『한국일보』, 1998년 7월 26일, 9면.
16) 박병수, 〈차범근 한 맺혔나…〉, 『한겨레』, 1998년 7월 22일, 18면.
17) 서우석, 〈패장의 말〉, 『국민일보』, 1998년 7월 23일, 5면.

차범근은 1999년 12월 중국 선전시의 평안팀 감독직을 다시 맡아달라는 리강 구단주의 부탁을 거절하고 재계약을 포기했다. 아내의 건강이 악화되어 정밀진단을 받기 위해 독일에 가야했기 때문이다. 당시 그의 부인 오은미는 기관지 결핵 3기 진단을 받은 상태였다.

그러나 평소 차범근에게 호의적이지 않았던 중국 신문들은 구단측에서 일방적으로 차범근과의 재계약을 포기했다고 발표했다. 중국의 일간지와 주간지들은 '차범근이 연봉을 깎아가며 선전 평안에 재계약을 요구했다' 는 식의 기사를 게재했다.[18] 그러나 차범근은 중국 프로축구 갑A리그에서 사실상 최하위팀이었던 평안팀의 전력을 고양시켜, 페어플레이어상까지 받게 했다. 구단측에서도 이 같은 성과를 올린 그에게 중국의 '영웅적 노동자'에게만 붙여주는 '노동영웅'과 유사한 영예칭호를 수여할 방침을 밝힌 것을 보더라도 중국 언론측의 이 같은 보도는 다분히 편파성이 짙은 것으로 볼 수 있을 듯하다.

중국 언론측의 이 같은 보도에 대해 차범근은 "악의적으로 왜곡보도를 해온 중국의 일부 언론에 대해 법적대응을 준비하고 있다"며 강경하게 대응할 입장을 밝혔고, 리강 구단주도 '일부 언론 보도에 대해 구단 차원에서 법적대응할 계획' 을 밝혔다.[19]

그러나 이처럼 차범근을 둘러싼 온갖 잡음에도 불구하고, 20세기를 마감하는 1999년 12월. 모든 일간지를 비롯한 잡지에는 그의 이름이 항상 실려 있었다. 1년 전인 98년 11월 국제축구역사통계연맹(IFFHS)은 '20세기 아시아 최고 축구스타' 에 차범근을 1위로 선정했다. 99년 12월 영국의 축구

---

18) 김덕기, 〈재계약관련 보도 말도 안돼!〉, 『스포츠투데이』, 1999년 12월 10일. 1면.
19) 김덕기, 위의 글.

전문지 『월드사커』는 '20세기 세계축구를 움직인 100인'에 한국의 대한축구협회장 정몽준과 함께 차범근을 선정했으며, 『동아일보』 체육부가 네티즌을 상대로 한 '20세기 한국의 최고스포츠 스타'에서 차범근은 전체 응답자중 60%를 상회하는 지지율을 얻어 1위에 선정되었다.[20] 이를 비롯해 『한국일보』는 '20세기 한국스포츠 20대 사건'으로 그의 독일 분데스리가 진출을 꼽았으며, 『경향신문』도 그를 '20세기 스포츠 인물'로 선정하기도 했다.[21]

차범근은 고려대 재학 시절 미팅에서 현재의 부인 오은미를 만났다. 당시 친구 대신 미팅에 나갔던 오은미는 차범근의 외모에 다소 실망했으나 점차적으로 자신을 이해해주는 그에게 사랑을 느끼기 시작했다.

"미련할 만큼 심한 정도의 집착성이 남편의 장단점이기도 해요. 그 장점이 저에겐 매력으로 다가온 거죠. 남자는 적어도 한 가지 일에는 미칠 정도의 집착력이 있어야 된다고 봐요. 우리 남편 정도는 돼야겠죠?"[22]

그렇게 해서 맺어진 인연으로 둘은 차범근이 공군에 복무하던 77년 결혼식을 치렀으며, 현재 차하나, 차두리, 차세찌 등 2녀1남을 두고 있다.

차범근은 1973년 대한민국 최우수선수상과 80년 서독 『벨트』지(紙)의 페어플레이어상을 수상했으며 86년 서독 『아벤트 포스터』지(紙)가 선정한 분데스리가 MVP로 선정되었다. 저서로는 『내가 너무 못생겼다구요』, 『엘리베이터 천장에 별을 그리다』가 있다. **인·사**

---

20) 김한석, 〈'20세기 세계축구를 움직인 100인' 정몽준 차범근 선정 '영광'〉, 『스포츠서울』, 1999년 12월 8일, 9면: 김호성, 〈네티즌들이 뽑은 '20세기 한국스포츠 최고스타'〉, 『동아일보』, 1999년 12월 14일, C1면.

21) 유승근, 〈20세기 한국스포츠 20대사건 〈9〉 차범근 분데스리가 진출〉, 『한국일보』, 1999년 12월 16일, 15면: 유형렬, 〈한국축구 세계알린 '갈색폭격기'〉, 『경향신문』, 1999년 12월 16일, 34면.

22) 나성민, 〈축구계의 마당발 '차붐'의 조련사〉, 『전북일요시사』, 1997년 8월 17일, 25면.

한 광 옥

1999년 11월 23일 김대중 대통령은 신임 청와대 비서실장에 한광옥 국민회의 부총재를 임명했다. 박준영 청와대 대변인은 언론을 통해 이번 임명에 대한 배경을 이렇게 설명했다.

경제위기 극복과 사회 안정을 이루었고 특히 외교와 남북관계도 과거보다 크게 개선됐으나 정치가 국정의 발목을 잡아 국가에 어려움을 주고 있다. …… 이런 때에 정치를 잘 알고 공동여당 사이의 원만한 공조와 여야간 대화에 기여할 수 있고 무엇보다도 김대통령의 의중을 잘 알고 있는 인물을 선정했다. …… 김대통령은 앞으로 정국안정을 이끌고 정치개혁을 적극적으로 추진해 가는 데 신임 한 실장이 기여할 것으로 기대하고 있다.[1]

한광옥은 1942년 1월 29일 전북 완주군 우전면 구룡리에서 아버지 한상인과 어머니 양병자 사이에서 장남으로 태어났다. 그의 아버지는 전주 시내에서 제과점과 과수원을 운영하고 있었기 때문에 그는 비교적 유복한 환경에서 자랄 수 있었다. 전주사범부속초등학교와 전주 북중을 거쳐 전주고로 진학하고자 했던 그의 꿈은 이른바 '컨닝사건'으로 좌절되었다.

"전주 북중을 졸업하고 관행대로 전주고 입시를 보러 갔었어요. 그런데 나보다 공부를 좀 못했던 친구가 자꾸만 답안지를 보여달라고 조르는 겁니다. 차마 거절할 수가 없어 친구에게 서비스를 하다가 시험장을 쫓겨나고 말았어요. 그 때문에 할 수 없이 서울에서 고등학교(중동고)를 다녀야 했지요." [2]

서울 중동고 시절, 공부보다는 친구들과 어울려 놀기 좋아했던 그는 3학년 때 학생대대장을 맡기도 했다. 한때 육군사관학교 진학을 꿈꾸기도 했던 그는 생각을 바꾸어 1960년 서울대 영문과에 진학했다. 학생회 간부가 서울대에 들어간 것은 중동고 53년 역사상 처음이어서 당시 중동고에서는 그의 서울대 입학이 일대 사건이었다고 한다.

어수선한 사회 분위기 속에서 대학을 다녀야 했던 한광옥은 1학년 때부터 학생운동에 적극적으로 가담했다. 그는 서울지역 대학생들을 규합하여 만든 '대한학생정치외교협회'에서 회장을 맡는가 하면 『횃불』이라는 이름의 학회지를 만들어 배포하기도 했다. 1963년 전국 민권수호 학생총연맹 결성준비위원장을 맡았던 그는 박정희의 군정 연장 음모에 반대하는 데모에 앞장섰다가 그 해 7월 구속되었다. 몇 달 후 일반사면으로 풀려나긴 했

---

1) 성한용·백기철, 〈대통령 비서실장, 한광옥씨〉, 『한겨레』, 1999년 11월 24일, 1면.
2) 윤석진, 〈뚝심과 끈기 돋보인 협상의 달인〉, 『월간중앙 원』, 1998년 3월호, 52쪽.

지만, 그는 학교에서 제적을 당해 지금도 그의 약력란에는 '서울대 영문과 수료'라고 되어 있다.

학교에서 제적당한 후인 1964년에 군에 입대한 그는 67년 제대한 후 곧 바로 63년부터 사귀어 온 정영자와 결혼했다. 그러나 그의 결혼 생활은 그리 풍요롭지 못했다. 아내가 큰 고생을 했다. 남편은 정치한답시고 살림이 어떻게 돌아가는지 전혀 신경을 쓰지 않는 데다 인정은 많아 남의 빚보증 서주기에 바빴다고 하니 아내의 고생이 어찌했을 지는 뻔하지 않은가.

1971년 신민당에 입당해 본격적으로 정계에 뛰어들기 전까지 한광옥은 '4·19, 6·3 범청년투쟁위원회 기획위원', '3선개헌반대 범국민투쟁위원 회선전분과위원', '한국민권투쟁위원회 운영위원' 등을 역임했다. 그 후 80 년 5·17 쿠데타가 일어나기 전까지 그는 신도환 의원의 비서관을 지냈다.

그는 1981년에 치러진 국회의원 선거에서 민한당 관악 을 지구 후보로 출마해 당선, 39세의 나이로 국회에 진출했다. 그가 김대중 대통령과 인연 을 맺게 된 것은 82년 국회 본회의 대정부질의에서 공개적으로 '김대중 석 방'을 주장하면서부터였다.

1985년 민한당 후보로 다시 나섰다가 낙선한 한광옥은 얼마 후 김대중과 첫대면을 하게 되었다. 곧 민추협 대변인이 되면서 확실한 '동교동맨'으로 자리잡은 그는 86년 건국대에서 농성 중이던 1천3백여 명의 학생들을 구속 한 정권을 비판하는 성명서를 발표했다가 그 해 10월 구속되었다. 그리고 그 이듬해인 87년 4월 집행유예로 석방되었다. 그 후 계속 김대중의 곁을 지킨 그는 88년 4·26 총선에서 관악 갑 지구의 평민당 후보로 출마하여 당선되었다. 그리하여 그는 다시 국회에 진출하게 되었다.

한광옥은 흔히 '협상의 달인'으로 통한다. 그가 협상의 달인으로서 세인들의 주목을 받기 시작한 것은 14대 대통령 선거를 1년 앞둔 1991년에 야권통합이 이루어지면서부터이다. 한광옥은 당시 이기택 총재가 이끌던 '꼬마 민주당'과 김대중 총재가 이끌던 '신민당'을 통합하는 데 크게 공헌했던 것이다. '협상의 달인'이라는 평가를 받는 그는 15대 대통령 선거를 앞두고 'DJP연대'라는 성과물을 내놓기도 했다.

한광옥은 IMF 체제 돌입과 김대중 정권 창출이라는 시간적 맞물림 속에 1998년 초 출범한 노사정위원회에서 위원장직을 맡았다. 그리고 그는 그 해 2월 6일 노·사·정 대타협을 이끌어내어 DJP 연대 성사 이후, 언론의 주목을 다시 한번 받기 시작했다. 노·사·정 대타협은 노사정위원회가 98년 1월 15일에 출범한 지 3주 만에 이루어낸 성과였다.

그는 1998년 봄 지방자치단체장 선거가 실시되기 전, "저는 오래 전부터 서울시를 세계 어느 나라의 도시와 비교해도 손색이 없는 활기차고 행복한 도시로 만들고 싶다는 소망을 갖고 있었습니다"라며 서울특별시장 국민회의 후보로 나설 야심을 강하게 내비쳤다.[3] 그러나 국민회의가 당 차원에서 고건 전 국무총리를 서울특별시장 후보에 내정함으로써 자신의 야심을 접어야 했다.

그는 1998년 9월 3일 공식 출범한 '민족화해협력범국민협의회'(민화협)의 상임의장 중 한 명으로 활동했다. 민화협은 진보와 보수를 망라해 총 1백70여 개 단체가 출범에 참여했는데, 한광옥은 민화협 태동에 결정적인 역할을 수행했다.

---

3) 김경환, 〈열심히 발로 뛰는 1등시장 되고 싶다〉, 월간 『말』, 1998년 4월호, 67쪽.

진보와 보수의 결합은 분명 낯선 만남이지만 어느새 자기를 낮추고 상대방의 의견을 귀담아 듣고 있다. 인식의 공유가 얼마든지 가능하다는 증좌다. 인내가 필요하겠지만 통일을 위해 한 목소리를 한 그릇에 담는 것은 가치있는 일이라 생각한다. 이념적 스펙트럼이 점차 엷어지는 우리 사회의 새 흐름이 민화협을 통해 거듭 확인될 것이다.[4]

1999년 3월 『참여사회』와 가진 인터뷰에서 그는 민화협이 구상하는 통일의 방법에 대해 이렇게 말했다.

"남북화해 기운을 바탕으로 평화정착·평화교류를 통한 평화적 통일, 이 3단계를 거쳐야 한다고 봅니다. 그것이 통일하는 방법이고 절차인 것이지요. …… 이제까지 통일논의는 '선반 위 논의'였기 때문에 국민이 참여할 수 없었고 또 멀리 있는 것처럼 느껴졌지요. 그러나 이제는 생활 속으로 통일논의가 들어와야 돼요. 통일은 꼭 필요하다, 해도 그만, 안해도 그만인 것이 아니라 민족의 동질성 회복차원 나아가 우리 민족의 생존을 위해서도 필요하다는 인식이 필요해요."[5]

그는 '타협의 달인'으로 통하게 된 자신의 비결에 대해 이렇게 말한다.

대화를 통해 신뢰를 주고 상대방이 미안하게 생각할 정도로 많이 참는 겁니다. 협상에서 가장 중요한 것은 상대방의 믿음을 얻는 것, 또 상대방을 믿는 것입니다. 저는 역지사지(易地思之)란 말을 강조합니다. 제가 상대방의 입장이 되어서 생각하는 겁니다. 상대방을 이해하고 존

---

4) 정진석, 〈통일 위한 保革대타협은 시대의 숙명〉, 『한국일보』, 1998년 9월 4일, 10면.
5) 장윤선, 〈통일운동엔 좌우가 따로 없다〉, 『참여사회』, 1999년 3월호, 34쪽.

중하지 않으면 상대방도 마찬가지로 대합니다. 그리고 문제의 핵심이 무엇인가를 빨리 파악해야 합니다. 믿음을 주고 핵심을 알면 대안이 나오게 됩니다.[6]

지퍼로 입을 닫은 듯, 평소에 입이 무거워 '한자꾸' 혹은 '이중지퍼'라는 별명을 가지고 있는 한광옥은 1998년 7월 『가슴이 넓은 사람 이야기』를 출간했다. **인·사**

---

6) 김경환, 〈열심히 발로 뛰는 1등시장 되고 싶다〉, 월간 『말』, 1998년 4월호, 67~68쪽.

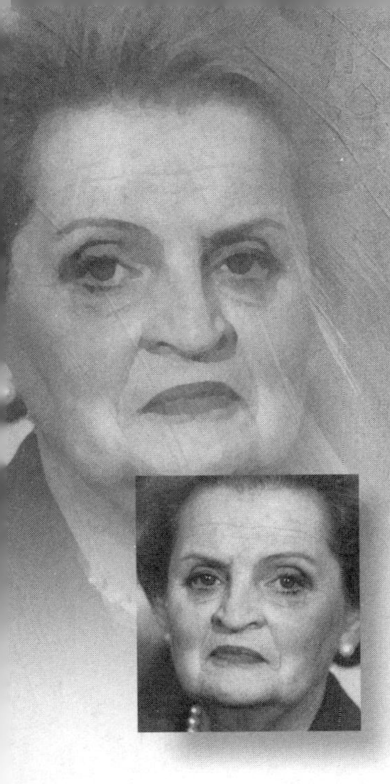

매들린 올브라이트

Albright, Madeleine Korbel

매들린 올브라이트는 미국 역사상 최초의 여성 국무장관이다. 여자라는 선입견 때문에 그를 우습게 보았다간 큰 코 다치기 십상이다. 그는 클린턴 행정부 내에서 대표적인 매파(派) 강성인물로 웬만한 남성을 능가하는 여장부다. 그는 '팍스 아메리카나'를 확대재생산하기 위해 오늘도 바쁘게 뛰어다닌다. '세계 경찰 미국'을 외치는 올브라이트의 고성(高聲)은 이미 아이티, 보스니아, 르완다, 유고 등에 울려 퍼졌다.

올브라이트는 국무장관 취임식에서 "미국은 그 동안 대외문제를 다루는데 자기만족에 빠져 신고립주의를 초래하고 있다"며 "미국은 앞으로 전세계적인 리더십을 발휘하는데 주저해서는 안될 것"이라고 밝혔다.[1] 그래서

---

1) 〈"미 강력한 외교 펴겠다"-올브라이트 국무〉, 『국민일보』, 1997년 1월 24일. 7면.

일까? "인권"과 "민주주의"를 위해서 그는 미국이 테러 국가로 화인(火印)을 찍은 독재 국가의 지도자들을 향해 거침없는 독설을 퍼붓곤 한다. 그뿐 아니다. 그는 자신이 생각하는 미국의 외교 정책을 직접 행동으로 밀어붙이는 행동주의자다. 코소보 전쟁 당시 군사 무력 개입을 둘러싸고 벌어진 갈등에서 그는 대화와 타협을 앞세운 콜린 파웰[2] 전 미 합참의장에 대해 이렇게 말했다. "사용하지 않으려면 당신이 항상 최강이라고 말하는 군대를 갖고 있을 이유가 어디에 있느냐?"[3]

올브라이트의 세계관은 확고부동하다. 위에서 살펴본 것처럼 그는 '팍스 아메리카나'를 노래하는 전도사다. 그는 "미국의 힘"을 바탕으로 한 국제 문제 개입이 자신의 "정치 철학"이자 "외교관(觀)"이라고 말한다.[4] 그래서 일까? "민주주의"와 "인권"을 소리 높여 외치는 올브라이트의 주장에선 미국의 국익을 정당화하기 위한 수사(修辭)라는 냄새가 풍긴다.[5] 올브라이트는 대단히 직설적이고 화끈한 성격을 자랑하는데, 미국이 추구하는 국제 정책의 본질도 돌려서 말하지 않는다. 그는 미국이 추구해야 할 국제 정책에 대해 미국의 외교전문잡지 『포린 어페어스』 1998년 11/12월호에서 다음과 같이 말했다.

---

2) 콜린 파웰에 대해서는 김종건, 〈콜린 파월: 할렘에서 팬타곤까지〉, 송기도 · 강준만 외, 『권력과 리더십 2』(인물과사상사, 1999)를 참고하십시오.
3) 홍은택, 〈다시 주목받는 '파월 독트린' - 고개숙인 '올브라이트 독트린'〉, 『동아일보』, 1999년 4월 6일, A9면.
4) Mark Dennis, 〈시대 거스르는 냉전의 전사 올브라이트〉, 『뉴스위크』(한국판), 1999년 4월 1일, 43면.
5) 사실 올브라이트의 세계관은 미국이 전통적으로 추구해왔던 미국의 국제 정책과 별반 다를 바가 없다. 미국은 그 동안 '인권'과 '민주주의'라는 미사여구를 동원해 자신들의 국제 정책을 정당화시켜왔기 때문이다. 이 부분에 대해서는 노암 촘스키, 김보경 옮김, 『미국이 진정으로 원하는 것』(한울, 1996)을 참고하시기 바란다.

우리가 추구하는 목표를 달성하기 위해 개입이라는 당근을 사용할 것
인가 아니면 제재라는 채찍을 사용할 것이냐를 놓고 상당한 논란이 있
어왔다. 하지만 이런 논란은 비전이나 현실주의냐를 놓고 따지는 것과
비슷하다. 일부에서는 이 때문에 미국이 '이중 잣대'를 갖고 있다는 비
판을 하기도 한다. 미국은 실제로 하나의 잣대밖에 가지고 있지 않다.
그 잣대는 바로 미국의 국익과 이상을 달성하기 위해 우리가 내리는 평
가에 근거한 것이다.[6]

매들린 올브라이트는 1937년 체코의 조그만 맥주양조장 마을이었던 필
센에서 마리에 자나 코르벨이라는 이름으로 세상과 첫대면을 했다. 그의
아버지는 체코의 외교관이었다. 어린 시절의 기억은 그가 감당하기에 벅찰
정도로 심한 부침(浮沈)의 연속이었다. 그의 가족사(史)는 곧 체코사(史)였
으며 유럽 역사였다. 히틀러의 나치 깃발이 전 유럽에 펄럭이던 1939년 그
는 나치의 군홧발에 짓밟히고 있는 조국 체코를 등지고 강보(襁褓)에 싸인
채 영국에 망명할 수밖에 없었다. 나치의 체코 점령 기간 중 유대인 대학
살 사건으로 그와 피를 나눈 삼촌을 비롯해 조부모(祖父母) 등 친인척이 10
명 가까이 사망했다. 단지 유대인이라는 이유 하나만으로 집안이 풍비박산
났던 것이다. 그도 미처 알지 못했던 그의 가족사는 훗날 『워싱턴 포스트』
가 그의 국무장관 취임을 맞아 올브라이트의 가족사를 취재하는 도중 밝혀
졌다. 그의 부모가 비참한 가족사를 이야기하지 않았던 것이다.[7]

2차 대전이 끝난 후 조국의 품에 안겨 잠시나마 생활의 안정을 찾자 그

---

6) 이장훈, 〈안보 해치는 세력엔 단호한 응징〉, 『주간 한국』, 1998년 12월 3일, 41면에서 재인용.
7) 설원태, 〈직선적 성격의 유태인출신 여걸〉, 『뉴스메이커』, 1997년 2월 27일, 58면.

의 부모는 올브라이트를 스위스로 유학 보냈다. 인간의 이성이 무너지던 엄혹한 시기에도 자식에 대한 부모의 교육열은 식지 않았던 것이다. 매들린 올브라이트라는 이름은 이때 얻은 것이다. 하지만 1948년 체코에 크레믈린의 사주를 받은 공산 정권이 수립되자 올브라이트의 가족은 49년 미국에 망명했다. 이때 올브라이트의 나이 열 한 살이었다. 히틀러와 스탈린은 소꿉놀이를 하며 천진난만하게 성장해야 할 올브라이트의 어린 시절을 폭력과 야만으로 물들였던 것이다. 이 점에서 올브라이트가 훗날 독재 국가의 지도자에게 거침없는 독설을 퍼붓는 독설가로 성장한 것은 어쩌면 당연한 귀결이었다. 이후 올브라이트는 철저하게 반공과 반독재주의로 무장했다.

미국 망명 후 그의 아버지는 다행히도 콜로라도의 덴버대학에 둥지를 틀 수 있었다. 그의 아버지는 덴버대학 학장까지 지냈는데, 외교관이었던 자신의 경험을 활용해 동유럽 문제 전문가로 큰 명성을 얻었다. 그의 아버지는 올브라이트의 스승이었다. 아버지에게서 물려받은 국제 정치 감각과 생활 방식은 올브라이트를 단련시키기에 충분했다.

학생 시절 올브라이트는 자기 관리에 철저했다. 고교 시절에는 13권의 공책을 형형색색(形形色色)의 펜으로 정리하기도 했다. 올브라이트는 덴버 고교를 거쳐 1959년 매사추세츠의 웨슬리대학 정치학과를 우등으로 졸업했다. 그는 대학을 졸업한 지 꼭 3일 만에 캠퍼스 커플이었던 언론 재벌 2세인 조지프 메딜 패터슨과 결혼했다. 이후 그는 세 딸을 키우면서 평범한 주부로 10년을 보냈다. 하지만 가정도 그의 불타는 향학열을 잠재울 순 없었다. 그는 자녀를 양육하는 악조건에서도 매일 4시 30분이면 어김없이 기상해 공부한 결과 컬럼비아대학원에 진학했다. 그는 이 곳에서 국제 정치학 석사 · 박사학위를 받았다.

올브라이트가 정치라는 열차에 올라 탄 것은 1972년이다. 그는 이때 민주당 상원의원이었던 에드먼드 머스키의 보좌관으로 활동하면서 정치 감각을 익히기 시작했다. 얼마 후 그는 국가 안보회의(NSC National Security Council)로 자리를 옮겼다. 그가 박사학위를 받도로 도와줬던 컬럼비아대학 즈비그뉴 브레진스키 교수의 적극적인 추전에 의한 것이었다. 당시 브레진스키는 카터 행정부의 국가 안보회의 고문으로 활동하고 있었다. 올브라이트는 1980~1982년까지 스미소니언 연구소에서 폴란드와 체코의 정치 언론 등을 공부했다.

가정 주부의 삶을 벗어던지고 새 인생에 대한 기대감을 키워가던 1982년 그는 청천벽력(靑天霹靂) 같은 사건을 경험해야만 했다. 그의 남편이 이혼을 요구하고 나선 것이다. 다른 사람을 사랑하고 있다는 남편의 말에 올브라이트는 눈물을 머금고 도장을 찍을 수밖에 없었다. 훗날 올브라이트는 이 시기가 그의 인생에서 가장 힘들었던 시간이었다고 술회했다.

하지만 이혼은 올브라이트가 사회 생활을 하는 데 득이 되기도 했다. 이혼의 조건으로 그는 워싱턴 고급 주택가 조지 타운의 타운 하우스와 3백70 에이커에 이르는 버지니아주 농장과 주식 등을 남편으로부터 받아 경제적 안정을 이룩할 수 있었다. 뿐만 아니라 그의 집은 레이건과 부시로 이어지는 공화당 정권 시절 민주당 의원들의 정기 모임 장소로 이용돼 그가 쟁쟁한 정치인들과 교류하는 근거지로 활용되기도 했다.[8] 1984년 올브라이트는 월터 먼데일의 대선 캠프에서 활동했으며, 88년 민주당 대선 후보였던 마이클 듀카키스의 외교 참모로 활동했다. 이때 클린턴[9]과 인연을 쌓았다.

---

8) Tara Sonenshine and John Barry, 〈초강대국 美 외교 여성이 진두지휘〉, 『뉴스위크』(한국판), 1996년 12월 18일, 48면.

비록 88년 선거에서 듀카키스는 패했지만, 올브라이트는 외교전략가로 자신의 입지를 구축할 수 있었다. 1년 후 그는 비영리 싱크탱크인 국가정책연구소 소장으로 선출됐으며, 이를 바탕으로 같은 해 클린턴을 뉴욕의 한 외교 엘리트 모임에 추천하기도 했다.

1993년 클린턴 정부가 출범하자 그는 같은 해 1월 유엔주재 미국 대사로 임명됐다. 유엔 대사로 활동하던 당시 그의 최대 관심사는 '팍스 아메리카나'의 실현이었다. 그는 미국의 국익을 실현하기 위해서 물불을 가리지 않았다. 그는 미국에 낙인찍힌 독재 국가의 지도자들에게 거침없는 독설을 퍼부어 각국 외교관들로부터 외교의 기본 룰도 무시하는 대단히 '비외교적인 외교관'이라는 평을 듣기도 했다. 그의 행동은 '외교관'이라기보다는 '정치인'에 훨씬 가까웠던 것이다. 때문에 그는 유엔에서 '집단 따돌림'(?)을 당하기도 했다. 올브라이트가 유엔에서 행했던 대표적인 독설은 다음과 같다.

> 자발적으로 나가라. 그렇지 않으면 강제로 밀려날테니.[10]
>
> (93년 아이티 군부를 향해)

> 미사일로 민간비행기를 격추시키는 것은 뱃심이 아니라 가장 수치스러운 비겁쟁이의 행위다.[11] (96년 2월 쿠바의 카스트로를 향해)

---

9) 클린턴에 대해서는 강준만, 〈빌 클린턴: 이미지 정치와 '섹스 스캔들'〉, 송기도 외, 『권력과 리더십 1』(인물과사상사, 1999)을 참고하십시오.
10) 이용호, 〈억척으로 「신화」 이룬 "철의 여인"〉, 『경향신문』, 1996년 12월 7일, 7면.
11) 유엔 안보리 회의장에서 행한 이 발언은 외교계에서는 '가장 실패한 표현'이라고 평가받기도 한다. 〈사상 첫 여성 국무장관 매들린 올브라이트〉, 『윈』, 1997년 1월호, 140쪽.

유엔 대사로 재직할 시 올브라이트가 만들어낸 최대 작품은 부트로스 부트로스-갈리 유엔 사무총장 퇴출과 코피 아난[12] 총장의 영입이었다. 당시 갈리는 탈냉전 시대에 유엔을 국제문제 해결사로 만들어갈 계획을 가지고 있었다. 그는 유엔의 역할을 강조하면서 강대국의 횡포를 못마땅해 했다. 하지만 그의 유엔 개혁 노력은 미국의 신국제정책과 마찰을 빚고 말았다. 미국은 유엔 내부를 관리하는 '행정가'를 원했는데, 갈리는 국제 무대에서 발언권을 행사하려는 '정치인'에 가까웠기 때문이다. 결국 '팍스 아메리카나'의 깃발을 내리지 못한 미국에게 '팍스 유에나(Pax UNa)'를 추구하고자 했던 갈리는 퇴출당하고 말았다.[13]

1996년 클린턴 2기 정부가 출범하자 올브라이트는 부통령 앨 고어[14]가 추천했던 리처드 홀브룩을 제치고 국무장관에 임명됐다. 올브라이트의 장점은 그가 클린턴의 속마음을 정확하게 꿰뚫어 보고 있다는 점이다. 클린턴은 올브라이트가 자신의 "외교 정책을 그 누구보다 명쾌하게 설명하는 능력을 가지고 있다"고 격찬을 아끼지 않았다.[15]

올브라이트는 언론 플레이에 능하다. 언론을 아주 좋아할 뿐만 아니라 언론이 지닌 위력을 대단히 잘 이해하는 사람이다. 올브라이트는 CNN을 "안보리 16번째 이사국"으로 선임해야 한다고 주장할 정도로 커뮤니케이션의 중요성을 잘 숙지하고 있다.[16] 외국을 순방하고 돌아온 후에도 가장 먼

12) 코피 아난에 대해서는 송기돈, 〈코피 아난: 유엔의 개혁은 가능한가?〉, 송기도 외, 『권력과 리더십 1』(인물과사상사, 1999)을 참고하십시오.
13) 송기돈, 〈코피 아난-유엔의 개혁은 가능한가〉, 송기도 외, 『권력과 리더십 1』(인물과사상사, 1999), 144~153쪽.
14) 앨 고어에 대해서는 『시사인물사전 1』을 참고하십시오.
15) 이섬민, 〈클린턴을 명확히 읽는다-올브라이트 미(美) 국무장관〉, 『주간한국』, 1997년 2월 27일, 63면.

저 언론과 접촉을 시도해 빈축을 살 정도로 그는 언론에 자신을 최대한 노출시키려 한다. 그 때문에 그는 국무장관 자리보다는 오히려 대변인 자리가 더 잘 어울린다는 평가를 듣기도 했다.

올브라이트와 관련해서 한 가지 재미있는 에피소드가 있다. 그건 올브라이트의 '브로치 외교'다. 올브라이트의 속마음을 읽으려면 그가 장식하고 다니는 브로치를 읽으라는 말은 이미 국제 외교에서 파다하게 퍼져 있다. 올브라이트가 달고 다니는 브로치에는 장식품이라는 일차적 기능 이외에도 정치적 메시지가 담겨져 있기 때문이다. 그는 중동 평화협상 시에는 거미줄에 매달린 '거미 모양의 브로치'로 평화협상의 교착 상태를 꼬집었고, 이라크 언론이 자신을 '독사(毒蛇)'라고 칭하자 '뱀 모양의 머리핀'을 달고 다니기도 했다. 그는 미국의 힘을 상징할 때는 독수리 모양의 브로치를, 평화를 노래할 때는 비둘기 모양의 브로치를, 그리고 야당인 공화당 의원들을 설득하려 할 때는 '국회의사당 브로치'를 사용한다. 1999년 7월에는 뉴욕의 한 박물관에서 '외교적인 브로치-매들린 올브라이트에게 바친 선물'이란 주제 아래 행사가 열리기도 했다.

코소보 전쟁을 경험하면서 '팍스 아메리카나'를 추구하는 올브라이트의 송곳은 다소 무디어진 듯하다. 초강경 무력 대응을 주장했던 그의 주장이 발칸에서 엄청난 피바람을 몰고 오는 한 요인이 되었기 때문이다. 당시 그는 CIA를 비롯한 미 외교 안보팀과의 갈등을 초래하면서도 미국의 대 유고 공습을 강력하게 주장했다. 하지만 코소보 사태가 미국의 의도대로 풀리지 않자 그는 심한 비난에 직면하고 말았던 것이다.

---

16) 〈대통령과의 데이트라면 …-올브라이트 미(美) 국무장관〉, 『주간한국』, 1996년 12월 26일, 79면.

공화당 행정부 시절, 올브라이트는 조지타운대학에서 국제관계학을 강의했는데 학생들이 투표를 통해 뽑은 가장 인기 있는 교수로 4년 연속 선정됐다. 1999년 미국의 정치 잡지 『조지』가 선정한 '가장 매력적인 여성 정치인 20인' 가운데 퍼스트 레이디 힐러리와 엘리자베스 돌[17] 여사를 2, 3위로 따돌리고 그는 1위로 선정되었다. 한편 그는 바츨라프 하벨 체코 대통령에 의해 차기 체코 대통령 후보로 거론되기도 했다. 올브라이트는 키가 작아서 늘상 하이힐을 고집하며 세 딸을 두었는데, 앤과 앨리스, 캐서린이 그들이다. 인·사

---

17) 엘리자베스 돌에 대해서는 『시사인물사전 1』을 참고하십시오.

하페즈 알 아사드

Assad, Hafez Al-

1999년 세밑에 시작해 2000년 벽두까지 진행됐던 이스라엘과 시리아간의 평화회담이 끝내 합의점을 찾지 못하고 표류했다. 협상 초기만 하더라도 평화협상이 타결될지도 모른다는 관측이 제기되기도 했다. 중동 평화회담에 비교적 적극적인 에후드 바라크 이스라엘 총리 등장과 임기를 얼마 남겨 두지 않은 클린턴의 정치적 야심은 그런 분석의 중요한 토대가 되었다. 여기에 무려 3년9개월 만에 협상 테이블에 참석한 시리아의 자세 변화도 그런 예측을 가능케 한 것이었다. 하지만 평화협상은 기대를 저버리고 결렬되고 말았다. 평화협상 결렬의 직접적인 원인은 골란고원에 있었다. 이 문제에 대해 이스라엘측은 이스라엘의 선(先) '안보 보장'과 '국교 정상화'를 조건으로 제시했고 이에 반해 시리아는 골란고원에서 이스라엘 군의 '선(先)철수'를 주장해 타결점을 찾지 못했던 것이다. [1]

시리아와 이스라엘은 왜 이처럼 골란고원에 집착하는 것일까. 골란고원이 지정학적 요충지이기 때문이다. 특히 골란고원에 대한 시리아의 입장은 확고부동하다. 시리아는 골란고원의 완전한 반환 없이는 이스라엘과의 평화는 존재할 수 없다고 이야기한다. 골란고원은 시리아의 자존심 회복과 밀접한 관련을 가지고 있기 때문이다. 뿐만 아니라 골란고원은 현재 시리아 대통령인 하페즈 알 아사드 대통령의 자존심과도 떼려야 뗄 수 없는 관계이다. 아사드가 국방부장관으로 재직하던 1967년 이스라엘에 눈물을 머금고 빼앗겼으니 자신의 잃어버린 자존심 회복을 위해서도 골란고원의 완전한 회복은 필수불가결한 전제조건인 셈이다. 어찌되었건 중동에 무르익고 있는 평화 분위기가 잉태한 이스라엘과 시리아의 평화협상에서 아사드가 어떠한 발걸음을 내딛을지 관심을 가지고 지켜볼 일이다.

하페즈 알 아사드는 1930년 10월 6일 시리아의 항구도시 라타키아 근처의 콰르다하(Qardaha)란 조그마한 마을에서 태어났다. 농사를 통해 생계를 해결했던 그의 부모 알리 술레이만과 나이사는, 시리아 전 인구의 70%에 해당하는 사람들이 순니파인 반면, 소수 회교도였던 시아파였다.[2] 시아

---

1) 중동 국가와 이스라엘간의 평화협상을 이해하는 키워드는 '영토'라 할 수 있다. 다시 말해 이스라엘과 중동 국가는 '영토=평화'로 생각하고 있는 것이다. 평화협상 테이블에 등장하는 영토는 1967년 발발한 6일 전쟁으로 아랍 국가가 이스라엘에 빼앗긴 시나위 반도, 골란고원, 요르단강 서안, 가자 지구다. 이 중 시나위 반도는 79년 이스라엘과 이집트가 체결한 캠프-데이비드 협정으로 이집트에 반환되었으며, 요르단강 서안과 가자 지구도 이스라엘과 팔레스타인간에 지속되고 있는 평화협정으로 해결의 가닥을 잡아가고 있다. 골란고원 문제만 아직까지도 해결의 기미를 보이지 않고 있는 것이다.

2) 시아파와 순니파는 교리상으로는 차이가 없다. 다만 누가 이슬람 공동체의 수장이 되어야 하는가를 둘러싸고 갈등을 벌이고 있다. 이슬람교도의 90%를 차지하고 있는 순니파는 마호메트의 가계에서 수장이 나와야 한다고 주장하고 있으며, 이에 반해 시아파는 마호메트의 딸과 결혼한 4대 수장인 알리 가계에서 수장이 나와야 한다고 주장하고 있다. 시아파와 순니파의 갈등은 천 년 넘게 지속되고 있다.

파는 역사적으로 시리아의 순니파에 의해 이교도로 인식되어 사회적 천대와 멸시는 이루 말할 수 없었다. 게다가 아사드의 집안은 시아파 중에서도 소수파인 알리위트파로 최하층에 해당하는 대접을 받아야만 했다.[3]

아사드에 대한 부모의 교육열은 대단히 높았다. 마을에서 문맹(文盲)을 깨친 몇 안 되는 사람 중의 하나였던 그의 아버지는 자식을 교육시키는 것이 중요하다고 생각해 아사드를 시리아의 프랑스 학교에 입학시켰다. 아사드는 1939년부터 1944년까지 프랑스 학교에서 공부했다. 이 시기 아사드를 '멋진 신세계'로 이끈 것은 아랍민족주의였다. 아랍민족주의는 그의 사상적 은사였다.

학교 졸업 후 그는 라타키아로 옮겨 그 곳에서 중등학교에 입학했다. 이 시기 아사드는 바아쓰당으로 알려진 아랍 사회주의 부흥당(Arab Socialist Renaissance Party)에 입당했다. 당시 바아쓰당은 아랍 통합, 자유 평등, 사회주의를 그 핵심 강령으로 내걸어 아사드의 마음에 쏙 들었다. 바아쓰당은 사회적으로 홀대를 받던 소수 집단들에게도 환영의 손길을 내밀어 아사드의 바아쓰당 입당은 자연스러운 일이었다.[4]

아사드는 바아쓰당의 지도 이념에 푹 빠져 정력적인 활동을 시작했다. 얼마 되지 않아 그는 바아쓰당의 비합법 운동을 조직하는 활동가로 성장했으며 학업도 게을리 하지 않았다. 1949년 그는 학생회장에 당선됐으며, 2년 후에는 시리아 학생연합 의장으로 선출되었다. 중등학교를 졸업하고 1952년 혈기 넘치는 시리아 청소년들의 대개가 그러하듯이, 아사드는 홈스(Homs)에 있는 군사학교에 진학했다. 이 곳에서 그는 입학 동기 중 14명

---

3) 『Current Biography』(1992).
4) 『Current Biography』(1992).

과 함께 알레포(Aleppo)에 있는 공군학교로 차출되어 전투기 조종 수업을 받았다. 55년 전투기 조종사로 졸업한 그는 동기들 중에서 군계일학(群鷄一鶴)이었다.[5] 하지만 그의 관심사는 다른 곳에 있었다. 그는 전투기 조종사가 아닌 정치가로 자신의 인생 목표를 정했던 것이다.

1958년 시리아가 이집트와 함께 통일 아랍공화국(UAR-United Arab Republic)를 건설하자, 이를 둘러싸고 바아쓰당 내에서 친시리아계와 친아랍민족주의간에 알력이 발생하고 말았다.[6] 이때 아사드는 통일 아랍공화국을 열렬히 환호했는데, 권력 다툼 끝에 59년 잠시 이집트로 피신했다. 하지만 그 곳에서 아사드는 가말 압둘 낫세르[7] 이집트 대통령에 의해 바아쓰당의 해체를 요구받자 결국 낫세르가 추구하던 아랍 민족주의에 반기를 들었다. 통일 아랍공화국이 시리아와 이집트의 동등한 관계로 발전하기보다는 이집트의 시리아 지배로 변질되어 가고 있었기 때문이다.[8] 결국 61년 이집트의 지배를 두려워 한 시리아의 탈퇴로 통일 아랍공화국은 해체되었다.[9]

1960년 아사드는 그의 동료들과 함께 비밀 결사 단체인 군사위원회를 조직했다. 이것은 유명무실해진 시리아 내 바아쓰당 재건을 위한 준비모임이었다. 이 모임은 61년 시리아 내 다른 조직이 명멸(明滅)해가는 와중에서도 끈질기게 그 생명력을 유지했다. 통일 아랍공화국이 해체된 후 아사드는 국방력 강화의 필요성을 절감하기 시작했다. 국방력 강화 없이 시리아의

---

5) 『Current Biography』(1992).
6) 김정위, 『중동사』(대한교과서주식회사, 1995), 297쪽.
7) 가말 압둘 낫세르에 대해서는 신영은, 〈나세르 · 사다트 · 무바라크: 이집트의 세 마리 용〉, 강준만 · 김환표, 『권력과 리더십 4』(인물과사상사, 1999)를 참고하십시오.
8) 홍순남, 『중동정치질서의 이해-변화와 지속성』(한국외국어대학교 출판부, 1997), 37~39쪽.
9) 유정렬, 『현대중동정치』(박영사, 1997), 140쪽.

안보는 불가능하다고 생각했던 것이다. 국방력 강화를 위해서 그는 바아쓰당 내에서 쿠데타를 계획했다. 그의 계획은 63년 계획으로 옮겨졌고 그는 바아쓰당의 실력자 중 한 명으로 성장했다.

1964년 아사드는 순니 무슬림 지도자로 군사위원회의 또다른 실력자였던 아민 알 하피즈(Amin Al-Hafiz)와 손을 잡았다. 이를 통해 그는 바아쓰당 내에서 자신과 권력 다툼을 벌였던 동지이자 정적인 무하마드 움란(Muhammad Umran)을 제거했다. 그 후 그는 시리아의 공군참모총장으로 임명되어 국가 권력에 근접했다. 아사드의 다음 계획은 66년 2월에 실행되었다. 그는 이때 살라 자디드(Salah Jadid)를 도와 쿠데타를 시도해 성공했다. 자디드는 시리아 최고 권력자로 발돋움했으며, 아사드는 국방장관직을 맡아 명실공히 시리아 2인자의 자리를 확고하게 구축했다.

1967년 아랍 국가와 이스라엘간에 6일 전쟁이 발발하자 시리아도 전쟁의 광풍(狂風) 속으로 빨려 들어갔다. 당시 시리아는 이스라엘이 공격할지도 모른다는 위협감에 시달려 전쟁은 피할 수 없는 선택이기도 했다.[10] 하지만 6일 전쟁은 아랍 세계 전체에 심각한 패배감을 안겨주며 이스라엘의 대승(大勝)으로 끝나고 말았다. 이때 시리아는 현재 평화협상의 키워드로 부각되고 있는 골란고원을 이스라엘에 빼앗기고 말았다. 아사드는 자신이 국방장관으로 재직하던 시절 이스라엘에 골란고원을 고스란히 넘겨줄 수밖에 없었던 것이다. 골란고원의 상실은 아사드에게 치욕스런 일이었다.

1970년 아사드는 또다시 쿠데타를 통해 명실공히 시리아 최고 권력자로 발돋움했다. 그러나 그가 안정적으로 정권을 장악한 것은 아니었다. 아사드

---

10) 막심 로댕송, 임재도 옮김, 『아랍과 이스라엘의 투쟁』(두레, 1991), 234쪽.

의 정치적 기반은 대단히 취약했다. 국민 대다수가 순니파인데 반해 아사드 자신과 그의 심복들은 시아파라는 점 이외에도 과격파 단체인 무슬림 형제당의 존재는 아사드에게 가장 큰 골칫거리였다. 그는 권력 기반을 다지기 위한 작업에 들어갔다. 일차적으로 그는 군부 내에 존재하던 자신의 반대자들을 숙청했다. 곧 이어 그는 인구의 70%에 이르는 순니파 이슬람 교도를 탄압하며 자신의 권좌를 강화시켰다.[11] 1년 후 단독으로 출마한 대통령 선거에서 아사드는 대통령에 당선된 후 지금까지 5선 연임에 성공했다.

1973년 4차 중동전이 발발하자 시리아는 이집트와 손을 잡고 전쟁에 참여했다. 전쟁 초기만 하더라도 시리아는 승리의 뿔나팔을 불어대며 승승장구했다. 하지만 중도에 이집트가 손을 떼자 시리아는 군사력에서 질과 양적으로 열세를 면치 못했던 이스라엘에게 대패하고 말았다. 이스라엘군이 시리아의 수도인 다마스커스 근처까지 밀고 들어올 정도로 상황은 급박하게 돌아갔다. 결국 패배 일보 직전까지 몰렸던 시리아는 당시 미 국무장관이었던 헨리 키신저의 중재에 의해 평화협정을 체결해 간신히 자존심을 유지할 수 있었다.[12] 전쟁 이후 아사드는 등을 돌린 이집트 대통령 사다트[13] 에게 '아랍의 배신자'라는 딱지를 선물했다.

4차 중동전이 발발하기 전까지만 하더라도 아사드는 6일 전쟁을 통해 빼앗겼던 고토(古土)를 회복할 수 있다는 자신감이 충만해 있던 상태였다. 하지만 이집트의 변심으로 그는 심한 고립감을 느낄 수밖에 없었고, 요르단

---

11) 『Current Biography』(1992).
12) 홍순남, 『중동정치질서의 이해-변화와 지속성』(한국외국어대학교 출판부, 1997), 108쪽.
13) 사다트에 대해서는 신영은, 〈나세르·사다트·무바라크: 이집트의 세 마리 용〉, 강준만·김환표, 『권력과 리더십 4』(인물과사상사, 1999)를 참고하십시오.

과 레바논, 팔레스타인 해방기구(PLO) 등 주변 아랍국가에게 구원을 요청했다. 그의 제안은 큰 호응을 얻었고 곧 이들 국가와 함께 아랍 블록(Arab bloc)을 형성했다. 이와 더불어 아사드는 와신상담(臥薪嘗膽)의 기회를 노리며 군사력 보강에 박차를 가했다. 이 시기 그의 가장 든든한 후원인은 구소련이었다. 냉전 체제 속에서 반미 반서방을 외쳤던 아사드는 소련으로부터 군사적 원조를 받을 수 있었던 것이다.

1975년 레바논에서 내전이 발생하자 이듬해 아사드는 레바논 진공 작전을 실시했다. 레바논 내전을 종식시키고 레바논 주권 회복과 독립 확보라는 정치적 명분을 등에 업은 것이었다.[14] 이때 그는 레바논군을 지원해 레바논에 대한 영향력을 강화시켰다. 하지만 82년 이스라엘이 베이루트에 베이스 캠프를 두고 있던 PLO(팔레스타인 해방기구)를 몰아낸다는 구실 아래 레바논을 침공하자 아사드는 레바논 남부 지역을 상실해야만 했다.

대외적으로 이스라엘로부터 위협을 받던 1970년대 말에서 1980년대 초 아사드는 시리아 내부에서도 심각한 내홍(內訌)을 겪어야만 했다. 79년 시리아 내에서 과격파 무슬림 형제당(Muslim Brotherhood)이 테러를 동원해 육군 군사학교 학생 50여 명을 암살한 사건이 발생했다. 이것은 곧 아사드의 권좌를 위협하는 수준으로 발전했다. 다급해진 아사드는 이들을 모두 체포해 사형시키는 등 초강수를 두며 진화에 나섰으나 한동안 시리아는 극심한 정치 종교적 혼란을 겪어야만 했다.[15] 82년 하마에서 반정부 투쟁이 발생하자 그는 또 한번 무력을 동원해 시위를 진압했다. 83년 친동생이 반기를 드는 사태가 발생하자 그는 동생을 프랑스로 내쫓아 버렸다.

---

14) 홍순남, 『중동정치질서의 이해－변화와 지속성』(한국외국어대학교 출판부, 1997), 150쪽.
15) 〈A Frightening Clash in the Skies〉, 『Time』, July 9, 1979, p.31.

1987년 고르바초프가 더 이상 군사 경제 원조가 불가능하다는 뜻을 비치자 아사드는 심한 고립감에 시달렸다. 구소련의 태도 변화는 냉전 당시부터 시리아의 든든한 후원인이었던 친구를 잃어버리는 것을 의미했다. 그동안 아사드는 모스크바에서 요격기를 비롯해 공격용 폭탄, 에어 미사일 등을 지원받아 군사력을 강화시켜왔기 때문이다.[16] 이후 그는 독자적으로 군사력을 강화시키기 위해 노력했지만, 그것은 아사드에게 엄청난 부담으로 작용했다. 정부 예산의 30%에 달하는 막대한 예산을 군비(軍費)에 쏟아부음으로써 시리아의 경제는 깊은 수렁에 빠져들기 시작했던 것이다.[17]

1990년 걸프전이 발발하자 아사드는 주변 국가의 예상을 깨고 서방 세계에 동조하고 나섰다. 국제 사회에서 고립감을 느끼던 아사드의 위기 타개책이 반(反)이라크 노선으로 나타난 것이다. 82년 레바논 내전 이후 아사드는 PLO 등 국제 테러 집단에게 군사적 원조를 실시하는 한편 서방 세계에 테러리즘의 대명사로 불렸던 아부 니달(Abu Nidal)에게 은신처를 제공했었다.[18] 하지만 테러 단체에 대한 지원은 테러를 지원하는 국가라는 오명과 국제 사회의 경제 제재 조치라는 부메랑이 되어 시리아에 돌아왔다. 아사드는 국제적인 고립감을 맛볼 수밖에 없었고 경제 상황은 악화일로를 치달았다. 한편 그의 노선 변화는 사담 후세인[19]에 대한 깊은 반감에서 비롯된 것이기도 하다. 아사드는 아랍 세계의 패권을 노리던 후세인을 탐탁하

---

16) Jill Smolowe, 〈Don't Call Us, Friend, We'll Call You〉, 『Time』, March 5, 1990, p.20.
17) 최현수, 〈친미(親美)로 돌아선 '알라의 투사'〉, 『국민일보』, 1991년 4월 15일, 22면.
18) 『Current Biography』(1992).
19) 사담 후세인에 대해서는 최진영, 〈사담 후세인: 아랍 세계의 패권을 꿈꾸며〉, 송기도 외, 『권력과 리더십 1』(인물과사상사, 1999)을 참고하십시오.

게 생각하지 않았던 것이다.

걸프전을 통해 아사드는 어부지리(漁父之利)를 얻을 수 있었다. 아사드는 걸프전을 통해 이라크를 제치고 아랍의 군사 강국으로 떠올랐다. 게다가 아사드는 세계의 이목이 걸프만 지역에 몰린 틈을 타 레바논군을 지원해 기독교 정권을 몰아내고 레바논에 친(親)시리아 정권을 세울 수 있었다.[20] 걸프전이 끝난 후에는 중동 지역 안보 문제를 논의하기 위해 제임스 베이커 미 국무장관이 시리아를 방문하기도 했으며, 유럽연합과 일본은 시리아에 경제 원조를 실시하기 시작했다.[21] 이에 화답하기라도 하듯 아사드는 같은 해 회교 과격파에게 영향력을 행사해 서방 세계의 인질들이 석방되는 데 큰 역할을 수행하기도 했다.

중동 평화협상과 관련해 아사드는 자신은 급할 게 없다고 생각하는 입장이다. 이스라엘을 괴롭힐 수 있는 칼자루가 그의 손에 들려 있기 때문이다. 여전히 아사드는 테러를 이용해 이스라엘을 위협하고 있는 레바논의 헤즈볼라 세력에게 정치적 영향력을 행사할 수 있는 위치에 있다. 시리아가 이란으로부터 들어와 헤즈볼라 세력에게 전달되는 군사 물자의 중간역을 수행하면서 큰 발언권을 행사하고 있는 것이다.[22] 이는 미국도 시리아를 함부로 대할 수 없게 하는 주요한 이유 중의 하나다. 미국의 중동 대리인이라 할 이스라엘의 안보를 위해서 미국도 아사드의 눈치를 보지 않을 수 없는 것이다.

아사드는 1999년 2월, 5선 연임에 성공했다. 현재 그의 최대 적은 건강

---

20) 정병덕, 〈4번째 연임 대통령 시리아 아사드〉, 『국민일보』, 1991년 12월 5일, 22면.
21) 최현수, 〈친미로 돌아선 '알라의 투사'〉, 『국민일보』, 1991년 4월 15일, 22면.
22) 박재권, 〈중동 평화 '마지막 고지' 보인다〉, 『시사저널』, 1996년 1월 4일, 1월 11일.

이다. 거동을 하기에 불편할 정도로 그의 기력은 쇠잔해졌고 만성 당뇨에 시달리고 있다. 83년 발생한 급작스런 심장마비로 죽을 뻔하기도 했다. 96년 12월 전립선 수술을 받았으며, 이때 그의 유고(有故)설이 떠돌기도 했다. 현재 그는 자신의 후계자로 둘째 아들인 바샤르 알 아사드를 지목해 후계 체제 완성에 박차를 가하고 있다. 후계자로 공식 지명하긴 했지만 둘째 아들의 권력 기반이 아직 불안정하기 때문이다.

아사드에 대한 평가는 극단적으로 엇갈린다. 그는 집권 기간 동안 정적들을 무차별하게 숙청해 독재자라는 비난을 받는 한편 프랑스로부터 독립 후에도 정치적 혼란을 겪어야 했던 시리아에 정치적 안정을 가져왔다는 평가를 받고 있다.[23] **인·사**

---

23) 최현수, 앞의 글.

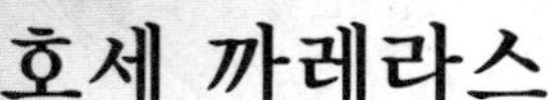

호세 까레라스
Carreras, Jose

1999년 12월, 마치 대천사장(大天使長)인 미카엘(Michael)을 호명(呼名)하는 듯한 미성(美聲)이 한국의 겨울 하늘을 수(繡)놓았다. 12월 4일, 세이렌[1]의 현신(現身)인 듯 호세 까레라스의 목소리는 서울 올림픽 체조경기장에 있었던 8천 명의 관객들을 매료시켰다. 그의 감미로운 노래는 97년 말 시작된 IMF 외환 위기 이후 잔뜩 움츠렸던 한국인들의 가슴을 덥혔다.[2]

아름다운 음악이 천상(天上)의 선율(旋律)에서 번져 나온 것이라고 한다면, 세계 3대 테너의 한 명인 스페인의 호세 까레라스는 대천사의 후예다. 미카엘(Michael), 라파엘(Raphael), 가브리엘(Gabriel)이 대천사라는 헌걸

---

1) 호머의 『오딧세이아』 12장(章)에 나오는 달콤한 노래로 선원들을 유혹해 죽이는 요정이자 괴물.
2) 강일모, 〈 '탈(脫) IMF 기쁨' 대형연주회 성황〉, 『문화일보』, 1999년 12월 28일.

찬 직분을 나눠 가진 것처럼 호세 까레라스 또한 플라시도 도밍고, 루치아노 파파로티와 세계 테너계(界)의 빛나는 영광을 함께 했다.

1971년 '베르디 국제성악콩쿠르' 우승 이후, 세계 성악계의 거목으로 급부상한 까레라스는 음악 애호가들 사이에선 음유시인(吟遊詩人)이라 불려진다. 그의 노래를 구성하는 성분은, 그 조성비(組成比)가 시인의 유려(流麗)한 글월과 같다. 풍만한 감성, 섬세한 표현, 짙은 호소력, 가슴을 적시는 따스함. 이런 까레라스를 『뉴욕 타임스』지(紙)의 음악비평가인 존 그루엔(John Gruen)은 다음과 같이 평(評)했다.

> 호세 까레라스는 섬세하고도, 서정적인 음색(音色)을 소유하고 있는 사람입니다. 그의 노래에는 규정할 수 없는 독특한 감성이 서려 있어요.[3]

호세 까레라스는 1946년 12월 5일, 스페인 바르셀로나(Barcelrona)의 중산층 가정에서 태어났다. 그의 아버지 호세 마리아 까레라스(Jose Maria Carreras)는 교사(敎師)였고 어머니 마리아 안토니아(Maria Antonia) 까레라스는 미용사였다.

당시 스페인은 내전(內戰)과 제2차 세계대전이라는 피(血)의 광풍으로 풍비박산(風飛雹散)이 난 상태였다. 국고(國庫)는 가난의 먼지로 소도록했고, 일반 국민들의 가계(家計)는 게딱지만했다. 스페인의 모든 거리 담벼락엔 굶주림의 그림자가 빨래처럼 널려 있었다. 그 넌더리나는 배고픔을 피해

---

3) 『Current Biography』(1983).

사람들은 자꾸만 바다를 건너갔다. 그들 대부분은 바다를 건너 중남미(中南美)로 향했다.[4] 까레라스가(家)도 예외는 아니었다. 까레라스는 유년 시절에 얼비친 당시 스페인의 풍경을 이렇게 전한다.

"우리 가족이 바르셀로나를 떠나 아르헨티나로 이주했을 무렵, 나는 겨우 4살이었어요. 스페인 내란과 제 2차 세계대전의 여파로 고통을 받고 있던 바르셀로나에서의 시절은 매우 암담했습니다. 정치적 · 재정적 이유로 나의 부모님은 대서양 저편에서 자신의 운수(運數)를 시험해보기로 작정하셨습니다. 하지만 그 분들은 곧 실망에 빠지셨고, 1년 뒤 우리는 스페인으로 되돌아왔습니다."[5]

까레라스의 할아버지를 제외하고는 가족 어느 누구도 음악에 관심이 없었다는 사실은 솔직히 좀 뜻밖이다. 그의 부모님은 물론 그의 형 알베르토(Alberto)와 누나 마리아 안토니아(Maria Antonia) 역시 음악을 싫어하지는 않았지만 그렇다고 좋아하지도 않았다.

까레라스는 스페인의 여느 아이들과 마찬가지로 축구를 하면서 유년의 뜨락을 뛰놀았다. 그의 꿈은 조붓한 동네의 득점왕이 되는 것이었다. 어린 까레라스에겐 따스한 볕뉘와 삽상한 바람, 그리고 땀과 함성이 묻은 축구공이 전부였다.

이런 그에게 오페라는 무척이나 낯선 것이었다. 노래라고는 유행가를 흥얼거리는 게 고작이었던 소년 까레라스에게 오페라 음악은 '미지(未知)의

---

4) Raymond Carr · Juan Pablo Fusi, 강석영 옮김, 『스페인 현대사 — 프랑코 독재 체제의 구축과 민주화 과정』(대한교과서주식회사, 1991), 85~112쪽.
5) 세라핀 가르시아, 〈축구 선수를 꿈꾸었던 음악의 사도〉, 이동옥 偏譯, 『21세기를 여는 상상력의 창조자들』(여성신문사, 1995), 73쪽에서 재인용.

세계'와 다름없었다. 이런 그를 오페라 음악으로 이끈 백토끼[6]는 마리오 란차(Mario Lanza)가 주역을 맡은 영화 『위대한 까루소(The Great Caruso)』였다. 어머니 손에 이끌려 우연히 본 이 한 편의 영화로 인해 어쩌면 축구 선수가 됐을지도 모를 그의 인생은 바뀌기 시작한다.

놀랍게도 집에 돌아온 이 어린 소년은 이전에 들어본 적이 없는 『위대한 까루소』의 거의 모든 아리아들을 정확하게 재생시켰다. 여덟 살 난 막둥이의 이러한 재능에 깊은 인상을 받은 까레라스의 부모는 그를 바로셀로나 음악학교에 입학시켰다. 그는 그 곳에서 발성(發聲)과 피아노를 배웠다. 부모는 까레라스에게 오페라의 오랜 역사가 배어 있는 리세오(del Liceo) 극장의 정기관람권을 구입해주었다. 리세오 극장은 '성악가' 까레라스에겐 요람(搖籃)과도 같은 곳이다. 아직 강보(襁褓) 속에서 고이 잠들어 있던 그의 음악적 재능과 열정은 이 극장에 의해 키워졌다. 까레라스는 리세오 극장과의 흥감스러운 첫만남을 다음과 같이 전한다.

> 그것은 완전히 마술이었습니다! 모든 가수들, 오케스트라, 배경, 분위기, 그리고 그밖의 그 모든 것들과 더불어 한 편의 생생한 오페라 공연을 관람했던 것이 나에게는 결정적인 체험이었습니다.[7]

이로부터 3년 후, 까레라스는 리세오 극장의 관객석이 아닌, 무대 위에 서게 된다. 그는 호세 이뚜르비(Jose Iturbi)의 지휘 아래 공연된 마누엘

---

6) 루이스 캐롤의 『이상한 나라의 앨리스』에 나오는 토끼로, 앨리스는 이 토끼에 의해 이상한 나라에 가게 된다.
7) 세라핀 가르시아, 앞의 글, 73쪽에서 재인용.

데 팔라(Manuel de Falla)의 『엘레따블로 데 마에세 뻬드로(El Retablo De Maese Pedro)』에서 아역을 맡아 훌륭히 소화해 냈다.

하지만 까레라스가 성악가로 성장하기까지는 여러 우여곡절이 있었다. 그의 부모는 아들이 장차 가인(歌人)이 되는 것을 바라지 않았다. 그는 부모님의 반대로 음악대학이 아닌, 바르셀로나 대학의 화학과에 입학한다. 하지만 이미 음악에 넋을 빼앗긴 까레라스의 영혼은 그 어떠한 화학실험에도 반응하지 않았다. 오히려 그는 음악과의 밀애(密愛)에 탐닉했다. 그는 부모님 몰래, 친구의 소개로 알게 된 프란시스코 선생님 밑에서 음악 개인교습을 받았다. 음악과 이런 애절한 사련(邪戀)만을 나누던 까레라스는 결국 화학 공부를 그만두고 정식으로 음악학교에 들어간다. 그는 『뉴욕 타임스』와의 인터뷰에서 그때의 결정에 대해서 다음과 같이 이야기했다.

> 나의 미래는 화학에 있는 것이 아니라 음악에 있다고 생각했어요. 나는 가장 훌륭한 성악가가 되고 싶었습니다. 당시의 결정은 내가 이제껏 내린 것 중, 가장 좋은 결정이었습니다.[8]

이렇게 바르셀로나 음악원에 입학한 까레라스가 성인으로서 가진 첫 공식 데뷔 공연은 공교롭게도 리세오 극장에서 이루어졌다. 까레라스가 음악적으로 성장하기까지 그를 키운 곳이 바로 리세오 극장이었다는 사실을 생각해보면, 실상 이 공연은 그의 성년식(成年式)이나 다름없었던 셈이다. 이 공연은 또한 그의 오랜 음악적 지우(知友)로 알려진, 소프라노 몽세라 까바

---

8) 『Current Biography』(1983).

에(Montserrat Caballe)와 인연을 맺게 되는 계기가 되었다.

리세오 극장은 이렇게 까레라스의 '음악의 성년(成年)'을 승인 받는 자리였을 뿐만 아니라 그가 '인간의 성년(成年)'에 들어가는 입구이기도 했다. 이 곳에서 까레라스는 자신의 평생의 반려자인 메르쎄데스(Mercedes)를 처음 만났다. 그들은 1971년 특별히 주문(注文)을 한다고 해도 이보다 더 완벽하게 결혼식에 알맞은 날씨는 없을 것만 같은 화창한 봄날, 결혼식을 올렸다.

1971년 베르디 국제 콩쿠르에서 우승 이래, 그의 음악적 행보(行步)는 워낙 빨라서 따라잡기에 숨이 찰 지경이다. 76년, 세계적인 지휘자 카라얀의 눈에 띄어 잘츠부르크 페스티벌에서 『돈 카를로』에 출연하면서 그는 더욱 유명해졌다. 30대 들어 목소리에 힘이 붙은 그는 『라 보엠』, 『운명의 힘』 그리고 『나비부인』, 『사랑의 묘약』, 『롬바르디아인』, 『가면 무도회』 등의 완성도 높은 공연을 이끌었다. 70년대부터 80년대 초반까지 까레라스는 전 세계를 누비며, 루치아노 파바로티, 플라시도 도밍고와 함께 테너의 전성 시대를 구가했다.[9]

마흔 한 살이 되던 1987년, 눈부시게 빛을 발하던 그의 인생에 느닷없이 죽음의 어스름이 드리워졌다. 파리에서 『라 보엠』의 영상 촬영 도중 쓰러진 그는 백혈병 진단을 받았다. 그는 거의 1년여 동안 죽음과 싸워야 했다. 다행히 그는 힘겨운 전투에서 승리하고, 기적적으로 회생했다. 하지만 그는 죽은 상태나 마찬가지였다. 긴 투병생활로 목소리를 잃어 말도 할 수 없을 정도였기 때문이다. 하지만 까레라스는 좌절하지 않고 노력해서 재기

---

9) 박정준, 〈20세기 빛낸 10인의 남성 성악가〉, 『객석』, 1999년 8월 1일.

(再起)에 성공했다.[10]

이렇게 2년 만에 다시 일어선 그는 1988년, 조국 스페인에 자신의 이름을 딴 국제 백혈병재단을 만들어 백혈병 치료에 힘을 보태고 있다. 노벨 의학상 수상자인 도널드 토머스(E. Donald Thomas) 교수 및 스페인과 미국의 과학자들이 이 단체에 참여했다. 이 단체의 주된 목표는 백혈병 치료에 관한 과학적 연구에 재정과 보조금을 지원하는 것으로 여러 저명 인사들의 후원을 받고 있다. 뿐만 아니라 까레라스는 공연 수입의 대부분을 이 단체에 기부하고 매 공연 때마다 백혈병 환자들을 초청하는 행사를 벌인다. 99년 12월 서울에서 가졌던 콘서트에도 그는 한국 '백혈병어린이 후원회' 어린이와 가족 1백50명을 초청했다.

현재, 까레라스는 정통 오페라보다는 대중적 크로스 오버(장르 혼합) 중심의 리사이틀, 콘서트에 주력하고 있다. 그는 라흐마니노프와 차이코프스키의 기악곡(器樂曲)들을 성악곡(聲樂曲)으로 편곡해 화제를 모으기도 했다. 정통 무대를 외면한 채 상업성에만 너무 휘둘리는 것 아니냐는 비판에 그는 이렇게 대답한다.

> 카루소 같은 대성악가도 대중음악을 했습니다. 나는 오페라 테너 가수도 이른바 대중음악을 노래해야 한다고 생각합니다. 우선은 내가 그런 종류의 음악을 듣고 노래하기를 좋아하기 때문이고 그 다음에는, 그것 또한 오페라에 새로운 청중을 끌어들이는 수단이 될 수 있기 때문입니다.[11]

---

10) 노형석, 〈백혈병 이겨낸 테너의 '밀레니엄 무대'〉, 『한겨레』, 1999년 11월 29일, 25면.

까레라스에 대한 비판은 이것만이 아니다. 많은 사람들이 까레라스의 청량한 음색이 많이 퇴색했다고 이야기한다. 세간(世間)의 평(評)대로, 예전 그의 해오라기 같던 고절(孤節)한 목소리는 병원균(病原菌)에 오염되고 세월의 풍화(風化)에 마모되었는지도 모른다. 하지만 대신 그는 특유의 호소력과 따뜻한 감성의 우물을 팠다. 우리의 어깨에 뽀얗게 앉은 속진(俗塵)을 씻는 데, 아직까지는 거기에서 기른 한 바가지의 노래로 충분하다. 한 바가지의 선율로 부족할 때가 오면, 그 땐 두 바가지 기르면 될 것이다. 인·사

11) 세라핀 가르시아, 〈축구 선수를 꿈꾸었던 음악의 사도〉, 이동옥 偏譯, 『21세기를 여는 상상력의 창조자들』(여성신문사, 1995), 77쪽에서 재인용.

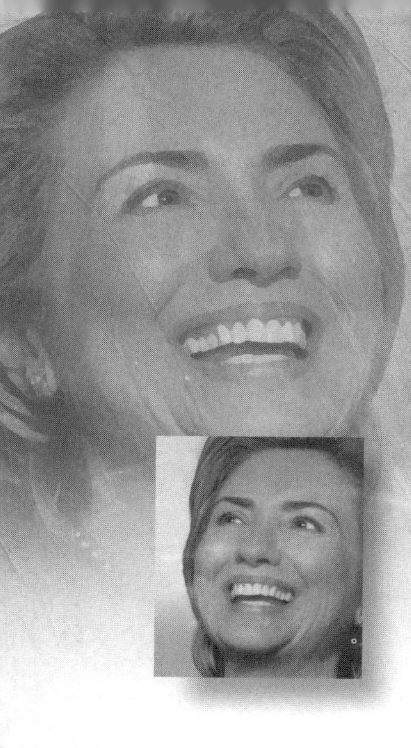

힐러리 클린턴

Clinton, Hillary Rodham

미국의 퍼스트 레이디 힐러리가 2000년 2월 6일 공식적으로, 2000년 11월에 있을 뉴욕주 상원의원 선거에 출사표를 던졌다. 사실 그의 상원의원 출마 소식이 새삼스러운 것은 아니다. 1999년 벽두부터 힐러리의 상원의원 출마 여부에 대한 미국 언론의 관심은 대단했다. 힐러리는 99년 3월 1일자 『타임』지에 〈Senator Clinton?〉 이라는 제목과 함께 표지 모델로 등장했고, 99년 3월 3일자 『뉴스위크』(한국판)는 〈나의 길을 가겠다〉는 제목과 함께 커버스토리로 힐러리를 다뤘다. 힐러리가 상원의원 선거에 출마할 계획을 구체적으로 언급한 다음날인 99년 11월 24일, 미국의 신문과 방송은 마치 약속이나 한 듯 '퍼스트 레이디, 유세 첫발을 딛다'로 정치 뉴스 헤드라인을 장식할 정도로 그의 출마를 기정사실화 했었다. 그래서인지 힐러리의 상원의원 선거참여 공식 발표는 비교적 조용하게 이루어졌다.

공식적으로 출마 선언을 하기 전부터 힐러리는 유력한 상원의원 후보였다. 『타임』과 CNN이 1999년 2월 17~18일에 실시한 여론조사에서 힐러리는 52% 대 43%로 공화당 후보인 루돌프 줄리아니를 제쳤으며, 『뉴스위크』가 실시한 여론조사에서도 설문에 응한 응답자의 78%가 힐러리의 손을 들어 주었다.[1] 하지만 출마 발표 이후, 실시한 여론조사에 의하면 힐러리는 줄리아니에 약 10% 정도 뒤지는 것으로 나타나 힐러리의 상원의원 입성은 결코 순탄치 않을 것으로 보인다.

힐러리 로드햄 클린턴은 1947년 10월 26일 시카고에서 5남매 중 맏이로 태어났다. 아버지 휴 E. 로드햄은 시카고에서 포목점을 경영했고 어머니 도로시 다이안 로드햄은 전업주부였다. 힐러리는 네 살 때 일리노이주의 파크리치로 이사해 그 곳에서 어린 시절을 보냈다. 그의 부모는 자식들이 강한 사람으로 성장하기를 바랬다. 그의 아버지는 2차 대전 당시 해군에서 신병 교육을 담당했던 경험을 바탕으로 군대식 규율로 힐러리를 교육시켰다.[2] 그의 어머니 도로시도 그 못지 않았다. 그는, 힐러리가 네 살 때 동네 아이에게 맞고 오자 "우리 집안에 겁쟁이는 필요없다. 친구가 너를 때리면 너도 한 대 때려주고 들어오라"고 말할 정도였다.[3]

그런 가정 환경은 힐러리에게 모험심을 심어줬다. 이때 힐러리는 여성 최초의 우주비행사를 꿈꾸기도 했다. 하지만 열 네 살 때 미 우주항공국(NASA)에 우주비행사가 되고 싶은 방법을 알려달라는 내용의 편지를 보

---

1) 하창섭, 〈상원의원 출마 선언 날짜 선택만 남았다〉, 『시사저널』, 1999년 3월 11일, 57면.
2) 〈'강한 힐러리' 그 뒤엔 엄한 부친 있었다〉, 『동아일보』, 1999년 12월 20일, A23면.
3) 『Current Biography』(1993).

냈다가 여성이라서 안 된다는 답변을 듣고 포기해야만 했다.[4] 어린 시절 힐러리는 골수 공화당주의자였던 아버지로부터 정치적 세례를 받았다. 하지만 그는 머지 않아 의식의 전환을 경험했다. 그를 새로운 세계로 이끈 것은 감리교 학교였다. 그는 이 곳에서 흑인 어린이들과 히스패닉계 아이들을 돌보면서 그들의 아픔을 느꼈다.

걸스카웃으로 활동하던 에머슨 중학 시절 힐러리는 또래 아이들보다 월등한 성적을 자랑했다. 이 시기 그는 지역 사회에서 주는 '미국 혁명의 딸들'이라는 상과 걸스카웃 공로상을 수상했다. 힐러리는 마인하우스 고등학교에 진학해 학생회 임원으로 활동했는데, 뛰어난 토론 실력을 보여줘 학업성적 인정위원회에서 수여하는 장학금을 받기도 했다.

마인하우스 고등학교를 거쳐 1965년 힐러리는 웨즐리대학에 진학하여 정치학을 전공했다. 이 시기 힐러리의 정치 색깔은 보다 분명해졌다. 1965년 말콤 엑스[5]의 암살과 이후 연이어 발생했던 마틴 루터 킹 목사의 암살, 로버트 F. 케네디의 암살 사건은 힐러리의 가치관을 변화시키는 계기가 되었다. 60년대 말에서 70년대 초까지 미국에 불었던 '신 좌파 운동'은 힐러리의 정치 의식을 더욱 고양시켰다. 그는 68년 민주당 전당대회 때 유진 매카시 선거 캠프에서 자원봉사자로 활동했고, 베트남전 반대 데모대를 꾸리기도 했다. 힐러리는 69년 졸업생을 대표로 연설했는데 그의 사진과 연설 내용은 『라이프 매거진』에 실렸다.

---

4) 조승호, 〈기대와 우려속에 휩싸인 미 퍼스트레이디 힐러리〉, 『세상사람들』, 1993년 4월호, 32쪽.
5) 말콤 엑스에 대해서는 김환표, 〈말콤 엑스: '민권'을 넘어 '인권'의 세계로〉, 『권력과 리더십 3』(인물과사상사, 1999)을 참고하십시오.

힐러리의 이상은 1969년 예일 법대에서 시작되었다. 힐러리는 하버드대에 진학하길 희망했지만, 그 곳 교수로부터 여성은 필요 없다는 말을 듣고 예일대를 선택했던 것이다. 그는 이 과정을 통해 '여성'이라는 핸디캡을 절감했고 여성 권익을 위해 일하기로 마음먹었다. 이 곳에서 힐러리는 그의 정치적 동반자이자 인생의 반려자인 빌 클린턴[6]을 만났다. 72년 힐러리는 클린턴과 함께 텍사스주의 조지 맥거번 선거운동본부에서 함께 일했다.

대학 졸업을 앞두고 힐러리는 심각한 고민에 빠져들었다. 사회 봉사 활동을 시작할 것인지, 아니면 법학 학위를 받아 변호사로 활동할 것인지, 그는 쉽게 판단을 내리지 못했다. 힐러리를 고민의 터널에서 꺼내 준 것은, 흑인 여성으로서는 최초로 미시시피주에서 변호사 시험을 패스한 알룸나 메이언라이트 에델만이었다. 에델만은 1970년 예일대를 찾아 빈자(貧者)와 어린아이의 권리를 위해서 일하겠다는 내용의 연설을 했는데, 그때의 기억이 힐러리의 뇌리를 스친 것이다. 졸업 후 힐러리는 주저 없이 워싱턴에 있던 그를 찾아 떠났고 에델만이 계획하고 있던 어린이 보호 기금 마련에 뛰어들었다. 이 시기 그는 아칸소 대학에서 법률을 강의하기 위해 아칸소로 떠난 클린턴과 잠시 이별을 해야만 했다.

워싱턴으로 입주한 힐러리는 어린이 보호 기금 마련에 노력하던 중 닉슨 대통령 탄핵 소송을 준비 중이던 하원법사위에 채용되었다. 그는 43명의 스태프 중에 3명에 불과했던 여성 중 한 명이었다. 이 곳에서 그는 닉슨 대통령의 말이 녹음된 테이프를 듣고 그것을 기록하는 업무를 담당했다. 1974년 닉슨이 사임한 직후, 그는 '프리스티지어스 로펌'으로부터 높은 임

---

6) 빌 클린턴에 대해서는 강준만, 〈빌 클린턴: 이미지 정치와 '섹스 스캔들'〉, 송기도 외, 『권력과 리더십 1』(인물과사상사, 1999)을 참고하십시오.

금을 지급하겠다는 스카웃 제의를 받았다.

이때 힐러리는 인생 최대의 고민에 빠졌다. 머지 않아 힐러리는 도박을 감행했다. 출세와 명예가 보장되는 워싱턴을 뒤로하고 클린턴이 거주하고 있던 아칸소주로 그를 찾아 떠난 것이다. 당시 그는 가족들과 친한 친구들의 심한 반대에도 불구하고 자신의 결정을 뒤집지 않았다. 이때 힐러리는 무슨 생각을 했을까. 클린턴을 장차 미국의 대통령이 될 자질을 지닌 사람으로 평가했던 것일까. 아니면 자신의 힘으로 클린턴의 백악관 입성을 실현시킬 수 있다고 생각했을까. 한 가지 확실한 것은 힐러리가 있었기에 클린턴의 백악관 입성은 가능했다는 점이다.

1974년 클린턴이 아칸소 주지사로 출마하자 힐러리는 그의 정치 참모 역할을 수행했다. 하지만 클린턴은 낙선했고, 힐러리는 그 곳에서 법률사무소를 열었다. 75년 웨딩 드레스를 입었고, 76년 클린턴이 지검장에 선출되자 리틀록으로 이주했다. 이곳에서 힐러리는 로즈 법률회사(로펌)에 들어가 부동산 관계 일을 했으며 78년 클린턴은 주지사로 당선되었다.

1980년 주지사 선거에서 클린턴이 낙선하자, 힐러리는 클린턴의 당선을 위해 자신의 이미지를 새롭게 가꾸기 시작했다. 결혼 후에도 힐러리는 자신의 처녀적 성을 그대로 사용하는 등 자신의 색깔을 숨기지 않았다. 하지만 클린턴의 재선 실패 후, 그는 처녀적 성을 버리고 클린턴의 성을 따라 힐러리 클린턴으로 바꿨다. 보수적인 남부 유권자들이 처녀적 성을 고수하고 있는 힐러리를 탐탁하게 여기지 않았기 때문이다.[7]

그래서일까. 1982년 클린턴은 아칸소 주지사에 당선되었다. 이 당시 힐

---

7) 『Current Biography』(1993).

러리는 아칸소 주정부에서 가장 중요한 역할을 맡았다. 당시 클린턴은 자신의 명성을 높이기 위해서 아칸소주의 교육환경을 개선하기 위한 프로젝트를 계획했는데, 이는 힐러리를 믿고 추진한 것이었다. 당시 힐러리는 아동 권익을 위해 일해왔던 워싱턴에서의 경험을 통해 그 분야에서 전국적인 지명도를 지닌 인물로 성장해 있었던 것이다. 87년 힐러리는 아동보호기금 간부 이사회의 회장으로 선출되었으며, 그 해 『내셔널 로 저널』이 선정한 가장 영향력 있는 변호사 100인 중 한 명으로 선정되었다.[8]

1992년 클린턴이 민주당 후보로 대통령 선거에 출마했을 때, 힐러리는 공화당의 주요 공격 목표가 되기도 했다. 공화당은 힐러리에 대해 "반가족이며 여성답지 못한 출세 제일주의자"라고 몰아붙였으며, "진보적인 여피족에다 어린이를 위하여 그들의 부모를 고소하고 그들에게 맞서 싸우는 급진적 여성주의자"라는 낙인을 찍었다.[9] 이에 대해 힐러리는 "클린턴에게 투표해서 덤으로 나까지 얻으세요(Vote for him, get me too!)"라는 말로 자신이 지닌 능력에 대한 강한 자신감을 표현하며 공화당의 깎아내리기에 정면 돌파를 시도했다. 뿐만 아니라 힐러리는 당시 클린턴이 '여자 문제'와 '군대 문제'로 비난에 직면하자 TV에 출연하여 "나는 그를 여전히 사랑하며 그가 온갖 어려움을 극복한 데 대해 존경하는 마음마저 금할 길 없다"고 말해 클린턴에 대한 비난을 조용히 잠재워버렸다.[10]

클린턴의 러닝 메이트였던 앨 고어[11]는 1992년 예비선거시 클린턴이 민

---

8) 데보라 G. 펠더, 〈힐러리 로드햄 클린턴〉, 송정희 옮김, 『세계사를 바꾼 여성들』(에디터, 1998), 314쪽.
9) 데보라 G. 펠더, 위의 글, 315쪽.
10) 정연주, 〈국민들 "힐러리 못 믿겠다"〉, 『한겨레 21』, 1996년 1월 25일, 27면.

주당 대통령 후보가 되어야 한다며 열변을 토하던 힐러리의 모습에서 상당한 충격을 받았다고 회고했다.

예사 정치인의 부인이 아니었다. 어설픈 정치참모도 아니었고 ……
대통령후보감, 그것도 아주 훌륭한 대통령 후보 감에게서만 볼 수 있는
완벽한 설득력이었다.[12]

클린턴 또한 힐러리의 능력을 높이 샀다. 1992년 대통령으로 당선된 후 가진 인터뷰에서 클린턴은 '케네디 대통령은 중대한 정책 결정을 내릴 때에는 로버트 케네디를 곁에 두었는데, 클린턴 대통령의 경우에는 누가 로버트 케네디 역할을 하게 될 것인가?'라는 질문을 받았는데, 주저하지 않고 이렇게 말했다. "힐러리."[13]

1992년 힐러리는 보무(步武)도 당당하게 백악관에 입성했다. 하지만 그의 앞날은 순탄치 않았다. 그는 93년 의료보험개혁 특별위원회 위원장으로 활동했는데, 이 프로젝트가 실패한 것이다. 게다가 화이트워터 사건이 터지면서 그의 도덕성은 언론의 공격 대상이 되었다. 화이트워터 사건으로 그는 현직 퍼스트 레이디로서는 최초로 연방 대법원에 증인으로 출석해 증언하는 모욕을 감내해야만 했다. 그의 인기는 형편없이 떨어졌고 더 이상의 대외 활동은 득보다는 실이 될 것임이 확실했다.

---

11) 앨 고어에 대해서는 『시사인물사전 1』을 참고하십시오.
12) 정은희, 〈'보수파 공세'에 힐러리 휘청〉, 『내일신문』, 1996년 2월 14일, 41면.
13) 강미은, 〈힐러리 클린턴 그 대찬 미국 여자와 대통령 아내 노릇〉, 『샘이깊은 물』, 1993년
   3월호, 140쪽.

클린턴 1기 정부에서 힐러리의 파워는 막강했다. 당시 힐러리는 '퍼스트 레이디' 보다는 '퍼스트 파트너'로 불리기를 더 원했고 국정 운영에 깊숙이 개입했다. 그는 클린턴의 인사 문제에까지 개입했는데, 미국인들은 자신들이 대통령으로 선출한 사람이 클린턴이었는지, 힐러리였는지 헷갈릴 정도였다. 힐러리는 '백악관의 여제(女帝)'라는 말을 들을 정도로 무소불위의 권력을 행사했던 것이다. 이 시기 빌 클린턴과 힐러리를 합성한 단어인 빌러리(Billary)라는 새로운 고유명사가 만들어지기까지 했다. 힐러리의 막강 파워를 암시하는 일화 한 토막을 소개한다.

　　　클린턴이 대통령이 된 후, 두 사람이 어디를 가다가 차에 기름을 넣기 위해 주유소에 들렀다. 그런데 그 주유소의 주인이 힐러리의 옛날 애인이었다. 기름을 넣고 나오면서 우쭐해진 클린턴이 힐러리를 돌아보며 말했다.
　　　"당신은 나와 결혼했기에 퍼스트 레이디가 된 거요."
　　　힐러리가 코방귀를 뀌며 말했다.
　　　"내가 저 사람과 결혼했더라면 지금쯤 저 사람이 대통령이 되어 있을 걸요." [14]

1996년 대선에서도 힐러리는 뜨거운 감자였다. 클린턴의 한 측근은 대선 당시 힐러리 문제에 대해 이렇게 말했다. "사람들은 클린턴의 재임기간 중 드래곤 레이디(Dragon Lady-힐러리를 빗댐)가 자신의 동굴에서 뛰쳐나와

---

14) 이옥경, 〈힐러리, 상원의원 출마할까〉, 『내일신문』, 1999년 1월 27일, 44면.

활개를 칠까봐 두려워하고 있다.” [15] 하지만 이러한 우려를 불식시키기라도 하듯 힐러리는 변화된 모습으로 대중 앞에 출현했다. 힐러리는 96년 대선 전에 출간한 육아에 관련된 저서 『우리 모두 함께(It Takes a Village)』를 통해 가족의 중요성에 방점(傍點)을 찍었다. 이 책은 베스트 셀러가 되었고, 원기 왕성한 여성에서 현모양처로 변신을 시도한 힐러리의 이미지 메이킹 전략은 미국 국민들에게 크게 어필했다.

1998년 클린턴이 섹스 스캔들로 탄핵위기에 몰렸을 때 힐러리의 진가는 또다시 드러났다. 지퍼게이트(Zippergate) 사건으로 인해 클린턴 참모들간에 분란이 발생하고 민주당이 지리멸렬할 때 힐러리는 이 모든 문제를 혼자 힘으로 수습했다. 중간 선거에서는 위기에 몰린 남편 대신 전국을 돌며 민주당 후보들을 독려하고 지원유세를 하는 등 야전사령관 역할을 톡톡히 수행했다.

클린턴에겐 최악의 해로 기록될 1998년은 아이러니하게도 힐러리에겐 최고의 해가 되었다. 힐러리는 클린턴 성 추문시 자신의 감정을 능숙하게 조율하며 담담한 모습을 보여줘 미국 국민들의 동정심을 이끌어냈다. 지퍼게이트 사건 이후 그는 ‘30대보다 50대에 더 아름다운 몇 안 되는 여성’이라는 찬사를 듣기도 했다. 98년 12월에는 로널드 레이건 전 미국 대통령의 부인인 낸시 레이건이 그토록 실리기를 원했던 패션 잡지 『보그』의 표지모델로 등장해, 당시 그의 치솟는 인기를 실감케 했다.

1999년 그의 상원의원 출마 소식은 미국 전역을 떠들썩하게 만들었다. 그가 선거 참여를 공식적으로 발표하자, 그의 경쟁자인 공화당 후보 루돌

---

15) 이은경, 〈힐러리 클린턴-새로운 ‘퍼스트 레이디’ 시대를 연다〉, 『여성신문』, 1996년 12월 6일, 13면.

프 줄리아니 현 뉴욕시장은 힐러리를 '떠돌잇군(Carpetbagger)'[16]이라고 혹평했다. 뉴욕에 아무런 연고가 없는 사람이 자신의 정치적 욕심을 채우기 위해서 출마한 것이라는 비판이었다.

힐러리를 둘러싸고 벌어지는 논란은 그가 야심만만한 여성이라는 것이다. 클린턴이 '섹스 스캔들'로 탄핵 위기에 직면했을 당시, 그가 클린턴을 변호하고 나선 것도 자신의 정치적 야심을 이룩하기 위한 노림수였다는 분석이 제기되기도 했다. 또한 힐러리가 상원의원에 당선될 경우, 클린턴과 이혼할 것이라는 세간의 인식도 이에 기초한 것이라 할 것이다. 최근에는 그의 첫 번째 애인으로 알려진 데이비드 루퍼트가 『힐러리의 선택』이란 책에서 "나는 미국 대통령이 되겠다는 야심이 없었기 때문에 힐러리한테 버림받았다"고 말해 이러한 의혹을 더욱 증폭시키기도 했다.[17]

하지만 이런 분석은 '힐러리 문제'의 핵심에서 벗어나 있다. 실제 힐러리는 야심만만한 여성이었다. 자신의 경험에서 비롯된 것인지는 몰라도 평소부터 그는 성(性)이 장애가 되는 사회 구조에 대해 심한 반감을 드러냈다. 1993년 백악관에 입성했을 때에도 "전 세계 모든 여성들에게 성이 장애 요인이 되지 않는 이상적 역할 모델을 제시하고 싶다"는 말을 측근들에

---

16) 한국의 언론들은 모두 약속이나 한 듯 Carpetbagger를 '철새 정치인'으로 번역해 쓰고 있는데, 이는 잘못된 번역이다. Carpetbagger는 원래 남북전쟁 후의 재건(Reconstruction) 시대에 여행가방 하나만을 가지고 북부로부터 남부로 옮겨와 정계에서 한몫 보려던 사람을 가리킨다. 쉽게 말해 특정 지역에 연고가 없는 사람이 그 지역에서 출마를 위해 연고지를 옮기는 것이라 할 수 있다. 한국에서 '철새 정치인'은 지역 연고와 무관하게 이 당 저 당 옮겨 다니는 정치인을 가리키는 것이므로 Carpetbagger는 '떠돌잇군'으로 해석하는 것이 더 정확할 것이다. 그리고 '철새 정치인'이란 표현은 철새들에 대한 모독이라는 주장도 있으므로 자제해야 할 것이다.
17) 김태윤, 〈'힐러리의 첫 사랑' 루퍼트〉, 『동아일보』, 1999년 11월 6일, A25면.

게 자주 하곤 했다.[18] 미국인들 또한 힐러리가 야심만만한 여성이라는 것을 두 번의 대선을 경험하면서 익히 알고 있었다. 힐러리 또한 92년과 96년 두 번의 대선을 통해 자신이 지닌 능력을 한껏 발휘하기도 했다.

그 점에서 힐러리를 둘러싸고 벌어지는 논란의 핵심은 힐러리의 스타일과 관련된 것으로 보는 것이 적확(的確)할 것이다. 퍼스트 레이디의 역사를 새롭게 쓰고자 했던 힐러리의 이상은 미국 국민들이 생각하고 있던 퍼스트 레이디상과 너무 달랐던 것이다. 이것은 미국인들이 가장 존경하는 퍼스트 레이디, 엘리노어 루스벨트를 보더라도 알 수 있다. 엘리노어는 퍼스트 레이디로 일할 때 힐러리 못지 않게 원기 왕성한 사회활동을 수행했다. 그는 대내적으로는 빈약한 주거환경과 실업문제 해결을 위해서 발벗고 나섰으며, 대외적으로도 세계 인권선언문 초안 작성에도 깊숙이 관여했다. 그럼에도 그는 미국인들의 입방아에 오르지 않았다. 그의 인기 비결은 자신을 드러내지 않는다는 것이었다. 엘리노어 루즈벨트는 남편인 프랭클린 루즈벨트를 훌륭하게 내조하면서도 자신을 드러내지 않음으로써 오히려 자신의 주가를 한층 높일 수 있었던 것이다.

자신을 최대한 낮추면서도 주가를 높인다. 엘리노어의 이 점이 힐러리와 큰 차별성을 가지는 것이다. 힐러리가 비난받는 이유는 그가 '너무 튄다'는 것이다. 퍼스트 레이디로 일하면서 미국 국민들이 힐러리에 가졌던 불만도 힐러리가 엘리노어처럼 소리 소문 없이 활동하기보다는 국정을 수행하는 전면에 나선 것에 대한 불만이었다. 미국인들이 클린턴이 대통령인지 힐러리가 대통령인지 헷갈릴 정도로 말이다. 엘리노어가 힐러리에 비해 미

---

18) 이은경, 〈힐러리 클린턴-새로운 '퍼스트 레이디' 시대를 연다〉, 『여성신문』, 1996년 12월 6일, 13면.

국 국민들의 마음을 정확히 읽어낸 것이다. 훗날 엘리노어 루즈벨트는 퍼스트 레이디의 정치 활동에 대해 "뱀의 지혜를 가지고 있으면서 겉으로는 비둘기처럼 순박하게 행동해야 했다"고 술회했다.[19]

시대가 변했어도 여전히 과거의 퍼스트 레이디상에 대한 미련을 버리지 못하고 있는 미국인의 의식 구조가 힐러리가 넘어야 할 가장 큰 장벽인 것이다. 그것이 퍼스트 레이디의 새로운 이정표를 창조하려 했던 힐러리의 불행이라면 불행일 것이다.

변호사로 활동할 당시 힐러리는 클린턴의 연간 수입보다 4배나 많은 금액을 벌어들였을 정도로 탁월한 실력을 발휘했는데, 미국의 100대 변호사에 두 번이나 선정되었다. 1992년에는 미 여성지 『글래머』가 선정하는 '올해의 여성' 1위에 오르기도 했다. 클린턴과 사이에 외동딸 첼시아를 두었다. **인·사**

---

19) 조승호, 〈기대와 우려속에 휩싸인 미 퍼스트레이디 힐러리〉, 『세상사람들』, 1993년 4월호, 33쪽.

조디 포스터

Foster, Jodie

조 디 포스터는 할리우드 내에서 '지적인 여배우'로 통한다. 포스터가 '지적인 여배우'로 통하는 이유는 그가 가진 명민함과 명문대학 출신이라는 간판, 그리고 대표작 『양들의 침묵』에서 그가 연기했던 FBI 요원 스탈링의 냉철하면서도 지적인 이미지가 관객들의 뇌리에 강하게 남아있기 때문일 것이다.

이러한 조디 포스터가 할리우드로 건너간 홍콩 배우 주윤발(저우룬파)과 함께 출연해 화제가 되었던 영화 『애나 앤드 킹(Anna and King)』이 한국에서도 1999년 연말에 개봉되었다. 율 브리너와 데보라 커가 출연하여 크게 인기를 모았던 뮤지컬 영화 『왕과 나』를 앤디 테넌트 감독이 리메이크한 이 영화에서 조디 포스터는 샴 왕국(현재의 태국)의 왕궁에 가정교사로 들어간 애나 레노웬스 역을 맡아 열연했다. 작품 선택이 매우 신중하기로 유명한 조디 포스터가 『콘택트』 이후 오랜만에 출연한 영화 『애나 앤드 킹』
은, 그러나 율 브리너와 데보라 커가 출연했던 전작의 영광을 누리기는 힘
들 것으로 보인다. 『한국일보』에 실린 『애나 앤드 킹』에 관한 평의 일부를
보면 이렇다.

> 카리스마도, 매력도 없다. 할리우드로 들어간 홍콩배우 주윤발에게는
> 그 옛날 『영웅본색』『첩혈쌍웅』의 멋도, 여유도 보이지 않는다. '할리우
> 드의 지성을 상징한다'는 조디 포스터 역시 아름답게 다가오지 않는다.
> 그런 왕과 애나, 마치 맞지 않은 고전의상을 입은 불편함으로 56년 삭
> 발의 율 브리너와 데보라 커의 뮤지컬 『왕과 나』의 향수를 되살린다는
> 것 자체가 어리석다. 그렇다면 『애나 앤드 킹』(감독 앤디 테넌트)은 캐
> 스팅부터 실패한 셈이다.[1]

조디 포스터는 1962년 11월 19일 로스앤젤레스에서 에블린 포스터와 루
시안 포스터 사이의 4남매 중 막내로 태어났다. 포스터의 부모는 그가 태
어나기도 전에 이혼을 했다. 결국 포스터는 홀어머니 밑에서 자라야 했다.
그러나 영화제작자였던 어머니 덕분에 포스터는 부유한 환경에서 자랄 수
있었다. 그의 어머니는 냉장고 안에다 보르시치[2]와 한국의 김치 등을 사들
였고, 아이들을 타이·베트남·필리핀 식당 등에 데리고 다녔다. 어린 시
절 포스터는 그의 어머니가 좋아하는 어두운 분위기의 유럽 영화를 많이
보면서 자랐다.[3]

---

1) 이대현, 〈아직도 못버린 할리우드의 서구중심적 편견〉, 『한국일보』, 1999년 12월 31일, 18면.
2) 보르시치(borsch) : 빨간 순무가 든 러시아식 스프.

엄마의 손을 잡고 따라다니며 여덟 살에 TV 광고 모델을 시작한 오빠 버디 포스터의 활동을 자주 목격한 포스터는 일찌감치 쇼비즈니스에 대해 눈을 뜰 수 있었다. 포스터는 세 살의 어린 나이에 썬텐 로션 광고를 통해 엔터테이너로서의 데뷔식을 치렀다.[4] 그리고 1969년 시트콤 『Mayberry RFD』에 출연하면서 연기 생활을 시작했다. 72년에 『나폴레옹과 사만다(Napoleon and Samantha)』라는 디즈니 영화를 통해 처음으로 영화에 출연한 그는 이후 『캔사스 시티의 변두리(Kansas City Bomber)』(1972), 『한 꼬마 인디언(One Little Indian)』(1973) 등에서 연기자로서의 기량을 닦아 나갔다.

그가 배우로서 본격적인 주목을 받기 시작한 영화는 1976년에 로버트 드 니로, 하비 카이텔, 시빌 셰퍼드 등과 함께 출연한 마틴 스콜세지 감독의 『택시 드라이버(Taxi Driver)』였다. 74년 作 『앨리스는 더 이상 이곳에 살 지 않는다(Alice Doesn't Live Here Anymore)』를 통해 이미 포스터와 만남을 가진 바 있던 영화감독 마틴 스콜세즈는 이때 포스터를 눈여겨본 후, 『택시 드라이버』의 제작을 준비하면서 포스터를 뉴욕 거리의 어린 창녀 역으로 기용했다. 깐느 영화제에서 그랑프리를 수상했으며 70년대를 대표하는 걸작으로도 손꼽히는 이 영화에서 포스터는 13세의 어린 나이에도 불구하고 창녀 역을 잘 소화해 좋은 평가를 얻었다.

그 후 포스터는 알란 파커 감독의 『벅시 맬론(Bugsy Malone)』(1976), 애드리안 라인 감독의 극영화 데뷔작인 『여우들(Foxes)』(1979) 등 여러 편의 영화에 출연하며 배우로서의 명성을 차근차근 쌓아나갔다. 그런 그에게

---

3) 『Current Biography』(1992).
4) 『Current Biography』(1992).

하나의 충격적인 사건이 발생한 때는 1981년이었다. 그 해 3월 당시 미 대통령이었던 로널드 레이건의 암살 미수사건이 발생했는데, 레이건의 저격범은 존 힝클리라는 남자였다. 그런데 문제는 존 힝클리가 조디 포스터의 열렬한 팬이라는 데에 있었다. 존 힝클리는 조디 포스터를 감동시키기 위해 레이건 암살을 계획하게 되었다고 밝혀 세간의 이목을 집중시켰던 것이다. 조디 포스터가 이 일로 깊은 충격을 받은 것은 당연한 일이었고, 그는 이후로 이 일에 대해 전혀 언급하려 하지도 않았다.

1980년대에도 포스터는 꾸준히 배우 활동을 지속해 나갔다. 피터 오툴과 함께 출연했던 TV용 영화 『Svengali』에 이어 84년에는 끌로드 샤브롤 감독의 다국적 영화 『타인들의 피(The Blood of Others)』에 출연하였다. 이후에도 몇몇 영화에 더 출연한 포스터는 학업도 게을리 하지 않아 85년에는 예일대 영문학과를 우수한 성적으로 졸업했다.

포스터가 1988년에 출연한 영화 『피고인(The Accused)』은 그에게 아카데미 여우주연상의 영광을 선사해 주었다. 이 영화에서 포스터는 성폭행을 당한 후 법정투쟁을 벌이는 사라 토비아스라는 여인으로 분했으며, 이 영화에서의 열연으로 그는 89년 아카데미 여우주연상을 수상하게 되었던 것이다.

1989년 데니스 호퍼가 감독 및 주연을 맡은 『뒤로 가는 남과 여』에 출연했던 조디 포스터는 2년 후 아카데미의 영광을 다시 재현하게 된다. 포스터는 토마스 해리스의 베스트 셀러 원작 소설을 영화화한 조나단 드미 감독의 『양들의 침묵(Silence of the Lambs)』에 출연해 『피고인』에 이어 2년 만인 91년에 두 번째로 아카데미 여우주연상을 수상했던 것이다. 안소니 홉킨스와 함께 출연한 이 영화는 흥행의 비수기인 2월에 개봉되었음에도 3주

만에 4천5백50여만 달러의 흥행수입을 올렸다. 더구나 이 영화는 여자를 주인공으로 한 영화임에도 불구하고 '여자가 주인공으로 나서면 흥행에 성공하지 못한다'는 할리우드의 불문율을 무색하게 만든 작품이기도 하다.[5]

서른도 되기 전에 두 차례나 아카데미 여우주연상을 수상할 만큼 할리우드에서는 인정받는 배우로 성장했지만, 그는 배우로서만이 아니라 영화감독으로서도 자신의 실력을 과시하고 싶어했다. 그 결실은 1991년 그의 감독 데뷔 작품인 『천재소년 테이트(Little Man Tate)』를 통해 얻을 수 있었다. 그리고 아예 제작자로도 나서 '에그 픽쳐스'라는 영화제작사를 차렸다.[6]

1993년에 포스터는 제라르 드 빠르듀가 주연했던 프랑스 영화 『마틴기어의 귀향』을 리메이크한 『서머스비(Sommersby)』에 리차드 기어와 함께 출연했다. 그 이듬해에는 멜 깁슨과 함께 코믹 서부극 『매버릭(Maverick)』에 여자 도박사(賭博師)로 출연했지만, 그리 좋은 평을 얻지는 못했다.

같은 해에 그가 설립한 영화제작사 '에그 픽쳐스'의 첫작품으로 마이클 앱티드 감독의 영화 『넬(Nell)』이 제작되었다. 이 영화에 직접 출연한 포스터는 원시림에서 자신만의 언어를 가지고 자란 순수한 여인인 넬 역을 맡아 열연했다. 이 영화를 통해 포스터는 아카데미 여우주연상 후보로 거론되었지만, 세 번째 아카데미 여우주연상 수상의 위업은 달성되지 않았다.

포스터는 1997년 『백 투 더 퓨처』, 『포레스트 검프』 등의 영화로 유명한 로버트 저메키스 감독의 『콘택트』에 출연했다. 칼 세이건의 원작소설을 영화화한 『콘택트(Contact)』는 공상과학물로서 이 영화에서 포스터는 주인공

---

5) 박홍진, 〈'90년대 사이코'라 불리는 범죄 심리물 - 조디 포스터 주연의 '양들의 침묵'〉, 『시네마, 시네마의 세계』(둥지, 1993), 63쪽.
6) 오애리, 〈배우출신 제작자들 할리우드 '새 實勢'로〉, 『문화일보』, 1994년 12월 23일, 28면.

인 과학자 엘리 역을 맡아 연기했다. 단순히 흥미를 위주로 한 공상과학물이 아니었던 탓에, 같은 해 개봉된 이 영화는 흥행 면에서는 그리 큰 성공을 거두지 못했다. 대신 잘 만들어진 영화라는 평을 듣는 것으로 만족해야 했다. 이 영화의 감독 로버트 저메키스는 자신의 최대흥행작 『포레스트 검프』에서 주인공 포레스트 검프가 케네디 대통령과 악수하는 장면이나, 존 레논[7]과 토크쇼에서 이야기하던 장면을 창조해 내어 좋은 평을 들었던 기술적 재치를 다시 한번 발휘하기 위해 클린턴 대통령의 담화장면을 이 영화에 편집, 삽입했다가 백악관의 항의를 받아 일년 동안 법정에 서야 하기도 했다.[8]

1999년에 조디 포스터는 『양들의 침묵』의 후속편인 『한니발』의 제작을 앞두고 이 영화의 제작진으로부터 전편에서 같이 호흡을 맞추었던 안소니 홉킨스와 함께 다시 출연해 줄 것을 제의 받았으나 거듭 이러한 제의를 거절한 것으로 알려지고 있다. 포스터는 처음엔 안소니 홉킨스가 출연한다면 고려해 보겠다는 의견을 제작진 측에 전했지만, 곧 이를 번복하고 "같은 역을 두 번 연기하고 싶지 않다", "잔인한 장면이 많다" 등의 이유를 들어 출연을 고사했다. 그러나 후문에 의하면 포스터가 제작자에게 거액의 출연료를 요구했던 것으로 전해져 그의 출연 여부는 여전히 불투명한 상태이다.[9] 대신 그의 차기작으로 확실하게 낙점된 영화는 실존인물인 독일 감독 레니 리펜슈탈의 일대기를 다룬 『레니 리펜슈탈 프로젝트』이다.[10]

---

7) 존 레논에 대해서는 이휘현, 〈존 레논: 사랑과 평화의 이상주의자〉, 송기도·강준만 외, 『권력과 리더십 2』(인물과사상사, 1999)를 참고하십시오.
8) 신연수, 〈블랙홀 … 외계인 … "환상의 우주여행"〉, 『동아일보』, 1997년 11월 5일, 19면.
9) 〈조디 포스터 '한니발' 촬영 아직도 저울질〉, 『스포츠서울』, 2000년 1월 6일, 39면.
10) 이유란, 〈그(녀), 주류 영화 최초의 여성영웅〉, 『씨네 21』, 2000년 1월 25일, 66면.

　　1999년 서울 여성영화제에서는 『조디 포스터 이야기』라는 영화가 상영되었다. 이 영화는 조디 포스터를 향한 레즈비언들의 뜨거운 시선을 담은 다큐멘터리였다. 그는 그의 의도와는 무관하게 레즈비언의 우상으로 거론되기도 했는데, 이 부분에 대해서 포스터가 언급을 했는지, 했다면 어떠한 멘트를 했는지에 대해서는 알려진 것이 없다. 다만 그것과는 상관없이 영화 속에 진정한 여성성의 모습을 담아보고 싶어하는 포스터는 자신이 낳은 '아버지 없는 아이'를 당당하게 키우는 페미니스트의 길을 걷고 있다.[11] 월간 『키노』는 조디 포스터를 다음과 같이 평하기도 했다.

> 　　조디 포스터라는 이름은 스크린 속에 갇혀 있건 거리를 활보하건 문제 의식의 발로이며, 중심에 있는 듯 하지만 어느 순간 중심을 이탈해 버리며, 사람들이 일방적으로 자신을 관찰하려는 기미가 보이면 오히려 그들을 향해 따가운 시선을 보내며 숨김없이 허스키한 목소리를 드러낸다. 그녀는 이미 3살 때 카메라 앞에 서기 시작했고 앨리스의 아들에게 반항을 가르치는 그 모습 속에서 마틴 스콜세지로 하여금 가능성을 발견하게 하였고, 〈택시 드라이버〉로 다시 태어났다. 그녀는 부재하는 아버지 대신 영화를 아버지로 삼아 태어난 조숙아이며, 그녀에게는 페미니즘이라는 대리모가 있다.[12]　**인·사**

---

11) 이유란, 〈그(녀), 주류 영화 최초의 여성영웅〉, 『씨네 21』, 2000년 1월 25일, 65면.
12) 이종은, 〈조디 포스터〉, 『키노』, 1995년 7월호, 48쪽.

루이스 거스너

Gerstner, Louis

1993년 4월, IBM(International Business Machines)은 회사 79년 역사상 처음으로 외부 경영자를 영입했다. 그 인물은 바로 '경영의 귀재(鬼才)'로 알려진 루 거스너였다. 세계 최강으로 1980년대까지 컴퓨터 업계를 호령하며 한때 '빅블루(Big Blue)'[1]로 불렸던 IBM은 거스너가 합류할 당시에 '화석 공룡'으로 불리며 쇠락의 길을 걷고 있었다. 어느 누구도 IBM이 회생하리라고 보지 않았고, 거스너의 영입에도 "식품 회사 사장을 지낸 컴퓨터 문외한이 과연 IBM을 살려낼 수 있을까"라는 식의 회의적인 반응이 대부분이었다. 당시 언론들은 이를 가리켜 "IBM의 대도박"이라는 표현을 쓰기도 했다.[2]

---

1) 우량 주식을 의미하는 블루칩(Blue Chip) 중에서도 대표선수라는 뜻.
2) 김윤호, 〈IBM "대도박"〉, 『국민일보』, 1993년 3월 28일, 5면.

　뉴욕주 아몽크에 본사를 두고 있는 IBM은 1914년 '컴퓨터 태뷸레이팅 레코딩 컴퍼니'로 출발하여 1924년 'IBM'이라는 이름으로 회사명을 바꾼 이후 미국 최대 시계 제조사로 성장했고, 전기타자기를 최초로 개발해 시판하기도 했다. IBM이 컴퓨터 분야에 뛰어든 것은 1951년이다. 전자계산기를 능가할 새로운 기술을 원했던 소비자들의 요구를 재빠르게 눈치챈 IBM은 이때부터 사람들의 일하는 방식을 바꾸어 놓을 컴퓨터를 생산해 내기 시작했다.

　1960년대 후반부터 1980년대까지 IBM은 컴퓨터 정보산업 분야에서 세계 시장을 석권하며 승승장구(乘勝長驅)했다. 81년에 성공적으로 출시한 IBM PC는 오늘날 일반적으로 사용되는 컴퓨터의 기준이 되었다. 그러나 이미 시작된 PC 혁명을 눈치채지 못하고 대형 컴퓨터에 대한 생각에만 사로잡혀 있던 IBM은 후발 저가 제조 업체들의 거센 도전을 막아내는 데 실패하여 80년대 말부터 90년대 초까지 혹독한 시련을 겪어야만 했다. IBM의 주가는 86년 말부터 93년 초까지 7년 동안 폭락을 거듭했고, 92년에 IBM은 미국 기업 역사상 가장 큰 적자(49억 달러)를 기록했다. 이때 IBM은 직원 4만 명을 해고하는 아픔을 겪었고, 일류 두뇌들은 다른 곳을 찾아 속속 떠나갔다. 수십 년 동안 지구상에서 가장 성공적인 기업으로 추앙받았던 IBM은 거의 와해 직전이었다.

　"복장 규제는 이제 끝" 이것은 1995년 IBM 사보(私報) 뒤편에 실린 한 문구였다. 모두 장례식에 참석하는 듯한 복장을 하고 있는 직원들을 본 거스너는 IBM의 보수적이고 답답한 기업문화를 대표하는 복장 규제를 하루라도 빨리 폐지해야겠다고 생각했다. 그래서 그는 '넥타이와 신사복을 벗어라'는 주문을 하고 나섰다. 이런 조치는 이미 반바지를 입고 출근해도 될 정도로 복장 규제가 거의 없는 미국 마이크로소프트사(社)와 비교해본다면 대수롭지 않은 일이었지만, 창업 초부터 '검은 양복, 검은 넥타이, 하얀 셔츠, 잘 다려진 칼라'라는 원칙을 고수했던 IBM의 엄격한 복장규율 전통에서 보면 놀랄만한 조치가 아닐 수 없었다.[3] 이것은 거스너가 IBM을 살리기 위해서 내린 특단의 조치였고 '구체제와의 결별'을 의미하기도 했다.

거스너가 IBM의 회장이자 최고경영자(CEO-Chief Executive Officer)로 취임한 후 강력하게 밀고 나간 원칙은 철저한 자기 부정이었다. 그는 당시까지 사내에 팽배해 있던 뿌리 깊은 전통을 완전히 배격하고, 조직을 완전히 해부한 뒤 처음부터 다시 재구성했다. 영국의 해번트 공장처럼 생산성이 낮은 회사들은 사정없이 매각했고, 온라인 서비스 같은 실속 없는 분야는 과감하게 없앴다. 한편 로터스(표 계산 프로그램)와 같은 주력 품목에 필요한 부문은 주저 없이 사들였다.

그는 또한 IBM 쇠락의 원인을 첨단 기술 부족이나 가격 경쟁력이 아닌 '방향성 부재'에서 찾았다. 원래 시스템 컴퓨터 사업에 주력했던 IBM은 당시 '데스크탑 혁명'이라고 하는 소형 컴퓨터 시장의 위세에 기를 펴지 못하고 있었다. 이에 경영진은 주력 기종인 메인 프레임 부분은 등한시한 채 '데스크탑' 시장을 석권하기 위해서 열을 올렸다. 하지만 거스너가 보기에 그것은 헛된 꿈에 불과 하였다. 개인용 컴퓨터 기술은 어떤 회사든 다른 회사들이 만들 것이라고 판단을 한 그는 PC 컴퓨터 기술 개발에만 매달리는 것은 옳지 않다는 결론을 내렸다. 하지만 당시 상황에서 그의 이런 생각은 판단 착오로 취급되었고, 이를 두고 회사 안팎에서는 조소와 비

---

3) 로버트 슬레이터, 유한수 옮김, 『루 거스너의 IBM 살리기』(물푸레, 1999), 32, 151~152쪽.

판의 소리가 터져 나오기도 했다.

그런데 무엇보다도 IBM의 가장 큰 문제점은 독선과 오만함에 있었다. 엘리트주의적이고 관료적인 조직 문화에 길들여진 직원들의 시대에 뒤떨어진 마인드는 도저히 바꿀 수 없는 것처럼 보였다. IBM의 엘리트주의는 기업의 80여 년의 역사만큼이나 뿌리 깊은 것이었다. 설립 초기부터 엘리트주의는 기업의 기본 이념들 중 가장 윗자리를 차지하고 있었고, 이미 1930년대부터 사내에서 엘리트 의식을 주입하는 조직화된 의식화 교육 과정을 운영했을 정도였다.

이러한 엘리트주의는 점점 업무 능력 고취 등 원래의 순기능과는 거리가 멀어져 갔고, '당신들은 아마 이런 제품이 필요할 것'이란 식의 고객에 군림하는 자세로 변질돼 갔다.[4] 이런 태도는 고객의 요구와 시장의 흐름을 제대로 파악하지 못하게 만들었고 결국 치명적인 결과를 초래하였다. 앞서 말했듯이, PC를 최초로 개발해 놓고도 1980년대 초 PC 산업의 부흥을 제대로 간파하지 못해 시장을 군소 업체들에게 빼앗긴 것은 그 대표적인 사례였다.

또한 여러 경영진들의 의견을 수렴해 합리적인 결정을 도출해 냈던 기업의 의사 결정 과정도 비효율적으로 운영되고 있었다. 게다가 '입사하기는 어려워도 한번 입사한 사람은 결코 해고하지 않는다'는 종신 고용제는 사내 무사 안일주의의 주원인이 되었고, 조직이 비대해짐에 따라 관료주의는 극에 다다르고 있었다. 한 사업부가 새로운 사업을 시작하려면 몇몇 관련 부서로부터 업무 협조 승인을 받는 데만 꼬박 1년이 걸리기 일쑤였다.[5] 그

---

4) 강병태, 〈기적처럼 되살아난 '빅 블루'〉, 김준범·최유식 외, 『위기를 극복한 세계의 경영인들 16』(기린원, 1998), 50쪽.

러는 동안 신제품을 통한 시장 선점의 기회를 다른 회사에 빼앗기기 일쑤였다.

이런 중증(重症)에 시달리고 있던 IBM에 거스너가 내린 처방은 '기업 문화 혁신'을 위한 '사고 방식의 전환'이었다. 그는 특히 기업 활동의 근간이 되는 기업의 기본 이념을 수정해야 할 필요성을 강하게 느꼈다. 그는 창사 이래로 가장 강조해 왔던 '인재 제일'을 밀어 제치고 대신 '고객 우선주의'를 IBM이 추구해야 할 최고의 가치로 삼았다.

거스너는 직원들에게 명령만 하고 자신은 자리에 떡 버티고 앉아 있는 거만한 경영자가 아니었다. 그는 자신이 직접 발로 뛰며 직원들의 모범이 되었다. 세계 각지에 있는 주요 고객들을 만나 그들의 필요와 자사제품의 문제점에 관한 충고를 들었다. 그가 취임 후 3년 반 동안 고객을 만나기 위해 비행기를 타고 내린 것은 무려 5백42회, 비행거리로 따져 보면 64만 km가 넘는다.[6]

거스너는 고객과 만나는 가운데 그들로부터 지적받은 자사 컴퓨터의 하드웨어와 소프트웨어의 문제점을 지체없이 개선해 나갔다. 이런 과정을 통해 그는 자사의 상품만이 아니라 '믿음'을 판매했다. 그의 성공적인 경영 비법을 묻는 사람들에게 거스너는 한결같이 다음과 같이 대답했다.

> 고객과 대화하며 그들의 필요를 알고 그들을 어떻게 만족시키느냐는 것이 경영의 처음이자 마지막이다. 모든 기업의 성공여부는 이 간단한 것을 얼마나 잘 하느냐에 달려있다.[7]

---

5) 강병태, 앞의 글, 51쪽.
6) 김종락, 〈지구촌 경제인 - 루이스 거스너 IBM회장〉, 『문화일보』, 1996년 12월 10일, 10면.

거스너는 1942년 3월 1일 미국 뉴욕주 롱아일랜드의 소도시에서 평범한 서민층 가정의 네 아들 중 둘째로 태어났다. 그의 부모는 각각 지방 양조 회사의 배차계 주임, 부동산 중개인으로 맞벌이를 하면서 그다지 넉넉지 않은 살림을 꾸려나갔다. 하지만 자식들의 교육에 대한 열의는 여느 부모보다 강했다. 그들은 자식들을 최고로 만들기 위해 엄하게 키웠고, 학교 성적도 모두 A를 받지 않으면 안 되게 교육시켰다.

그가 다닌 카톨릭계 중고등학교도 매우 엄격했다. 이 학교에서는 학생들이 스스로 운명을 개척할 수 있도록 강하게 가르쳤고, 성적 공개 등의 방법으로 학생들간에 경쟁심을 부추겼다. 거스너는 이런 교육을 통해 위기 상황 속에서 살아 남는 방법을 스스로 터득했고, 자기 자신에 대한 강한 믿음과 도전정신을 키워나갔다.

그는 1963년에 다트머스대학(항공공학 전공)을 우등으로 졸업했으며, 2년 후에 하버드 비즈니스 스쿨에서 MBA(경영학 석사)를 취득했다. 그가 사회에 첫발을 내딛은 곳은 뉴욕의 유명한 경영 컨설팅 회사인 매킨지사(社)였다. 그리고 5년 만에 28세의 나이로 매킨지 역사상 최연소 파트너에 올라 주변 사람들을 놀라게 했다. 그는 뛰어난 분석 능력과 고객을 만족시키는 수완을 겸비한 사람으로 평가받았다. 하지만 거스너는 새로운 도전을 향해 불타오르는 자신의 욕구를 억제할 수 없었고, 반복되는 일상에 점점 환멸을 느끼게 되었다. 그래서 그는 자신의 능력을 유감없이 발휘할 수 있는 새로운 직장을 찾아 나서기로 결심했다.

1978년 드디어 그에게 기회가 찾아왔다. 그는 35세라는 젊은 나이로 아

---

7) 김종락, 〈지구촌 경제인- 루이스 거스너 IBM회장〉, 『문화일보』, 1996년 12월 10일, 10면.

메리칸 익스프레스의 부회장으로 취임하며 초고속 출세 가도를 달리게 되었다. 그는 11년 동안 여행사업 부문과 신용카드 사업 부문의 순이익을 매년 약 18%씩 끌어올리는 신화적 신장률을 기록하며 탁월한 능력을 과시했다.

그러나 거스너는 또다시 새로운 도전거리를 모색하기 시작했다. 1989년 그가 새로 닻을 내린 곳은 식품 및 담배 업체인 RJR 나비스코사(社)의 모(母)회사였다. RJR 모회사는 경영권 이전 당시 2백50억 달러라는 어마어마한 부채를 짊어지고 있었고, 1년 이자만 해도 30억 달러였다. 거스너는 '미국에서 가장 어려운 일'을 맡게 되었다고 생각했다. 그는 그때를 회고하며 이렇게 말했다.

> 나는 규칙이라고는 존재하지 않는 1백 70억 달러 짜리 회사에 승선했다. 어쩌면 위험한 일이었는지도 모르지만, 나는 내가 생각하고 있던 기업 경영관을 본능적으로 활용했다.[8]

그리고 그는 뛰어난 위기관리 능력으로 불과 4년 만에 적자 투성이였던 회사의 영업 수지를 흑자로 전환시켰다. 이제 거스너는 병든 기업을 고치는 '기업 변화의 마술사'라는 별명까지 얻게 되었다.[9]

사실 1993년 당시 IBM 이사회가 선정한 영입 대상자 명단에는 제너럴 일렉트릭의 잭 웰치,[10] 마이크로소프트의 빌 게이츠,[11] 휴렛 팩커드의 사장

---

8) 로버트 슬레이터, 〈나는 경쟁자 물리치는 것을 좋아한다〉, 유한수 옮김, 『루 거스너의 IBM 살리기』(물푸레, 1999), 76쪽.
9) 로버트 슬레이터, 위의 글, 78쪽.
10) 잭 웰치에 대해서는 김종건, 〈잭 웰치: GE 100년 신화와 그림자〉, 강준만·김환표, 『권력과 리더십 4』(인물과사상사, 1999)를 참고하십시오.

존 A. 영 등 내노라 하는 경영인들이 포함되어 있었다. 하지만 어느 누구도 쓰러져 가는 기업 IBM을 맡을 엄두를 내지 못했다. '미국 재계 최고의 의사'로 불렸던 거스너에게도 IBM은 결코 쉬운 상대가 아니었다. 처음 IBM을 맡아 달라는 제의가 들어왔을 때, 거스너는 무모한 일이라고 생각했다. 그는 후에 한 언론과의 인터뷰에서 당시의 기분을 "마치 죽음의 소용돌이로 빨려 들어갈 것 같았다"라고 표현했다.[12]

그는 망설임 끝에 단호한 결정을 내렸고, 무모하게만 보였던 그 도전의 결과는 대성공이었다. 1992년 6백48억 달러였던 IBM의 매출은 96년에 7백59억 달러로 17%나 늘어났고, 98년에는 8백17억 달러가 되었다. 93년 한 해에만 무려 81억 달러의 적자를 기록했던 경영 수지도 94년부터 흑자로 돌아서 96년에는 54억 달러의 흑자를 달성했다. 93년 한때 40달러선까지 폭락해 최악의 상황을 연출했던 주가도 3배 이상 상승했다.

IBM의 기적적인 회생(回生)으로 그는 최근 몇 년 동안 명성과 함께 엄청난 부를 획득했다. IBM 합류 당시, 그는 주식 1백만 주 배당을 요구했으나 50만 주만을 받았다. 그러나 그 후 집요한 요구 끝에 96년까지 모두 82만5천 주를 얻어냈다. 거스너는 취임 당시 연봉으로 2백만 달러, 사업 실적에 따라 매년 인센티브로 1백50만 달러, 전직 보상금 5백만 달러를 받았다. 따라서 주식 이익금 등을 합하면 그의 연간 수입은 1억 달러 대에 달한다.

한편 그는 회사 중역들을 가혹할 정도로 호되게 부려먹는 스타일로 알려

---

11) 빌 게이츠에 대해서는 강준만, 〈빌 게이츠: 탐욕으로 이룬 신화?〉, 송기도 · 강준만 외, 『권력과 리더십 2』(인물과사상사, 1999)를 참고하십시오.
12) 강병태, 〈기적처럼 되살아난 '빅 블루'〉, 김준범 · 최유식 외, 『위기를 극복한 세계의 경영인들 16』(기린원, 1998), 60쪽.

져 있다.[13] 그래도 그가 가는 곳마다 뛰어난 경영 인재들이 충직한 부하를 자청하곤 했다. 그는 전형적인 '자유 경영자'로 항상 많은 보수와 영광을 찾아 기업을 옮겨 다녔다. 주변 사람들의 눈에 비친 그의 모습은 한마디로 '출세 지상주의자'였다. 부와 명예에 대한 집착도 유별났고, 자신의 위치에 걸맞는 대접을 원했다. RJR 나비스코에 있을 당시, 회사의 업무용 비행기에 자신이 앉을 자리를 꼼꼼하게 챙길 정도였다. 결국 얼마 후에 거스너의 전용좌석과 책상이 만들어졌다고 한다.[14]

IBM의 회생을 지켜본 많은 사람들은 그 원동력을 운이나 시장 환경의 변화 탓이 아닌 거스너의 비상한 판단력과 실천의 결과로 보고 있다. 이것은 기업을 되살리기 위해 과감하게 '외부인'의 손에 경영을 맡기는 미국식 기업문화가 가져다준 성과로, 한국의 기업문화 풍토에선 상상하기 어려운 일이었다. 여러 가지 면에서 IBM의 회생 과정은 구조조정을 통해 경쟁력 강화를 꿈꾸고 있는 한국의 기업인이나 정책자들에게 좋은 교훈이 될 수 있다. **인·사**

---

13) 유영운, 〈경영 鬼才·컴퓨터엔 門外漢〉, 『문화일보』, 1993년 4월 6일, 9면.
14) 강병태, 앞의 글, 58쪽.

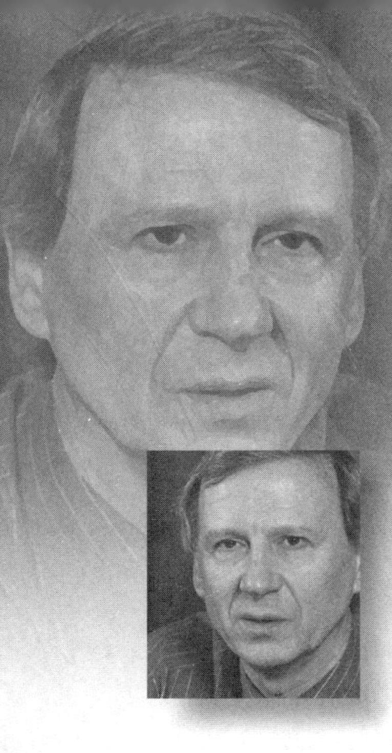

앤서니 기든스

Giddens, Anthony

지식인의 명성이란 무엇인가? 오늘날 정치 권력 또는 미디어 권력과 손을 잡지 않고 독자적으로 명성을 누릴 수 있는 지식인은 가능한가? 물론 그런 지식인은 여전히 가능할 수도 있다. 그러나 오늘날 지식인의 명성은 정치 권력 이나 미디어 권력과의 협력 또는 유착이 만든다고 말해도 무방할 만큼 그런 가능성은 매우 희박하다.

앤서니 기든스. 그는 오래전부터 학계에서는 탁월한 사회학자로 대접받아 왔지만 그의 이름은 학계 내부의 '전문 용어'에 불과했다. 그러나 영국에서 기든스로부터 큰 영향을 받았다고 알려진 토니 블레어가 집권하면서 그의 이름은 일반 대중에게도 제법 익숙한 '저널리즘 용어'가 되었다. 그의 저서들은 22개국 언어로 번역돼 세계 여러 나라에서 읽히고 있으며, 국내에서도 그의 책이 20권 가까이 번역돼 나왔다. 앤서니 기든스, 그는 누구인가?

앤서니 기든스는 1938년 1월 18일 영국 런던의 노동계급 거주 지역인 에드먼턴에서 태어났다. 그의 아버지는 사무직 노동자였으며 아들 둘을 두었는데, 앤서니 기든스가 장남이었다. 그는 그의 집안의 희망이었다. 그의 가족 가운데엔 처음으로 대학에 진학함으로써 노동계급에서 탈출할 수 있는 기회를 잡은 것이다.

기든스는 헐(Hull)대학에서 심리학과 사회학을 전공했다. 그는 1959년 헐대학을 졸업한 다음 런던정치경제대학에서 사회학 석사 과정에 들어갔다. 기든스는 어린 시절 공부보다는 축구에 더 열성일 정도로 축구에 대한 깊은 애정을 갖고 있었는데, 그런 이유 때문인지 그의 석사학위 논문은 스포츠의 사회사에 관한 것이었다.

그 논문에 따르자면, 중산층 스포츠인 럭비는 원래는 경쟁적이지 않았던 반면 하층 계급 스포츠인 축구는 늘 매우 경쟁적이었다고 한다. 부르주아는 일에서 개인주의적이고 경쟁적이기 때문에 그들은 스포츠에선 정반대를 원했다는 것이다. 반면 노동계급은 집단 작업환경에서 개인을 내세울 수 없었기 때문에 스포츠는 더욱 경쟁성을 갖게 되었다는 것이다.[1]

기든스는 1961년 석사학위를 받고 레스터(Leicester)대학 사회학과에서 전임강사로 일했다. 그는 70년까지 그 대학에 몸담았는데, 마지막 2년간은 캐나다 밴쿠버 사이먼프레이저대학과 미국의 UCLA에서 교환교수로 지냈다.

당시 미국 캘리포니아에선 반(反)문화(counter-culture) 운동이 활발했

---

1) 『Current Biography』, 1998 ed.

는데, 기든스는 그걸 매우 흥미롭게 생각했다. 유럽에선, 정치에선 아무리 래디컬하더라도 그것이 라이프스타일엔 영향을 미치지 않는 반면 캘리포니아에선 사람들이 모든 걸 다 실험을 한다는 점이 기든스를 놀라게 만든 것이다. 그는 캘리포니아 사람들에 대해 이렇게 말했다. "만약 당신이 정치적으로 급진적이라면 성적(性的)으로도, 나머지 모든 것도 급진적이어야 한다. 나는 이전엔 이처럼 전적으로 실험적인 라이프스타일을 본 적이 없다."[2]

기든스는 1970년에 영국으로 돌아와 케임브리지대학에 전임강사로 자리를 잡았다. 영국에선 69년까지는 사회학은 학문으로 인정받지도 못했고 기든스가 전임강사가 되었을 때에도 케임브리지대학에는 사회학과가 없었다. 이 점을 감안한다면 기든스가 영국 사회학을 키우고 세계화시키는 데에 큰 공을 세웠다는 데에 이의를 제기할 사람은 없을 것이다. 그는 케임브리지대학에서 72년에 박사학위를 받고 본격적으로 사회학 연구에 몰두했으며, 캘리포니아에서의 경험에 영향을 받아 사회이론 연구에 주력했다. 그는 그간 30여 권의 책을 냈는데, 주요 저서들을 살펴보자.

기든스는 1971년에 『자본주의와 현대사회이론』,[3] 72년에 『막스 베버 사상의 정치학과 사회학』, 73년에 『선진 사회의 계급구조』,[4] 76년에 『사회학적 방법의 새로운 법칙(New Rules of Sociological Method)』 등을 펴냈다. 『사회학적 방법의 새로운 법칙』에서는 이른바 '구조화 이론(theory of structuration)'을 역설하였는데, 이는 인간 행동을 설명하는 데 있어서 사

---

2) 『Current Biography』, 1998 ed.
3) A. 기든스, 임영일 · 박노영 옮김, 『자본주의와 현대사회이론』(한길사, 1981).
4) 이종수 옮김, 『선진사회의 계층구조』(종로서적, 1980).

회구조가 가장 강력한 결정 요소라는 주장과 그게 아니라 개인적 의미가 더 중요하다는 해묵은 논쟁에서 그는 두 시각을 통합해 '상호 영향'을 부각시키고자 한 것이었다.

기든스는 1977년에 『사회정치이론연구』,[5] 78년에 『에밀 뒤르켐』, 79년에 『사회이론의 주요 쟁점』,[6] 81년에 『사적유물론에 대한 현대적 비판』,[7] 82년에 『사회학』,[8] 84년에 『사회구성』,[9] 85년에 『국민국가와 폭력』,[10] 87년에 『사회이론과 현대사회학』, 89년에 『현대사회학』,[11] 90년에 『근대화의 결과』,[12] 91년에 『현대성과 자아정체성』,[13] 92년에 『친밀성의 구조변동: 현대사회의 성 사랑 에로티시즘』,[14] 94년에 『좌파와 우파를 넘어서』[15]와 『성찰적 근대화』(공저),[16] 95년에 『정치학, 사회학, 사회이론』, 96년에 『사회

---

5) 김중섭 옮김, 『사회정치론연구』(대영사, 1985). 전문 번역이 아니고 부분 번역. 이 책을 포함하여 기든스 저서의 국내 번역판 일부(각주에 번역자 이름만 밝힌 것들)는 정일준, 〈왜 제3의 길인가?: 성찰적 현대와 급진정치〉, 『그날에서 책읽기』, 1998년 11월호, 63~68쪽을 참고하였습니다.
6) 안소니 기든스, 윤병철 · 박병래 옮김, 『사회이론의 주요 쟁점』(문예출판사, 1991).
7) 안토니 기덴스, 최병두 옮김, 『사적유물론에 대한 현대적 비판』(나남, 1991).
8) 안토니 기든스, 박영심 · 한상진 옮김, 『비판사회학: 쟁점과 문제점』(현상과인식, 1992).
9) 안소니 기든스, 황명주 · 정희태 · 권진현 옮김, 『사회구성론』(자작아카데미, 1998).
10) 안쏘니 기든스, 진덕규 옮김, 『민족국가와 폭력』(삼지원, 1991).
11) 앤터니 기든스, 김미숙 외 옮김, 『현대사회학』(을유문화사, 1992). 1993년 개정판의 번역판은 94년에 나왔으며, 97년 제3판의 번역판은 98년에 나왔습니다.
12) 안토니 기든스, 이윤희 · 이현희 옮김, 『포스트모더니티』(민영사, 1991). 앞서 각주에서 언급한 바 있는 정일준 씨는 이 번역판 제목이 기든스의 입장과 어긋난다고 말하고 있다.
13) 앤소니 기든스, 권기돈 옮김, 『현대성과 자아정체성』(새물결, 1997).
14) 앤소니 기든스, 배은경 · 황정미 옮김, 『현대사회의 성 · 사랑 · 에로티시즘』(새물결, 1996). 정일준 씨는 국내 번역판이 부제를 제목으로 붙인 건 판매를 고려한 것으로 보고 있다.
15) 앤소니 기든스, 김현옥 옮김, 『좌파와 우파를 넘어서』(한울, 1997).
16) 앤소니 기든스 · 울리히 벡 · 스콧 래쉬, 임현진 · 정일준 옮김, 『성찰적 근대화』(한울, 1998).

학을 위한 변론』, 98년에『기든스와의 대화』[17] 등을 펴냈다. 기든스에 관한 대표적인 책으로는 98년 케니스 터커의『앤서니 기든스와 현대사회이론』[18]을 들 수 있다.

기든스는 책을 많이 냈지만 결코 '책상 물림'은 아니다. 그는『뉴 스테이츠맨』에 정기 기고를 하는 등 저널리즘 활동도 왕성하게 해왔으며 1985년엔 공동으로 폴리티 프레스(Polity Press)라는 출판사를 만들기도 했다. 폴리티 프레스는 매년 80권 이상의 책을 발간하면서 영국에 하버마스, 부르디외, 보드리야르[19] 등과 같은 독일, 프랑스 지식인들을 소개하는 등 활발한 활동을 해왔다.

기든스는 성공적인 출판업자인 동시에 만만치 않은 '정치적 능력'도 갖고 있다. 그는 1997년 1월 6일 런던정치경제대학(London School of Economics) 학장에 취임했다. 런던정치경제대학은 수십 년 간 복지국가론의 이론 생산 공장이었으나 나중엔 프리드리흐 하이에크와 칼 포퍼로 인해 정반대의 방향으로 영국 정치와 경제에 큰 영향을 미친 적도 있다. 런던정치경제대학은 그런 독특한 성격을 가진 만큼 기든스가 그 대학의 학장이 되었다는 건 기든스의 현실 참여가 더 큰 무게를 갖게 되었다는 걸 의미하는 것이었다.

---

17) 앤소니 기든스·크리스토퍼 치어슨, 김형식 옮김,『기든스와의 대화: 제3의 길 그 주장과 쟁점』(21세기북스, 1998).
18) 케니스 H. 터커,『앤서니 기든스와 현대사회이론』(일신사, 1999). 그 밖에 '제3의 길'을 다룬 책으로는 노르베르토 보비오, 박순열 옮김,『제3의 길은 가능한가』(새물결, 1998); 에릭 홉스봄 외, 노대명 옮김,『제3의 길은 없다』(당대, 1999) 등이 있다.『현대사상』제7권 (1999년 1월) 기획특집 〈우리에게 '제3의 길'은 무엇인가〉와 계간『역사비평』99년 여름호 기획특집 〈한국 사회민주주의와 '제3의 길'〉도 참고할 만하다.
19) 보드리야르에 대해서는『시사인물사전 2』를 참고하십시오.

기든스는 1994년에 노동당 당원이 되었다. 바로 그 해에 낸 『좌파와 우파를 넘어서(Beyond Left and Right)』는 이후 노동당이 취해야 할 새로운 노선을 시사하는 것이기도 했다. 기든스는 그 책에서 기존의 좌우를 넘어서야 할 이유로 세 가지 큰 변화를 지적했다.

첫 번째로 '세계화'다. 일상사가 먼 곳에서 발생한 일에 의해 영향을 받는다는 것이다. 두 번째로 '전통의 붕괴'다. 직업선택, 결혼, 심지어 성적(性的) 정체성마저 과거와는 전혀 다른 양상을 보이고 있으며, 삶의 더욱 많은 측면이 전통에 의해 결정되는 게 아니라 의식적으로 선택되고 정당화되고 있으며 또 그렇게 되어야 한다는 것이다. 세 번째로 '반사성(reflexivity)의 심화'다. 일상에서의 매일 결정을 내리기 위해서도 모든 종류의 정보들 가운데 선별을 해야 하는 상황에 처하게 되었다는 것이다.

기든스는 이젠 돈 문제뿐만 아니라 직업과 사교를 포함한 모든 일상사에서 사람들은 투자가처럼 행동해야 하며 물론 위험도 감수해야 한다고 말한다. 이것이 바로 기존의 복지 체제가 전면 재검토되어야 할 이유라는 것이다. 복지국가는 위험에 대해 수동적인 시스템으로써 사람들로 하여금 그들의 인생에 대해 능동적인 투자 결정을 하도록 고무하게끔 돼 있지 않으며 무언가 크게 잘못되었을 때에만 대응할 뿐이라는 것이다. 기든스는 복지국가 개념은 이제는 불평등을 완화시키기 위한 메커니즘으로 볼 것이 아니라 사람들로 하여금 위험을 감수하게 만드는 보험 시스템으로 보아야 한다고 말한다. 사람들이 능동적인 투자가가 되는 데에 필요한 자원을 공급하는 동시에 그 투자자들을 보호하는 안전 메커니즘을 제공하는 것이 중요하다는 것이다.

기든스는 '소득 재분배'가 아닌 '노동 재분배'를 강조한다. 취업기회를 확대하고, 직업 안정성이 높은 기업에 감세(減稅) 조치를 취해주고, 노동시장 수급 조절 차원에서의 고등교육을 확대하고, 직업재교육을 강화하고, 직업시장에서의 남녀차별을 없애는 것이 중요하다는 것이다.

그러니까 기든스는 '세계화' 된 새로운 세상에서 정치와 국가는 무엇이며 무슨 일을 해야 하는지 다시 생각해보자는 청사진을 제시한 것이다. 기든스는 기존의 좌와 우의 대립을 끝내고 새로운 발전 방향을 모색하자는 취지로, 좌우를 통합한 제3 국면으로의 변화를 시도한 것이며, 이는 1998년에 나온 그의 저서 『제3의 길』[20]에 의해 더욱 구체화되었다.

기든스가 말하는 '제3의 길'은 크게 보아 여섯 가지의 가치를 추구한다. 평등, 약자 보호, 자율성으로서의 자유, 책임을 수반한 권리, 민주주의를 전제로 한 권위, 범세계적 다원주의, 철학적 보수주의 등이 바로 그것이다. 그 자신이 신문 독자들을 위해 쉽게 설명한 걸 들어보자.

> '제3의 길'은 정부와 시장경제라는 두 주체를 연결하는 길을 모색하는 것이다. 2차대전 후의 폐허복구 과정에서 시장원리가 정부를 지배하거나 정부가 시장원리를 억누르는 일이 있었다. 양자는 끊임없이 갈등·대립해왔다. 이제는 정부와 시장간의 '파트너 관계'를 새롭게 설정하는 일이 무엇보다 중요해졌다. '제3의 길'의 중요한 목적은 역동적으로 움직이는 경제와 '사회적 틀' 간의 화해를 모색하는 것이다. 따라서 '제3의 길' 정책의 핵심 목표는 한편으론 역동적인 경제를 창조하고 다른 한편으로는 그 과정의 폐해들을 효과적으로 걸러낼 수 있는 사회적

---

20) 앤서니 기든스, 한상진·박찬욱 옮김, 『제3의 길』(생각의 나무, 1998).

틀을 만들어내는 것이다. 이 작업은 개별국가 단위에서는 물론 국가간 관계에까지 확산돼야 한다.[21]

기든스가 주장하는 '제3의 길'에 대해선 그간 좌우 양 진영으로부터 엄청나게 많은 비판이 쏟아져 나왔다. 그런데 엉뚱한 비판이 많다. 기든스가 좌우의 존재와 그 구분을 부정하는 게 아님에도 불구하고 그걸 부정하는 걸 근거로 삼은 비판이 많다는 뜻이다. 기든스가 말하고자 하는 건 기존의 좌우 개념으론 해결할 수 없는 일이 너무나 많다는 것이다. 예컨대, 개인의 자유·가족·세계경제는 좌우 문제와 무관하며, 품위 있는 생활, 쾌적한 환경 등 '제3의 길'이 지향하는 많은 핵심적 이슈들은 좌우라는 개념으로 해결될 문제가 아니라는 것이다.[22] 기든스는 1998년 『뉴스위크』와의 인터뷰에서 "리오넬 프랑스 총리는 '시장경제는 좋지만 시장사회는 싫다'라고 말했다. 같은 입장인가"라는 질문에 대해 다음과 같이 답했다.

어떤 면에서는 그렇다. 그런 입장에 살을 갖다 붙이는 것이 바로 내 임무다. 그러나 시장을 거부할 수는 없다. 자본주의의 대안은 없기 때문이다. 유일한 가능성이 있다면 자본주의로 하여금 경제·사회·문화적으로 대중에 봉사하게 만드는 것이다. 세계 여러 나라의 중도좌파 정부는 광범위한 새 정책을 도입해 왔다. 일례로 적극적인 노동시장 정책, 공동체 쇄신, 제3의 부분 및 교육 관련 사업 부활 등을 꼽을 수 있

---

21) 진세근, 〈런던 정치경제대학장 기든스 교수: "한국 지역갈등도 '제3의 길'로 해소"〉, 『중앙일보』, 1998년 10월 12일, 8면.
22) 진세근, 위의 글.

다. 그들 정책에는 모든 것을 한 틀 속에 집어 넣을 수 있는 특정 방법
이 결여돼 있었다. 내가 제공하려는 것이 바로 그런 특정 방법이다.[23]

기든스를 비판하는 목소리는 좌우 양 진영에서 끊이지 않고 있으나, 아
무래도 좌파 진영의 비판이 훨씬 더 거센 것 같다. 좌파 진영의 비판은 이
미 책으로도 여러 권 나왔거니와 각종 세미나에서의 성토도 만만치 않다.
1999년 8월 국내 한 신문에는 다음과 같은 기사가 실려 있다.

> 지난 98년 저서 『제3의 길』을 펴낸 앤서니 기든스가 지난달 초 프랑
> 스를 방문했다. 르몽드지에 따르면 토니 블레어 영국 총리의 절대적인
> 지지를 받고 있는 세계적인 경제학자 기든스는 파리 지성계에서 예상했
> 던 대로 '참담한 망신'을 당하는 것으로 벌러온 프랑스 방문을 마쳤다.
> 그는 프랑스 기업가운동가연합 부회장인 드니 케슬러 등으로부터 제3의
> 길은 새로운 형태의 사회주의라기보다는 화장을 새로한 자본주의의 다
> 른 얼굴로 비쳐진다는 비꼬임을 받았기 때문이다. 르몽드지는 당시 기
> 든스의 표정이 심하게 일그러졌다고 보도했다.[24]

기든스의 '제3의 길'에 대한 좌파 진영의 비판은 그 이론 자체에 대한
비판인 동시에 그가 이론을 공급한 것으로 간주되는 영국 노동당이 1997년
5월 총선에서 승리해 집권당이 되었으며 그 이후 과거 노동당 노선과는 너

---

23) 〈인터뷰: "제3의 길은 세계화에 맞는 합리적인 정책을 모색한다"〉, 『뉴스위크』(한국판),
　　1998년 10월 7일, 102면.
24) 고현석, 〈"무늬만 그럴싸" 가시밭 제3의 길〉, 『경향신문』, 1999년 8월 23일, 10면.

무 다른 길을 걸어온 것, 그리고 그것이 다른 나라들에 미칠 영향에 대한 불만과 분노의 성격이 강하다.

널리 알려져 있다시피, 기든스는 토니 블레어에게 큰 영향을 미쳤다. 아예 블레어를 기든스의 제자라고 부르는 언론마저 있을 정도다. 블레어도 적극적으로 기든스를 써먹는다. 그간 블레어는 노동당의 정신이 훼손되고 있다는 비난이 일 때마다 기든스의 용어인 '급진 중도(radical center)'를 언급해 왔다. 이건 중도는 급진적일 수 없기 때문에 말 그 자체로선 모순이지만, 기든스나 블레어에겐 그게 모순이 아니다. 좌우가 모두 각자의 철학을 소진시켜 왔기 때문에 중도가 더욱 급진적이라는 것이다.[25]

그렇다고 기든스가 블레어 정권의 모든 것에 다 맞장구를 쳐주는 건 아니다. 그는 블레어의 범죄에 대한 강경 대응, 가족 가치와 기독교 도덕주의 강조엔 찬성하지 않는다. 기든스는 그건 반민주적이라고 비판하면서 "어떤 한 그룹에 의해 규정되어지는 한가지 도덕성이란 있을 수 없다. 도덕적 이슈는 공개적으로 논의되어야 한다"고 말한다.[26]

기든스는 1998년 10월 11일에서 13일까지 2박3일간 방한을 한 바 있거니와 그의 이론이 한국에도 시사하는 바가 많아 한국에서도 주목의 대상이 되어 왔다. 그는 한국 언론매체들과 많은 인터뷰를 해왔는데, 한 인터뷰에서 '제3의 길'이 한국에도 의미 있는 대안이 될 수 있다고 주장한다.

'제3의 길'은 한국처럼 좌우 대립을 겪어온 국가들에도 여전히 유효

---

25) 토니 블레어에 대해선 강준만, 〈"좌든 우든 무슨 상관인가?: 토니 블레어와 공동체주의〉, 『인물과 사상 7』(개마고원, 1998), 297~310쪽을 참고하십시오.
26) 『Current Biography』, 1998 ed.

하다. 좌우의 구분을 넘어선다는 데 더 큰 의미가 있기 때문이다. 나는 김대중 대통령이 좌우의 구분을 뛰어넘는 명제(아젠다)를 국민에게 제시한 점에 주목하고 있다. 이는 매우 중요한 대목이다. 그동안 좌우대립은 물론 지역대립에 시달려온 한국인들에게 이 모든 갈등을 뛰어넘는 새 비전은 신선한 바람 같은 것이다. 이것이 유일한 대안이다. 전통적인 좌우의 개념은 현대 사회와 경제를 이끌어 가는 효과적 모델이 되지 못하기 때문이다. 따라서 '제3의 길'은 한국에도 적절한 해결책이 될 것이다.[27]

기든스는 자신이 주장해 온 '성찰적 근대화'와 한국의 관계에 대해서는 다음과 같이 말한다.

한국은 더 이상 제3세계 국가가 아니다. 한국이야말로 성찰적 근대화가 가장 긴요한 국가다. 단순 현대화 혹은 산업화는 농경사회에서 도시사회·산업사회로 변화하는 것을 의미한다. 그러나 성찰적 근대화란 발전이 가져다준 혜택을 한층 더 전개시키는 동시에 발전과정에서 드러난 문제점을 극복하는 것을 의미한다. 한국은 현재 인구폭발·오염·생태계 파괴 등 문제가 심각하다. 단순 현대화가 가져온 폐해들이다. 이 문제에 지금 주목하지 않으면 안 된다. 결코 유예·방치될 수 없는 문제들이기 때문이다. 한국도 유럽처럼 '생태 현대화'에 나설 때다. 생태현대화란 단순히 나무나 심고 환경기술을 개발하는데 있지 않다. 이는

---

27) 진세근, 〈런던 정치경제대학장 기든스 교수: "한국 지역갈등도 '제3의 길'로 해소"〉, 『중앙일보』, 1998년 10월 12일, 8면.

생태보전 지향적인 정책이 미래의 생존이나 번영의 핵심적 전제라는 사
실을 인식하는 것이다. 성찰적 근대화는 지금 당장 시작해야 할, 매우
시급한 과제라는 사실을 꼭 기억해야 한다.[28]

그러나 기든스가 어떻게 이야기하건 기존의 좌우 구분에 익숙해진 사람
들에겐 기든스의 이론이 이것도 저것도 아닌 '잡탕'이라는 점에 대한 불만
을 쉽게 버리진 않을 것이다. 말이 쉽지 기존의 '틀'을 바꾼다는 게 어디
그리 쉬운 일이겠는가. 문화평론가 조흡 씨는 기든스의 이론이 갖는 궁극
적인 의미를 피부에 와 닿게 쉬운 말로 다음과 같이 말한다.

『제3의 길』에서 기든스가 보여준 교훈은 이 세상엔 더 이상 화해할
수 없는 대립이란 존재하지 않는다는 점이다. 따라서 기든스가 추구하
는 정치는 적이 없는 정치를 지향한다. 이 말은 어떤 신비한 기적에 의
해, 예컨대 동강댐 건설을 찬성하는 쪽과 반대하는 환경론자들, 노조와
회사, 여당과 야당, 남쪽과 북쪽이 정치를 초월해 아주 쉽게 화합하는
것을 의미한다. 그러나 사회를 '급진적'인 방향으로 현대화시키면서 기
존의 이익집단을 건드리지 않고 누구와도 적이 되지 않는 절충만은 진
정한 의미에서 정치라고 말할 수 없을 것이다. …… 그러나 나는 이런
단점에도 불구하고 기든스 이론을 포용하는 입장이다. 그것이 양쪽의
입장을 조화롭게 포용할 수 있어서가 아니라 갈등의 문턱을 처음부터
낮춰보자는 생각에서다. 어차피 우리의 이익이 복잡하게 얽혀 있는 현

---

28) 진세근, 앞의 글.

대생활에서 싸우지 않고 얻어질 수 있는 것은 별로 없을 것이다. 그러
나 만약 우리가 그 싸움의 출발점을 약하게 만들 수 있다면 그것은 바
람직한 일일 것이다. 양끝에서 중앙으로 조금씩 발걸음을 옮긴 상태에
서 소리 높여 싸우기보다는 조용히 따져물어 문제를 해결하는 방식이
지금 이 순간 한국인에게 가장 필요한 가치가 아닌가 생각한다.[29]

조흡 씨가 보기에 기든스의 이론이 갖고 있는 장점은 그것만이 아니다.
특히 한국 실정에 아주 잘 맞는 또다른 장점이 하나 있다. 조흡 씨는 다음
과 같이 말한다.

기든스의 이론은 미래의 비전을 철저히 현실의 문제들과 연결시켜 제
시하고 있어 자칫 공허한 담론에 그치기 쉬운 이상주의의 함정에 빠져
들지 않는다는 점이다. 유토피아를 더욱 발전된 모습으로서의 미래사회
라고 한다면, 이에 도달하려는 현실적 수단을 생각해봐야 한다는 것이
기든스 생각이다. 실제로 나타나고 있는 현실의 문제는 그 해결방법이
미래적이어야 자기파괴를 피할 수 있기 때문에 유토피아와 현실주의 두
요소를 조화시켜 문제를 해결해야 한다는 기든스 생각은 냉전체제가 여
전히 존재하는 한국적 상황에서 너무 이상적으로 들릴 수도 있다. 그러
나 바로 그런 양극 체제를 유지하고 있기 때문에 해결의 실마리를 유토
피아적 현실주의에서 찾아야 한다는 기든스의 주장은 오히려 더 설득력
이 있어 보인다. 그렇기 때문에, 나는 기든스의 이론이 첨예한 대립관

---

29) 조흡, 〈사회주의와 자본주의를 초월한 제3의 이론가: 21세기 사회학의 비전을 제시한 앤서
니 기든스〉, 『인물과 사상 10』(개마고원, 1999), 360~361쪽.

계에 놓여 있는 한국의 많은 문제점들을 접근하는 데 있어서 더욱 실질적이고 구체적인 대안을 생각해볼 수 있게 만드는 많은 장점을 지닌 것으로 생각한다. 어쩌면 기든스는 이제 너무나 한쪽으로만 굳어 있는 우리들의 사고를 더욱 유연하게 가지라고 충고하고 있는지도 모른다. 그것이 또한 21세기를 살아가는 우리들의 자세일지도 모른다. 바로 이런 이유 때문에 기든스 이론에서 찾아볼 수 있는 양면성의 단점보다 조심스런 낙관적 해결책이라는 장점이 나에게는 더욱 돋보인다.[30] **인·사**

---

30) 조흡, 앞의 글, 361~362쪽.

루돌프 줄리아니

Giuliani, Rudolph

뉴밀레니엄의 첫해인 2000년, 미국은 선거 시즌이다. 대통령 선거와 상원의원 선거가 같은 날 예정되어 있는 것이다. 상원의원 선거에서 언론의 스포트라이트를 받는 선거구는 단연 뉴욕주이다. 퍼스트 레이디 힐러리가 뉴욕주 상원의원 선거에 출마할 것을 공식적으로 밝혔기 때문이다. 힐러리의 경쟁 상대인 루돌프 줄리아니 현 뉴욕시장도 만만찮은 인물이라 그 관심은 높을 수밖에 없다. 줄리아니는 민주당의 텃밭으로 불리는 뉴욕에서 과연 힐러리의 높은 장벽을 넘어설 수 있을까.

루돌프 윌리엄스 줄리아니는 1944년 5월 28일 뉴욕의 브루클린에서 태어났다. 그의 부모 해롤드 줄리아니와 헬렌 줄리아니는 이탈리아 이민 2세였는데, 그들은 술을 곁들여 판매하는 생선구이집을 운영했다. 어렸을 적 그는 마피아를 증오하며 성장했다. 마피아에 대한 그의 증오심은 가족사에서 비롯되었다. 20세기 벽두 미국에 이민 온 그의 할아버지는 몇 개의 담배 가게를 경영하며 생계를 해결했는데, 마피아가 요구했던 '보호비'(protection money)를 거절해 결국 가게 문을 닫을 수밖에 없었다. 줄리아니의 아버지는 마피아로 활동하고 있는 몇몇 이탈리아 사람들이 미국 사회에 반이탈리아 정서를 전파시켰다며 마피아를 극도로 혐오했다.[1] 아버지의 이런 생각은 줄리아니가 마피아에 대해 적개심을 갖도록 하는 데 밑거름이 되었다.

줄리아니는 로마 가톨릭(Roman Catholic) 초등학교를 거쳐 비숍 로우린(Bishop Loughlin) 중등학교에 진학했다. 그는 이 곳에서 고전을 게걸스럽게 섭취했으며, 정치학과 철학에 깊은 관심을 가졌다. 또 논쟁하기를 좋아해 또래의 아이들과 토론하느라 날 새는 줄 모를 정도였다. 로마 가톨릭 맨하탄 대학 시절 그는 자신의 이상을 어디에서 피울 것인지를 고민하기 시작했다. 그는 이것 때문에 2학년 때 일시 학업을 중단하고 낙향하기도 했다. 그는 의사가 될 것인지, 아니면 성직자가 될 것인지 밤낮없이 고민했는데, 장고(長考) 끝에 자신이 세속적인 유혹을 떨칠 자신이 없다는 생각이 들자 성직자의 길을 포기했다.[2] 하지만 의사도 그가 가야 할 길이 아니었다.

맨하탄대학 3학년 때 그는 법률가의 길을 선택해 졸업 후 뉴욕 법대에 진학했다. 1968년 법대 졸업과 함께 그는 연방법원인 로이드 맥마흔에 법률사무관으로 취직했다. 곧 그는 두각을 나타냈다. 특히 그는 명망있는 변호사의 변론에 날카로운 반대 신문(訊問)으로 명성을 얻었는데, 그의 주 관

---

1) 『Current Biography』(1996).
2) 『Current Biography』(1996).

심 대상은 마약업자를 기소하는 것이었다. 첫해만 하더라도 마약사건과 관련해 그는 대략 20여 건에 가까운 범죄를 기소했다.

1972년 뉴욕시 경찰들이 마약상과 결탁해 마약 판매를 방조하고 커미션을 챙긴다는 제보가 연방법원에 접수되자, 줄리아니는 이 사건 수사의 책임자로 임명되었다. 이 사건은 뉴욕 경찰관이었던 밥 루시가 제공한 정보에 기초해 진행됐는데, 줄리아니는 경찰관과 마피아 사이의 유착 관계를 날카롭게 해부해 큰 명성을 얻었다. 이 사건은 후에 『마리오』란 영화로 극장에서 상영되기도 했다.

이 사건 이후 그는 조직 범죄, 마약 범죄, 공무원 부패, 사기·횡령·탈세 등 화이트 컬러 계층의 범죄 소탕에 매진했다. 첫 번째 수확은 1974년에 있었다. 줄리아니는 브루클린 민주당 의원이었던 베르트람 T. 포델을 뇌물죄로 기소해 유죄 평결을 이끌어 냈던 것이다. 75년 제랄드 포드 정부에서 줄리아니는 워싱턴 D.C로 근무처를 옮겼다. 법무성 부지검장이었던 해럴드 타일러 밑에서 일했던 그는, 이때 민주당의 국제 정책이 위험하다고 생각해 민주당 지지 깃발을 내리고 공화당 지지 깃발을 높이 들었다.

1981년 레이건 행정부에서 뉴욕 남부지검의 검사로 임명된 그는 마약 전담반(Task Force)을 이끌었다. FBI와 함께 구성된 마약 전담반에서 그는 2년 동안 마약 범죄를 근절시키기 위한 정책을 수립했다. 비록 2년이라는 짧은 시간이었지만, 이때 줄리아니는 향수병에 걸려 83년 뉴욕으로 돌아왔다. 뉴욕에 복귀한 그는 마피아와의 전쟁을 선언했다. 그의 주요 관심은 마피아와 손을 잡은 부패한 공무원들이었다. 그는 마피아와 결탁관계에 있던 뉴욕 경찰들에게 철퇴를 내리기 시작했다. 그는 강경한 탄압을 지속했는데, 그의 방법에 뉴욕 시민은 강력한 지지의 박수를 보냈다. 그의 정책은 곧바로 효과를 나타냈다. 마약 중개업자들이 맨해튼을 떠나 다른 지역으로 이주했던 것이다.

이것은 시작에 불과했다. 연방 정부 공무원들이 관련된 부정부패 사건에서 그는 독보적인 활약상을 보였다. 그는 굵직굵직한 사건을 연이어 해결해 미국 사회에 커다란 반향을 불러일으켰다. 그는 1985년 미 역사상 가장 큰 세금을 탈세한 에드워드 A. 말코비치를 기소했으며, 연방법원 검사장을 매수할 정도로 큰 영향력을 행사했던 브롱크스의 대표적 마피아 라이오비아기를 기소했다. 뿐만 아니라 뉴욕에 광범위하게 살포됐던 코카인과 헤로인 등 마약의 출처를 역추적해 뉴욕 범죄 집단이 시실리 마피아들과 손이 닿아 있음을 밝혀냈다. 당시 마약 유통은 동부 해안과 중부에 걸쳐 존재하던 피자 체인점을 통해 이루어졌는데, 때문에 '핏자 커넥션'으로 명명(命名)되었다. 이때 줄리아니는 21명을 기소해 17명이 유죄 평결을 받도록 했다. 일련의 연속된 사건 수사를 통해 그는 결국 연방 정부 공무원과 마피아간에 형성된 부정과 부패 커넥션의 고리를 끊어내는 데 성공했다.

1986년 그는 월 스트리트도 수사의 도마 위에 올렸다. 특히 그는 월 스트리트의 '내부 거래'를 집중 조사했다. 당시 월가의 몇몇 기업은 기업 인수 합병(M&A) 과정에서 불법을 동원했다는 혐의를 받고 있던 상태였다. 월 가(街)에 만연한 부패는 변호사, 브로커 등이 광범위하게 개입하여 이루어졌기 때문에 범죄의 윤곽을 밝혀내는 데 상당한 애로를 겪어야 했다. 하지만 줄리아니는 이 사건을 집요하게 추적해 데니스 레빈사의 드렉셀 람버트와 이반 F. 보에스키를 기소해 월가에 만연하던 부정과 부패에 철퇴를 내렸다.

일련의 연속된 사건을 해결하면서 줄리아니는 언론을 효과적으로 이용했다. 능숙한 언론 플레이는 그가 정치인으로 성장하는 데 자양분이 되어 주었다. 하지만 독불장군처럼 진행한 그의 수사 스타일은 언론의 입방아에 자주 오르내리기도 했다. 그의 수사 방식은 대중들로부터도 양극단의 평가를 받았다. 그의 지지자들은 그가 마피아 범죄를 소탕하는 데 탁월한 능력을 보였다며 찬사를 보냈지만, 그 반면에 자신의 인기를 노린 것이었다는 비난의 목소리도 들끓었다.[3]

1989년 줄리아니는 연방 검사장직을 사퇴하고 뉴욕시장 선거에 뛰어들었다. 하지만 그는 이 선거에서 민주당의 데이비드 딘킨스에 2% 차이로 패배하고 말았다. 낙선의 고배를 마신 후 그는 개인 사무실을 운영하며 도약의 발판을 준비했다. 93년 선거에서 그는 재선에 나선 데이비스 딘킨스를 누르고 107대 뉴욕시장에 당선돼 뉴욕 시민을 깜짝 놀라게 만들었다. 그의 당선은 '반란'이었다. 당시 뉴욕은 민주당의 텃밭이었다. 뉴욕 시민 중 민주당원이 62%로 18%에 불과한 공화당원에 비해 무려 4배 가까이나 많은 지역이었던 것이다.[4] 줄리아니의 당선은 65년 존 린드세이를 끝으로 맥이 끊겼던 공화당 출신 시장의 탄생이었다.

시장 취임 후 줄리아니가 거둔 성적표는 화려했다. 줄리아니는 뉴욕시정을 진두지휘하면서 공격적인 행정을 펼쳤다. 가장 먼저 그는 뉴욕의 범죄에 메스를 들이댔다. 그는 뉴욕의 최대 골칫거리였던 범죄율을 무려 60%나 낮추었으며, 25년 만에 살인율을 낮추는 데 성공했다. 또 그는 2백30억 달러에 이르던 뉴욕시의 재정 적자를 흑자로 돌려놓았으며 사회복지 제도

---

3) 『Current Biography』(1996).
4) 강기석, 〈줄리아니 뉴욕시장선거 압승〉, 『경향신문』, 1997년 11월 6일, 7면; 변창섭, 〈상원 의원 출마 선언 날짜 선택만 남았다〉, 『시사저널』, 1999년 3월 11일, 58면.

를 개혁해 뉴욕에 생명력을 불어넣었다. 뉴욕의 성공적인 부활은 '독불 장군'이라는 그에 대한 비난을 조용히 잠재워 버렸다. 그를 히틀러나 뭇솔리니와 같은 독재자와, 같은 반열로 올려놓았던 사람들조차도 그가 뉴욕시를 근본적으로 변화시켰다는 데에는 주저 없이 동의할 정도였다.[5]

그 덕에 1997년 줄리아니는 민주당의 루스 메신저 후보를 압도적으로 따돌리고 무난하게 재선되었다. 당시 그는 플라톤의 '국가론'까지 언급하며 자신이 뉴욕을 이상 국가로 만들어나가는 존재임을 강조했다.[6] 그의 도덕성에 치명타를 안겨 줄 것으로 예견됐던 여비서와의 '섹스 스캔들'도 그의 재선을 방해하기엔 역부족이었다. 그는 현직 시장 신분으로는 56년 만에 뉴욕시장 재선에 성공한 정치인이 되었다.

한편 줄리아니는 대단한 입심의 소유자다. 그는 뉴욕의 AM 라디오 방송국 WABC에서 매주 금요일 오전에 시정을 설명하고 전화로 질의와 응답을 진행하는데, 이 곳에서 자신의 말발을 유감없이 발휘한다. 그는 전화를 걸어오는 시민을 '정신질환자'로 몰거나 '형편없는 질문'이라고 면박을 주기 일쑤이다. 그럼에도 그는 뛰어난 언변 실력으로 청취자들의 얼을 빼놓는다고 한다.[7]

힐러리의 상원의원 출마설이 뉴욕에 나돌기 전만 하더라도 그의 상원의원 당선 가능성은 비교적 높았다. 하지만 힐러리의 출마설이 언론의 관심 대상이 되면서 실시된 여론조사에서 그는 고전을 면치 못했다. 그럼에도

---

5) 〈뉴욕시장 줄리아니 '따뜻한 남자'로〉, 『동아일보』, 1999년 8월 4일, B7면.
6) 조용, 〈줄리아니 뉴욕 시장 독선행정 '눈총'〉, 『문화일보』, 1998년 4월 13일, 8면.
7) 홍은택, 〈독불장군 줄리아니 시장 라디오프로서 입심 자랑〉, 『동아일보』, 1999년 8월 23일, A11면.

줄리아니는 "만약 힐러리가 출마하면 전국적으로 의의가 있는 선거가 될 것"이라며 힐러리와의 진검승부를 피해가지 않을 것을 분명히 밝혔다.[8] 힐러리가 상원의원 선거 출마를 공식적으로 발표한 후 실시된 여론조사에서는 줄리아니가 오히려 10% 이상 힐러리를 앞선 것으로 드러나 줄리아니의 높은 인기를 실감케 했다.

한편 줄리아니는 힐러리를 비방하기 위해 '루디 예스'(Rudy Yes), '힐러리 노'(Hillary No)라는 웹사이트를 개설했다. 그는 이 곳에서 "공직 경험이 전무하고 의료보장 프로그램 실험에서도 실패한 힐러리가 연고지도 아닌 뉴욕주에서 출마했다"며 줄기찬 비난을 해 댔다.[9] 줄리아니가 힐러리를 비판하는 요점은 힐러리가 '떠돌잇군(Carpetbagger)'이라는 것이다. 하지만 이 웹사이트는 부메랑이 되어 그에게 돌아왔다. 힐러리 지지자들이 '예스 루디'(Yes Rudy)라는 웹사이트를 개설해 반격에 나섰던 것이다. 힐러리 지지자들은 이 곳에 1982년 아이티 사태 당시 아이티의 독재자였던 장 클로드 듀발리에에 대해 지지 발언을 했던 줄리아니의 발언을 올렸는데, 줄리아니의 웹사이트인 줄 알고 접속했던 많은 유권자들이 그의 전력을 알고 실망하는 사태가 발생했던 것이다.[10]

상원의원 선거가 다가오면서 줄리아니는 구설수에 휘말리고 있다. 그는 1999년 10월 브루클린 미술박물관에 지원하는 공공 기금을 축소하겠다는 발언으로 큰 파장을 일으켰다. 박물관 직원들과 비평가들은 그의 이번 결정이 2000년 상원의원 선거에 출마하기 위해 대중적 인기를 염두에 둔 것

---

8) 진철수, 〈힐러리 '상원의원의 길' 쉽지않다〉, 『문화일보』, 1999년 2월 24일, 8면.
9) 오남석, 〈힐러리-줄리아니 '인터넷 상호비방전' 후끈〉, 『문화일보』, 1999년 8월 20일, 23면.
10) 〈인터넷 비방전〉, 『부산일보』, 1999년 8월 19일, 8면.

이라고 비난했다.[11] 또한 줄리아니는 테러의 위협을 무릅쓰고 새해 첫날 뉴욕에서 밀레니엄 행사를 예정대로 진행하겠다고 발표해 또 한번 언론의 입방아에 오르내렸다. 이후에도 그는 비판의 도마 위에 자주 오르내렸다. 그는 뉴욕의 길거리에서 무단 숙박하는 거지와 홈리스족을 척결할 뜻을 공공연하게 거론했고, 뉴욕시가 제공하는 시설에 거주하는 노숙자들이 청소봉사 등 시가 요구하는 노동을 하지 않을 경우 퇴거시킬 것이라는 협박성 발언도 마다하지 않았다.[12]

상원의원을 향한 줄리아니의 야심은 무척 큰 것으로 보인다. 때문에 상원의원 선거가 끝날 때까지 줄리아니는 지금보다 더 자주 구설수에 휘말릴 공산이 크다 할 것이다. 그가 휘말려들고 있는 구설수의 대부분도 그의 이미지 메이킹 과정에서 발생한 것이라 볼 수 있기 때문이다. 어쨌든 줄리아니는 앞으로도 한국 언론에 자주 오르내릴 사람임은 분명하다. 물론 그가 승자가 될지 패자가 될지 지켜보는 것은 우리에게도 쏠쏠한 즐거움이다.

줄리아니는 1980년 뉴욕의 WPIX-TV 앵커우먼인 도나 하노버와 결혼했으며 앤드류와 캐롤라인 두 명의 자녀를 두었다. 그는 고전음악을 즐겨 감상하고 뉴욕 양키스팀의 열렬한 팬이다. **인·사**

---

11) 〈Holier Than Thou〉, 『Time』, Octcber 11, 1999, p.9.
12) 손승욱, 〈줄리아니-힐러리 '노숙자 정책' 설전〉, 『경향신문』, 1999년 12월 7일, 9면.

스티브 잡스

Jobs, Steve

"**애**플 컴퓨터는 부활할 것인가." 1997년 7월 애플의 설립자였던 스티브 잡스가 '임시' 회장으로 애플에 복귀하자 세계 컴퓨터 업계와 언론의 관심이 쏠렸다. 당시 애플사는 95년부터 3년 연속 적자에 허덕이고 있었고, 업계에서는 사라져 가는 기업쯤으로 여겼다. 이에 다급해진 애플사(社)는 설립 초기 '살아 있는 신화'를 창조했던 잡스에게 SOS를 쳤다. 그리고 잡스는 축출된 지 12년 만에 애플 컴퓨터의 사령탑을 다시 맡았다.

1976년, 이제 막 스무 살을 넘긴 스티브 잡스는 애플을 차리고 친구 스티브 워즈니악(Steve Wozniak)과 함께 세계 최초로 퍼스널 컴퓨터를 개발했다. '애플'이라는 회사명은 잡스가 오리건주의 한 사과농장에서 보냈던 행복한 시절을 회상하며 붙인 것이었다. 이때 개발한 '애플 I' 컴퓨터는 그

의 집 차고에서 자신의 폭스바겐 자동차와 워즈니악의 전자계산기를 팔아
마련한 1천3백 달러로 만들어졌다. 사실 '애플 I'은 엉성하기 짝이 없었
다. 모니터도 없었고, 케이스도 없어 속이 훤히 들여다보였다. 이 제품은
지금은 가정용 컴퓨터의 원조로 대접받으며 1만 달러 이상으로 팔리지만,
당시엔 6백50달러라는 굉장히 싼 가격에도 불구하고 겨우 2백 대 남짓 팔
렸을 뿐이다.

그러나 이듬해 잡스는 키보드와 모니터를 갖춘 '애플 II'를 선보였고, 이
제품은 1978년부터 1980년 사이에 무려 1억1천 달러 어치가 팔려나가며
'애플 신화'를 탄생시켰다. 이를 통해 애플은 '컴퓨터가 수수께끼처럼 복
잡한 진공관으로 이루어진 거대한 기계로 정부나 대기업에서만 쓰인다'는
고정 관념을 완전히 바꿔 놓았다.[1]

고아였던 잡스는 1955년 2월 태어난 지 얼마 되지 않아서 기술자였던 폴
잡스와 회계사였던 클라라 부부에게 입양되었다. 손재주가 많았던 폴의 영
향인지 잡스는 어렸을 적부터 전자 기계에 많은 관심을 보였다. 그런데 잡
스는 고등학교 졸업을 1년 앞둔 시점에서 돌연 학교를 그만두겠다는 결심
을 했다. 그 곳에서는 더 이상 배울 것이 없다는 이유에서였다. 그의 부모
들은 그의 주장을 받아들여 학교를 다른 곳으로 옮겨 주었다. 그 시절에
그는 언제나 혼자 있기를 좋아하고, 모든 사물을 남과는 다른 방식으로 보
는 아이로 자라났다.[2]

고등학교 졸업 후 오리건주 리드대학에 입학한 잡스는 단지 한 학기만을
마치고 대학 밖으로 뛰쳐나왔다. 그 후 그는 캠퍼스 주변에서 환각제와 히

1) 이선기, 〈다시 부활한 컴퓨터 천재〉, 『밀레니엄 리더』(청림출판, 1999), 66쪽.
2) 『Current Biography』(1998).

피문화에 빠져들었고, 한때는 철학에 심취했고, 역경(易經)을 공부하기도
했다.

1974년 초 그는 아타리(Atari)라는 게임 회사에 취직, 그 곳에서 비디오
게임 디자이너로 일했다. 그리고 몇 달 뒤 적당한 돈이 모이자, 잡스는 머
리를 밀고 베낭 하나 달랑 멘 채 인도로 떠났다. 그 해 여름 다시 캘리포니
아로 돌아오기 전까지 그는 영적 구원을 얻기 위해 인도 곳곳을 여행했다.

그와 함께 애플을 설립했던 워즈니악은 버클리대를 휴학하고 계측기 생
산회사인 휴렛 패커드에 입사해 컴퓨터 동호회 회원으로 활동하던 중 잡스
를 만났다. 당시 워즈니악이 집에서 만든 컴퓨터를 보고 큰 감명을 받은
잡스는 함께 사업을 시작하자고 그를 설득했다. 이렇게 애플사는 탄생했
고, 그때부터 그들은 많은 사람들이 일하고 배우고 취미 생활을 즐기는 데
사용하기 편리한 개인용 컴퓨터를 적당한 가격에 만들어 제공하고자 하는
꿈을 키웠다.

1977년 잡스가 만든 '애플 Ⅱ'가 사실상 전 세계에 PC 혁명을 불러일으
키자 대형 컴퓨터 업계에만 관심을 보였던 IBM이 81년에 'IBM PC'를
만들어 내놓았다. IBM PC는 본체와 모니터, 키보드가 하나로 붙어있던
애플과 달리 세 가지가 다 분리되어 있었다. 더구나 IBM PC는 '애플Ⅱ'
와는 달리 호환기종이었다. 이에 애플은 80년대 초반 IBM PC와 그를 본
떠 만들어진 제품들의 등장으로 서서히 위협받기 시작했다.

이에 대항하기 위해 잡스는 1983년에 펩시콜라의 시장점유율을 코카콜
라 이상으로 확대시켰던 존 스컬리(John Sculley)를 사장으로 영입했고,
84년에는 최초로 그래픽 인터페이스[3]를 채용한 매킨토시[4]를 개발했다. 작
은 아이콘을 특징으로 하는 매킨토시는 마우스로 프로그램을 동작시키고

메뉴로 시스템 조작이 가능한 획기적인 제품이었다. 매킨토시는 생산 첫해에만 40만 대 이상 판매되며 큰 선풍을 일으켰다.

애플이 개발한 매킨토시가 큰 인기를 얻자, 이를 본뜬 제품들이 하나씩 등장했다. 사실 이후에 개발된 윈도 95의 인터페이스도 이때 발표된 매킨토시의 많은 부분을 그대로 본떴다고 해도 무리가 없을 정도다. 때문에 애플사가 이를 이유로 MS(마이크로소프트사)를 제소했던 것도 나름대로 타당성이 있는 것이었다.[5]

그러나 그는 1985년 자신이 영입한 스컬리 사장에 의해 자신이 창업한 애플에서 쫓겨나는 수모를 겪어야만 했다. 컴퓨터 업계의 영웅으로 화려한 스포트라이트를 받았던 그가 하루아침에 실패한 사업가로 전락한 셈이었다. 하지만 그는 크게 좌절하지 않았고, 애플을 떠난 뒤 넥스트(NeXT)라는 소프트웨어사(社)를 설립해 재기에 성공했다. 당시 그는 컴퓨터 운영체제로는 가장 앞선 것이라는 평가를 받기도 했던 '넥스트스텝'이라는 컴퓨터 운영체제를 개발했고, '넥스트큐브'와 '넥스트스테이션'이라는 멀티미디어 컴퓨터를 내놓았다. 그러나 그는 애플의 매킨토시를 흉내낸 빌 게이츠[6]의 윈도, 그리고 인텔 칩을 결합시킨 윈텔 진영이 PC시장을 석권함에

---

3) 그래픽 인터페이스(Graphic Interface): 쉽게 컴퓨터를 사용할 수 있도록 다중윈도, 팝업 메뉴, 풀다운 메뉴 등 시각적으로 알아보기 쉬운 표시화면을 선택하면서 원하는 기능을 실행할 수 있게 만든 인터페이스를 말한다.

4) 매킨토시(Macintosh): 미국 애플 컴퓨터사(社)가 1984년 1월에 발표한 16비트 및 32비트 퍼스널 컴퓨터로 '맥(Mac)'이란 애칭으로 불린다. 컴퓨터에 대한 지식이 없어도 손쉽게 사용할 수 있도록 사람과 컴퓨터간의 인터페이스를 중시한 것이 특징.

5) 전선용, 〈'돌아온 풍운아' 스티브 잡스, 그리고 적과의 동침〉, 『사회평론 길』, 1997년 9월호, 197쪽.

6) 빌 게이츠에 대해서는 강준만, 〈빌 게이츠: 탐욕으로 이룬 신화?〉, 송기도·강준만 외, 『권력과 리더십 2』(인물과사상사, 1999)를 참고하십시오.

따라 상업적 성공은 거두지 못했다. 그의 제품이 기술에서는 앞섰지만, 빌 게이츠의 사업 수완에 밀린 것이었다.[7]

한편 그는 1986년에 정말 뛰어난 컴퓨터 애니메이션 영화를 만들어 보겠다는 포부를 가지고 영화제작자 조지 루카스(George Lucas)로부터 픽사 애니메이션(Pixar Animation)을 인수했다. 그리고 그는 95년 컴퓨터 애니메이션 『토이 스토리(Toy Story)』를 출시해 대성공을 거두었다. 이 영화는 그 해 아카데미상(장편 애니메이션 부문)을 수상했고, 3억5천8백만 달러를 벌어들였다.

처음에(1988년) 이 영화는 단편으로 만들어졌는데, 오스카상을 수상하기는 했지만 큰돈을 벌어들이지는 못했다. 그러나 길이를 늘리고, 잡스의 뛰어난 세일즈 실력이 합세했을 때 사정은 달라졌다. 잡스는 월트 디즈니와 함께 세 편의 애니메이션 영화를 제작키로 합의했고, 할리우드와 실리콘밸리의 결합은 큰 성공을 거두었던 것이다.[8]

1998년 픽사가 두 번째로 출시한 애니메이션 『벅스 라이프(A Bug's Life)』도 역시 많은 인기를 끌었다. 이 영화는 3억6천 달러를 벌어들였고, 『토이 스토리』와 함께 '가장 많은 수입을 올린 애니메이션 톱 5'에 들었다. 또한 가장 최근(99년 11월)에는 『토이 스토리 2』를 제작해 많은 화제를 낳기도 했다.

영화 『토이 스토리』의 성공으로 돈방석에 앉았지만, '넥스트'로는 컴퓨터 업계 주류에 끼지 못했던 그에게 새로운 기회가 찾아온 것은 1997년이었다. 당시 애플의 회장이었던 길버트 아멜리오 회장은 마이크로소프트 윈

---

7) 이주명, 〈애플신화가 부활한다〉, 『한겨레 21』, 1999년 8월 5일, 57면.
8) 『Current Biography』(1998).

도와 IBM 호환 기종에 밀려 만성적인 적자에 허덕이던 애플사를 회생시킬 구원투수는 스티브 잡스밖에 없다고 판단, 96년부터 회장고문 역할을 하고 있던 그에게 대표이사 자리를 맡겼던 것이다.

하지만 잡스 자신이 피와 땀으로 일궈놓았던 애플로 다시 돌아왔을 때, 사실 회사의 미래는 어두워만 보였다. 그는 "직원들의 눈에서 예전의 뜨거운 열정도 명확한 기업 전략도 찾아볼 수 없었다"고 당시 회사 상황을 설명했다.[9]

우선 잡스는 영원한 맞수였던 MS와, MS가 매킨토시용(用) 소프트웨어를 계속 공급하는 것을 골자로 한 제휴 선언을 했다. 언뜻 생각해봐도 도저히 말이 안 될 것 같은 제휴였지만, 이것은 MS와의 제휴를 통해 응용 소프트웨어의 부족이라는 애플의 최대 약점을 보완하고, 윈도 95로 이탈하고 있는 매킨토시 고객들을 붙들고자 한 잡스의 의도가 깔린 것이었다.[10]

그리고 그는 애플을 회생시키기 위한 대대적인 수술에 들어갔다. 우선 1만7천 명의 직원을 절반 수준인 9천6백 명으로 줄였다. 그리고 거액의 보너스 지급도 중단했다. 대신 그는 직원들 전원에게 스톡옵션[11]을 주었다. 15종류에 달했던 제품 수도 4개로 줄였고, 개발 경비도 대폭 삭감했다. 또한 첨단 재고관리 시스템을 도입해 재고도 2분의 1로 줄여 나갔다.

잡스의 이런 노력이 헛되지 않았다는 것은 금방 증명되었다. 애플 컴퓨

---

9) 김현기, 〈'누드 PC 만루홈런' 제 2애플신화 창조〉, 『중앙일보』, 1999년 3월 12일, 32면.
10) 전선용, 〈'돌아온 풍운아' 스티브 잡스, 그리고 적과의 동침〉, 『사회평론 길』, 1997년 9월 호, 197쪽.
11) 스톡 옵션(Stock Option): 기업이 자사의 특정 임직원에게 자사 주식을 일정 기간 내에 일정 가격으로 살 수 있는 권리를 주어 주가가 오르면 시가와 주식매입가격의 차액을 향유할 수 있는 보상제도이다.

터는 1997년 말부터 5분기 연속 흑자를 기록하며 98년엔 3억 달러의 순이익을 냈다. 또한 가정용 PC의 시장점유율도 97년 5%에서 12%(99년 2분기)로 높아졌다.

무엇보다도 애플의 성공적인 재기에 불을 당겼던 것은 잡스가 개발한 'iMAC' 이었다. 속이 들여다보이는 반투명의 신개념 컴퓨터 iMAC은 디자인과 기술의 결합으로 불릴 만큼 획기적이었다. 'internet'의 앞 자를 딴 제품명 'i' 에서 드러나듯 iMAC은 인터넷 시대의 PC에 초점을 맞췄고, 직사각형인 일반 PC와는 달리 모니터와 본체가 하나의 곡선으로 이뤄져 있다. 이 제품은 1998년 8월 시판된 이후에 2백만 대 이상 팔리며 애플의 회생에 결정적인 역할을 했다. 또한 iMAC에 이어 99년 9월부터 출시된 노트북판 iBOOK도 아이맥에 못지 않은 성과를 올리고 있다.

애플의 재기로 잡스는 IBM의 루 거스너와 함께 '경영의 귀재'로 불리게 되었지만, 인간적으로는 다소 엇갈리는 평가를 받고 있다. 히피 출신의 로맨틱한 이상주의자로 그려지는가 하면, 자라목을 한 이기주의자라는 악평도 듣고 있다.[12] 실제로 그는 가혹하리만큼 자신의 생각을 거침없이 밝히고, 직원들이 애써 만들어낸 작품을 한번 훑어본 후 "낙제점이군"하고 비웃는 일도 잦다고 한다. 하지만 그의 이런 태도에 대한 비판에도 불구하고 그는 직원들을 가혹하게 다룸으로써 그들의 내재된 재능을 이끌어내는 재주가 있다고 전해진다.[13]

잡스는 '누구를 쓰느냐가 그 회사를 말해준다' 는 철학을 가지고 있다.

---

12) 이선기, 〈다시 부활한 컴퓨터 천재〉, 『밀레니엄 리더』(청림출판, 1999), 69쪽.
13) Steven Levy, 〈애플社 옛 영광 되찾기 안간힘〉, 『뉴스위크』(한국판), 1998년 6월 3일, 61면.

다른 분야와는 달리 예술과 테크놀러지는 특히 독창성이 뛰어난 사람이 필요하다는 것이 그의 생각이다. 그래서 픽사에서 일하는 4백20여 명은 멀리 러시아나 일본까지 샅샅이 뒤져 스카우트한 고급인력이다.[14] 애플과 픽사, 각기 다른 두 개의 사업으로 한창 바쁜 잡스는 두 회사의 공통점에 대해 이렇게 말했다.

애플과 픽사는 공통점이 있습니다 테크놀러지와 예술이라는 각기 다른 분야를 다루고 있지만 독창성이 핵심이라는 점에서는 똑같지요.[15]

한편 미국의 시사주간지 『타임』은 1999년 10월 18일자 표지 인물로 잡스를 선정했고, 그의 성공적인 두 개 사업을 다음과 같이 표현했다.

애플은 기술을 창조하기 위해서 예술을 사용한다. 픽사는 예술을 창조하기 위해서 기술을 사용한다.[16]

올해(2000년) 잡스는 '임시'라는 직함을 떼 내고 애플의 정식 회장으로 취임한다고 한다. 그리고 여름엔 새로운 운영체제인 'MAC OS X'를 출시하겠다고 밝혔다. '애플이 컴퓨터 업계를 압도했던 시절로 되돌아가겠다'고 호언장담한 잡스가 과연 막강한 경쟁 업체들을 물리치고 애플을 지속적으로 성장시킬 수 있을지는 계속 지켜보아야 할 것이다.

---

14) 김순덕, 〈예술-기술의 핵심은 번득이는 창조력〉, 『동아일보』, 1998년 10월 31일, 15면.
15) 김순덕, 위의 글.
16) Michael Krantz, 〈Steve's Two Jobs〉, 『Time』, October 18, 1999, p.40.

　　1991년에 로렌스 파웰과 결혼한 잡스는 현재 딸 둘과 아들 한 명을 두고 있고, 고기와 버터, 치즈를 전혀 먹지 않는 채식주의자로 알려져 있다. 그가 존경하는 기업가는 데이비드 팩커드와 인텔의 앤디 그로브[17]이고, 가수 중엔 밥 딜런을 좋아한다. 그의 친한 친구는 애플 이사(理事)이기도 했던 오러클사(社)의 래리 엘리슨이다.　**인·사**

---

17) 앤디 그로브에 대해서는 강준만, 〈앤드류 그로브: '인텔' 제국을 세운 '편집광'〉, 강준만 외, 『권력과 리더십 3』(인물과사상사, 1999)을 참고하십시오.

존 레논

Lennon, John

1980년 12월 8일, 마흔 살의 존 레논[1]은 미국 뉴욕 맨해튼의 아파트 앞에서 한 열성 팬의 총에 맞아 세상을 떠났다. 레논이 죽었다는 사실이 알려지자 전 세계 많은 팬들은 경악을 금치 못했고, 조문객의 행렬은 그가 흙 속에 묻힐 때까지 계속 되었다. 그가 죽은 지 엿새 뒤에 뉴욕의 센트럴 파크와 영국 리버풀에서 동시에 열린 추모집회에 모인 수많은 군중들은 그의 죽음을 간절히 애도했다. 한 대중음악가의 죽음에 대한 세계 곳곳의 이러한 추모 열기는 세계 역사상 전무후무한 것이었다.

2000년은 '비틀즈' 결성 40주년, 해체 30주년, 존 레논의 사망 20주기가 겹치는 해이다. 이런 이유에서 EMI를 비롯한 음반 회사뿐만 아니라 세

---

1) 존 레논에 대해서는 이휘현, 〈존 레논: 사랑과 평화의 이상주의자〉, 송기도 · 강준만 외, 『권력과 리더십 2』(인물과사상사, 1999)도 참고하십시오.

계 곳곳에서는 비틀즈와 리더였던 존 레논에 관련된 기념행사를 준비 중이다. 핀란드 위베스퀼러대학은 이미 오는 2000년 8월에 '비틀즈 2000'이란 이름의 본격적인 학술대회를 연다고 밝힌 바 있다. 비틀즈는 1998년 미국의 시사주간지 『타임』이 선정한 20세기 문화·예술인 20인에 뽑혔으며 95년 EMI가 비틀즈 해산 25주년에 맞춰 내놓은 전기 앨범 『앤솔로지(Anthology)』는 지금까지 1000만 장이 넘는 판매고를 올리고 있다.

뿐만 아니라 최근 영국과 미국의 음악 팬 20만 명을 대상으로 한 조사를 토대로 영국의 한 출판사에서 펴낸 '역대 1000대 앨범'에서는 비틀즈가 발표한 앨범이 1위부터 5위까지 상위권을 모두 휩쓸었다. 이러한 기록들은 20세기 최고의 팝 그룹으로 평가받고 있는 '비틀즈'의 명성이 새 천년에도 계속 이어질 것임을 암시하고 있다.

한편 생전에 비틀즈의 리더로서, 또한 독자적인 활동으로 항상 이슈를 만들어 냈던 존 레논은 1999년에 권위 있는 영국의 인명록 『인터내셔널 후즈 후(International Who's Who)』가 선정한 '20세기 세계를 움직인 100인'에 대중가수로는 유일하게 포함되었다.[2] 그가 죽은 지 벌써 20년이 되었지만, 그의 삶은 여전히 사람들의 관심을 끌고 있고, 그의 노래는 그를 잘 알지 못하는 젊은이들에게도 많은 사랑을 받고 있다.

존 레논은 일개 대중가수로서만이 아니라 사회, 정치운동가로서 치열한 삶을 살았다. 사실 다면적인 면모를 가진 존 레논에게 일관된 이미지를 발견하는 것은 무척 어려운 일이다. 그는 1960년대 서구의 대항문화의 가능성과 한계, 장점과 단점, 비극과 희극을 모두 체험하고 감당해내면서 자신

---

2) 임진모, 〈존 레넌 … 역시, 금세기 최고 대중음악인〉, 『뉴스피플』, 1999년 6월 17일, 65면.

의 삶을 엮어 나간 인물이기 때문이다.[3]

레논은 1940년 10월 9일 영국 리버풀 옥스퍼드가(街)에서 아일랜드 계의 가난한 노동자 프레디와 극장 안내원 출신 줄리아의 첫아이로 태어났다. 하지만 얼마 되지 않아 두 사람에게 파경이 찾아왔기 때문에 레논은 그를 가장 예뻐했던 미미 이모의 손에 의해서 자라게 됐다. 자식이 없었던 미미 이모 부부는 그를 정성을 다해 키웠지만, 혼란스러웠던 유년 시절을 겪은 탓인지 레논은 어른들의 기대와는 달리 제 또래들과 어울려 온갖 말썽을 피우는 문제아로 자라났다. 그는 이미 네 살 때 유치원에서 퇴학 처분을 받았고, 그의 행동은 상급학교에 진학해서도 크게 달라지지 않았다. 그는 항상 정규 교육이 자신의 능력과 소질을 자유롭게 발휘하는 것을 억누른다고 느꼈고, 그래서 종종 교사들의 평가에 도전하곤 했다.

한편 레논은 반항적인 문제아로 취급받았지만, 혼자 있을 때는 오스카 와일드, 딜런 토머스, 반 고흐 등 예술가들과 관련된 책을 많이 읽었다. 존은 가정에서든 학교에서든 자기를 둘러싼 현실에 대해 막연한 불만을 느꼈고, 그 현실에서 벗어나게 해주는 것이면 무엇이든 좋아했다.[4] 또한 그는 노동계급의 자식으로서 한계를 벗어나려는 욕망을 점점 키워나갔다.

그러던 레논이 열 여덟 살이 되던 1958년에 그의 생애에 크나큰 시련이 닥쳐왔다. 재혼한 뒤에도 종종 만나며 정을 나누었던 그의 어머니 줄리아가 불의의 교통사고로 갑자기 세상을 떠나 버린 것이다. 레논이 한 인터뷰에서 "어머니가 내게 음악을 가르쳐 주었다"고 말했듯이, 줄리아는 그에게 밴조의 코드를 가르쳐주고, 기타를 선물해 줌으로써 그가 일찍이 음악을

---

3) 신현준, 〈60년대 대항문화와 존 레논〉, 『이매진, 세상으로 만든 노래』(새길, 1993), 3쪽.
4) 신현준, 〈자신이 천재라고 생각한 악동〉, 위의 책, 22쪽.

접할 수 있게 해주었다. 줄리아의 죽음은 사춘기의 예민한 시절을 보내고 있던 그에게는 감당하기 힘든 고통일 수밖에 없었고, 어머니에 대한 그리움은 그의 생애 전반에 걸쳐 결핍의 요소로 작용하게 된다. 그가 솔로 활동 초기에 내놓은 앨범 『플래스틱 오노 밴드(Plastic Ono Band)』의 타이틀 곡 『엄마(Mother)』나 『엄마는 죽었어(My Mommy's Dead)』 등의 노래에 그의 이런 심리 상태는 잘 드러나 있다.[5]

어머니를 잃은 슬픔 속에서, 레논은 술과 각성제에 빠져들기 시작했고, 행동은 더욱 거칠어졌다. 그런 그에게 남은 유일한 희망은 로큰롤 음악뿐이었기에, 학업을 내팽개치고 친구들과 결성한 밴드 활동에 미친 듯이 몰입하게 된다.

레논은 '쿼리멘(Quarreymen)'이라는 밴드를 이끌고 있던 1957년에 왼손잡이 소년 폴 매카트니와 운명적인 만남을 갖게 되었다. 역사상 가장 뛰어난 콤비이자, 필생의 라이벌이었던 '레논-매카트니'의 탄생은 이렇게 시작되었다. 그 후 수준급의 기타 연주 실력을 가진 조지 해리슨과 드럼주자가 가세하여 비틀즈의 원형이 갖추어지기 시작하였다.

이들은 '비틀즈'란 이름으로 공식 활동에 앞서 '레인보우즈', '조니 앤 문도그즈', '실버 비틀즈'라는 이름의 아마추어 밴드로 활동을 했었다. 주로 리버풀 근교에서 활동하다 독일 함부르크에서 최초로 해외 연주를 시작했을 당시 이들은 갖은 고생으로 고된 나날을 보냈다. 하지만 그때의 연주 활동을 통해서 그들의 음악은 서서히 아마추어티를 벗어 던지기 시작했고, 이때의 경험은 훗날 그들이 성공하는 데 훌륭한 밑거름이 된다.

---

5) 오동진, 〈비틀즈 '人間 존 레논' 재조명〉, 『문화일보』, 1993년 12월 12일, 14면.

14주 동안의 두 번째 함부르크 공연을 마치고 다시 리버풀로 돌아왔을 때, 이들은 '비틀즈'라는 이름을 역사에 남기는 데 중심적인 역할을 했던 매니저 브라이언 엡스타인을 만나게 된다. 그는 훗날(1967년) 약물 쇼크로 죽게 되는데, 그의 죽음은 비틀즈 해산의 직접적인 동기가 되었다고 볼 수 있다.[6]

엡스타인은 레논과 그의 동료들에게 어떤 가능성을 발견하고, 그 자신이 기꺼이 그 점화자가 되었다. 그의 제안으로 링고 스타를 새 드럼주자로 받아들인 비틀즈 4인조는 1962년 역시 엡스타인의 주선으로 EMI사와 계약을 맺고 데뷔 싱글 『날 정말 사랑해줘(Love Me Do)』를 발표했다.

그들의 뒤이은 싱글 『제발 날 기쁘게 해줘(Please, Please Me)』와 『당신의 손을 잡고 싶어(I Wanna Hold Your Hand)』가 잇따라 히트 차트 1위를 기록하고 1964년 2월 미국 공연 뒤 그들의 노래가 빌보드 차트 1위에서 5위까지 휩쓸었을 때, 이제 비틀즈라는 이름은 대중음악사에서 누구도 지울 수 없는 고딕체의 활자가 되어 버렸다.[7]

비틀즈는 다양한 코드사용과 리듬 앤 블루스 창법의 수용을 통한 백인 록음악의 혁명을 일으켰고, 그들만의 복장과 헤어스타일을 통해 한 시대 유행을 창조해냈다. 그들 모두는 각자가 모두 뛰어난 뮤지션으로 평가받았고, 록음악을 대중에게 더 친숙하게 만들면서도 음악의 정치성을 포기하지 않았다.[8] 미국의 유명한 작곡가 레너드 번스타인은 "비틀즈 음악은 모차르

---

6) 잔 S. 웨너, 〈존 레논〉, 크리스토퍼 실베스타 편저, 서지영·변원미 옮김, 『인터뷰 I』(현일사, 1994), 375쪽.
7) 고종석, 〈전세계 젊음 열광시킨 자유와 평화의 화음〉, 『한겨레』, 1995년 8월 8일, 15면.
8) 고종석, 위의 글.

트, 바흐, 브람스 음악에 못지 않다. 후대 사람들이 60년대를 알려거든 비틀즈의 음악을 들으면 된다"는 말을 하기도 했다.[9]

하지만 레논과 비틀즈 멤버들은 성공을 거듭할수록 자기 상실과 고립감을 느껴야 했다. "우리 존재가 커질수록 우리는 비현실의 세계에 직면해야 했다"는 것이 그 당시에 레논이 슈퍼스타 세계에서 느낀 감정이었다.[10] 이들은 정신적 압박에서 벗어나기 위해 마리화나와 섹스에 탐닉하면서 자신들을 달래곤 하였다.

그들에게 구체적으로 고난이 닥쳐온 건 1966년 '우리는 예수 보다 더 유명하다'는 발언으로 반(反)비틀즈 운동이 전개되면서부터였다. 그리스도 비판 파문으로 인해 팀이 계속 불화를 겪자 자신의 삶에 대한 진지한 성찰을 하기 시작했던 레논은 그 해에 자신의 생애에 또 하나의 중요한 전환점을 맞이했다. 레논은 다른 멤버들과 함께 공개적으로 베트남전쟁 반대 선언을 했고, 이 사건을 계기로 그는 평생동안 헌신했던 반전·평화운동에 첫발을 내딛게 된 것이다.

한편 비틀즈로서 삶에 깊은 회의를 느끼고 새로운 삶을 갈구하며 몸부림쳤던 레논은 1966년 11월 영국의 한 전시회장에서 후에 새로운 삶의 동반자가 될 오노 요코와 첫대면을 했다. 그들이 처음 만났을 무렵 요코는 유명인사들과 비(非)유명인 3백65명의 엉덩이를 클로즈업한 『엉덩이들(Bottoms)』이란 영화를 찍어 대중들로부터 온갖 상스러운 욕을 듣는 언더그라운드 전위예술가였다. 처음에 그들은 예술가로서 서로의 생각을 공유하는 관계였을 뿐이었으나, 사귄 지 1년여의 시간이 흐른 69년 3월 레논은

9) 임진모, 〈20세기의 바흐 비틀즈는 영원하리〉, 『시사저널』, 1999년 2월 18일, 98면.
10) 신현준, 〈헬프! 슈퍼스타의 고독〉, 『이매진, 세상으로 만든 노래』(새길, 1993), 74쪽.

본처인 신시아와 아들 줄리언을 버리고 오노 요코와 결혼식을 올렸다. 서양인과 동양인, 대중가수와 전위예술가, 남성우월주의자와 여성해방론자라는 점에서 레논과 요코의 삶의 이력은 정반대였다. 하지만 각자가 속한 세계는 달랐어도 둘은 모두 예술적 창조력과 강한 자아를 지녔으면서도 인간적 고독을 느끼고 있었다.[11]

그들은 평화주의자였고, 1960년대 말부터 레논과 요코는 온갖 이벤트와 해프닝으로 반전시위에 앞장섰다. 가방 속에 들어가 억울하게 사형 당한 인물의 구명운동을 전개했고('백 이벤트'), 히피풍의 긴 머리카락을 미련 없이 자르면서 흑인민권운동을 지원했고('마이클-X 지원 모금운동'), 상수리나무를 세계의 정치지도자들에게 보내 평화의 염원을 전하기도 했다.('상수리 이벤트')

사실 레논의 팬들에게 요코의 예술은 이해하기 힘든 불가사의한 것이었고, 대부분의 사람들은 레논과 요코와의 결합을 몹시도 못마땅해 했다. 하지만 그들은 주위 여론을 신경쓰지 않고 독자적으로 행동했으며, 평상복 차림에 테니스화를 신고 단둘이 결혼식을 올린 후에 신혼여행 기간 동안 드러눕기 평화시위('Bed-In')를 벌여 사람들의 관심을 끌었다. 그들은 네덜란드 암스테르담 힐튼호텔에서 평화를 갈구한다는 플래카드를 걸어놓고 침대에 드러누운 채 기자회견을 가졌다. 대부분의 언론들은 그 이벤트를 냉소적으로 취급했으나, 이러한 저항 방법은 그들의 기지와 주목 끌기의 탁월함이 엿보이는 부분이기도 하다.[12]

---

11) 신현준, 〈오노 요코의 등장〉, 앞의 책, 108쪽.
12) 레이 코널리, 〈배기즘, 셰기즘, 드래기즘, 매디즘〉, 전찬일 · 임진모 옮김, 『존 레논』(대륙, 1993), 166쪽.

1967년 매니저 엡스타인이 사망하고, 레논이 일본인 전위예술가 오노 요코와 가까워지면서 분열의 조짐을 보이던 '비틀즈'는 존과 폴의 불화로 결국 70년 그룹의 공식 해체로 이어졌다. 사실 60년대 말, 레논은 비틀즈를 떠나야겠다고 이미 마음을 먹은 상태였다. 하지만 비틀즈 해체로 레논은 자신의 일부가 떨어져 나가는 듯한 고통을 겪어야만 했고 심각한 우울증에 시달려야 했다. 레논은 그룹 해체 뒤 "계속 버텨 나가야 한다"는 자기 다짐을 거듭하면서 그의 말처럼 "현실적이 되기 위한" 자기 자신과의 진지한 싸움을 거듭해야만 했다.[13]

이런 이유로 한동안 자택에 칩거하고 있던 그는 1970년 봄에 야노프 박사 부부에게 프라이멀 세라피 요법을 받기 시작했다. 이것은 유아기의 고통을 다시 체험하게 하여 억압된 고통을 치료한다는 특수심리요법인데, 이 요법은 레논에게 정신적인 안정을 가져다주었으며, 창작활동에도 도움을 주었다. 그 해 12월에 레논은 매우 이례적으로 자신의 삶을 대중 앞에 드러낸 최초의 솔로 앨범 『플라스틱 오노 밴드』를 발표했다. 특히 이 앨범에 실린 『노동계급의 영웅(Working Class Hero)』이라는 곡에서 그는 자신이 노동계급 출신이라는 사실을 언급했고, 개인이 아무리 계층 상승을 이루어도 계급 제도는 변함없이 유지되고 있다는 점을 지적했다. 이 무렵 레논은 『롤링 스톤(Rolling Stone)』지와 가진 인터뷰에서 비틀즈에게 "엄청나게 커져 버린 후레자식들, 지구상에서 제일 큰 후레자식들"이라는 비난을 퍼부어 대기도 했다.[14]

1971년 3월 그는 영국의 마르크스주의자 타리크 알리, 로빈 블랙번 등과

---

13) 신현준, 〈꿈은 끝났다〉, 『이매진, 세상으로 만든 노래』(새길, 1993), 169쪽.
14) 신현준, 〈노동계급의 영웅〉, 위의 책, 183쪽.

친교를 통해서 얻은 영감을 토대로 "혁명을 원한다고 외치자"라고 시작하는 『민중에게 권력을(Power to the People)』을 발표했다. 또 레논은 요코와 함께 런던에서 극좌파 지하신문 『오즈(OZ)』에 대한 당국의 탄압과 영국의 북아일랜드 정책을 반대하는 시위에 참가하기도 하였다. 이 시기에 발표된 『평화에도 기회를(Give Peace A Chance)』, 『해피 크리스마스(Happy X-mas—War Is Over)』, 『여자는 세상의 검둥이노예(Woman Is the Nigger of the World)』 등의 곡들은 급진적인 메시지를 담고 있었기 때문에 한국에서는 한동안 소개되지 못했다.

레논의 최고 걸작으로 꼽히는 노래 『이매진(Imagine)』은 1971년 9월에 발표되었다. 자신 스스로 "반종교적, 반민족주의적, 반인습적, 반자본주의적 노래"라고 밝힌 이 곡에서 레논은 자신의 사상을 집약적으로 표현하는 데 성공했다. 이 곡은 국내에서도 그의 서정적 발라드 곡 『러브(Love)』와 함께 가장 널리 알려져 있다. 비록 『이매진』 싱글판은 당시에 빌보드 차트 3위에 오르는 데 그쳤지만, 신좌파의 상상력이 궁극적 목표로 삼았던 것이 무엇인가를 일깨워주면서 그들로 하여금 새로운 결의를 다지게 해주었다.[15]

1971년 12월에 레논과 요코는 투옥 중이던 신좌파 활동가 존 싱클레어의 석방을 위한 자선공연에 참가했다. 그들은 싱클레어의 투옥 뒤에는 닉슨 행정부의 반전운동 탄압 의도가 숨어 있다고 판단하였기 때문이다. 한편 레논이 좌파 청년들과 어울리며 계속해서 반전·평화 시위를 하는 등 정치활동에 적극 참여하자, 닉슨 정부는 그를 블랙리스트에 올려놓고 계속적인 추방 명령과 FBI를 동원한 미행과 감시를 통해 그의 사생활을 옥죄

---

15) 신현준, 〈'혁명가' 존 레논의 고독과 투쟁〉, 월간 『말』, 1994년 1월호, 237쪽.

기 시작했다. 이와 관련해 레논의 이민소송 관련 변호사였던 레온 와일즈
는 다음과 같이 말했다.

> 처음으로 18세 청년들에게 투표권이 부여된 1972년 대통령선거에서,
> 레논은 투표에 가장 큰 영향을 미칠 수 있는 인물이었다. 나는 닉슨이
> 레논에 관해 논의했을 것이라는 확실한 심증을 가지고 있다.[16]

1968년 영국에서 마리화나 소지로 유죄 판결을 받은 사실을 빌미로 뉴욕
지방이민국이 내린 추방 명령에 정치적 의도가 깔려 있음을 깨달은 레논과
요코는 닉슨을 반대하고 민주당 후보인 맥거번을 지지하는 캠페인을 벌였
다. 하지만 들끓는 반전 분위기에도 불구하고 1972년 11월 7일의 선거에
서 닉슨은 공화당 후보 사상 최다득표를 얻으면서 재선되었다. 이를 보고
충격을 받은 레논은 깊은 절망감에 사로잡혔고, 그 뒤 그는 정치 무대에서
서서히 퇴장하였다. 이 시기의 그의 음악활동 역시 별다른 성과를 보이지
않았다.

설상가상으로 방향 감각을 상실하고 방황하던 레논에게는 또다른 시련이
닥쳐왔다. 그는 당시 여러 문제로 요코와 잦은 마찰을 빚어 왔는데, 1973년
10월 그녀가 로스앤젤레스로 훌쩍 떠나버린 것이었다. 이때부터 이들은 18
개월 동안의 별거에 들어갔고, 이민소송 문제로 지쳐있던 레논은 더욱더 힘
겨운 생활을 시작해야만 했다.

스스로 '잃어버린 주말'이라 칭했던 별거 기간 동안 레논은 스스로 자신

---

16) 신현준, 〈FBI의 추적〉, 『이매진, 세상으로 만든 노래』(새길, 1993), 221쪽에서 재인용.

의 삶을 피폐하게 만들었다. 그는 로스앤젤레스에서 메이 팡이라는 젊은 중국계 여자와 함께 지냈지만, 요코를 잃은 그의 불안감은 날이 갈수록 심해지기만 했다. 엎친 데 덮친 격으로 그의 일도 잘 풀리지 않았다. '로큰롤의 부활'을 꿈꾸며 만든 음반의 마스터 테이프를 가지고 앨범 제작자가 사라지는 등 불운이 겹쳤다. 레논은 매일 술에 절어서 생활했고, 그의 기행(奇行)은 종종 언론의 비웃음거리가 되었다.

그러던 중 1974년 레논은 그의 생애에서 마지막 무대가 된 엘튼 존의 추수감사절 공연에 스페셜 게스트로 참석해 멋진 화음을 선보였다. 이를 계기로 그는 악몽에 젖어 보냈던 별거 생활을 끝내고 75년 2월에 요코와 재결합했다. 이후에 그에게는 힘겨웠던 과거를 보상받을 만한 좋은 일이 연거푸 생겼다. 하나는 75년 10월 요코와의 사이에서 숀이라는 남자아이가 탄생한 것이었고, 다른 하나는 4년간의 지리한 법정 싸움 끝에 마침내 미국 영주권을 취득하게 된 것이었다.

1975년 이후에 그는 전업주부가 되겠다는 이례적인 선언을 하고, 숀의 육아를 담당하기 시작했다. 레논은 이것을 통해서 자신이 페미니즘을 실천한다고 생각했다. 물론 이런 페미니스트적 성향은 요코에게 영향받은 것이었다. 사실 그는 영국의 전통적인 공업 도시에서 자라나 굉장히 강한 남성 우월 의식을 가지고 있었다. 하지만 요코를 만나면서부터 그는 조금씩 남녀평등 의식을 가지게 되었던 것이다. 레논의 주부생활에 대해서 "일본인 마녀가 그를 미치게 만들어서 그를 집안에 감금시켰다"라는 식으로 비아냥거리는 사람들도 있었다.[17] 하지만 주위의 시선에 아랑곳하지 않고 그는 이

---

17) 신현준, 〈페미니스트 주부〉, 앞의 책, 260쪽.

때부터 5년여의 시간 동안 사업 수완을 발휘하여 많은 돈을 벌어들였던 요코를 대신하여 집에서 하루 종일 아들 숀을 돌보면서 지냈다.

5년 동안 어떤 정치활동도, 음악활동도 하지 않았던 레논은 1980년 8월 전업주부로서의 생활을 마감하고 새로운 앨범을 만들겠다고 선언했다. 많은 사람들은 다시 돌아온 그를 환영하였고, 그의 새로운 앨범에 기대를 걸었다. 그리고 몇 개월 뒤 그의 가정생활을 그린 앨범 『이중환상곡(Double Fantasy)』이 발표되었다. 이 앨범에 그는 가정생활의 행복과 갈등을 그려 냈고, 자연스럽게 로큰롤의 남성 중심 전통에서 벗어났다. 나아가 『이중환상곡』은 그가 일생을 두고 추구한 개인생활과 사회생활을 서로 연결한다는 이상(理想)의 연장선상에 있는 작품이었다. 또한 레논의 새출발은 음악 영역에만 머무르지 않았다.[18] 그는 샌프란시스코의 일본인 기업 노조 파업의 지원을 계획하는 등 정치활동 재개를 시도했다.

1980년 12월 8일, 한 주가 시작되는 월요일에 가진 한 인터뷰에서 레논은 앞으로의 계획을 밝히면서 이렇게 말했다.

> 60년대가 이룬 일은 우리가 가진 가능성과 책임감을 보여 주었다. 그러나 그것은 해답은 아니었다. 그것은 가능성의 희미한 빛을 보여주었을 뿐이다. 70년대에는 어느 누구도 'NO, NO, NO'라고 말했고, 80년대에는 많은 사람들이 'OK, 인생의 긍정적인 면을 확실히 제시해 보자'이다.[19]

---

18) 신현준, 〈다시 시작하는 것처럼〉, 『이매진, 세상으로 만든 노래』(새길, 1993), 268쪽.
19) 신현준, 〈우리는 살아 남았다〉, 위의 책, 275쪽에서 재인용.

이렇듯 레논은 새로운 희망에 부풀어 있었고 그 어느 때보다도 원기 왕성했다. 그러나 이것은 그의 마지막 공식 발언이 되고 말았고, 그의 꿈은 다섯 발의 총성으로 무참히 짓밟히게 된다.

그날 밤 일을 마치고 자신의 아파트로 들어가던 중 레논은 그의 '광적인 팬'으로 알려진 마크 채프먼이 쏜 총에 맞고 피를 토하며 쓰러졌다. 그는 급히 병원으로 후송되었지만, 과다출혈로 곧 숨을 거두고 말았다. 그의 죽음을 알리는 뉴스에 전 세계 사람들은 경악했고, 많은 사람들의 눈물과 애도 속에서 그의 파란만장했던 생애는 허무하게 마감되었다.

레논의 죽음에 대해서 지미 카터[20] 미국 대통령은 "그의 정신, 비틀즈의 정신은 경박하면서도 동시에 진지하고, 냉소적이며 동시에 이상주의적인 그 세대의 정신이 되었다"고 애도 성명을 발표했다. 그리고 '60년대의 마력(魔力)'을 상징했던 존 레논의 죽음은 단지 개인의 죽음이 아니라 '60년대의 꿈의 종언'을 상징하는 사건으로 기록되었다.[21]

그런데 그의 죽음을 둘러싼 풀리지 않는 의문들은 여전히 남아있다. 이 사건은 마크 채프먼이라는 열성 팬의 정신착란에 의한 단순한 살인으로 마무리되었지만, 이에 대해 많은 사람들은 의구심을 품었다. 레논이 가지고 있던 급진적 성향이나, 미국 정부와 계속되었던 갈등을 고려했을 때, 그리고 살해자 채프먼의 불확실한 행적과 그의 범행 동기와 배후에 대한 수사가 전혀 이루어지지 않았다는 점은 이런 의심을 증폭시켰다. 더구나 이 시기는 레논이 5년 간의 전업주부 생활을 끝내고 다시 활동을 개시하려던 시점이었고, 동시에 반동적 레이건 정권이 취임을 앞둔 시점이었다. 당시에

---

20) 지미 카터에 대해서는 『시사인물사전 2』를 참고하십시오.
21) 신현준, 〈60년대 대항문화와 존 레논〉, 앞의 책, 3쪽.

많은 사람들은 레논이 레이건 정권에 반대하는 집단적 저항의 구심점 역할을 할 수 있는 독보적인 존재라고 생각했고, 이에 미국 당국이 큰 위협을 느꼈던 것도 사실이다.[22] 이런 사실들을 고려해 봤을 때, 영국의 저명한 범죄학자이며 변호사인 브레슬러가 그의 책『존 레논의 살해(The Murder of John Lennon)』에서 했던 주장대로 "레논이 정치적 음모에 의해 암살당했을 수도 있다"는 가능성을 완전히 배제할 수는 없다.[23]

레논의 두 아들 줄리언과 숀은 둘 다 가수로 활동하고 있고, 그의 아내 요코는 1999년 11월 말 예루살렘에서 '평화의 메시지'를 담은 회고전을 여는 등 여전히 전위예술가로서 활약하고 있다.　**인·사**

---

22) 레이 코널리, 〈존 레논의 죽음을 둘러싼 의문〉, 전찬일·임진모 옮김, 『존 레논』(대륙, 1993), 267쪽.
23) 레이 코널리, 위의 책, 262쪽.

제니퍼 로페즈

Lopez, Jennifer

미국 라스베이거스에서 열린 99 빌보드 뮤직 어워드 시상식에서 제니퍼 로페즈는 가슴이 보일 듯 말 듯한 옷차림으로 아찔한 자태를 드러내 팬들에게 눈요기를 제공했다. 이전에 로페즈는 뉴욕에서 열린 'VH1 패션상' 수상식에서 최고 패션 여자가수상을 받았는데, 이를 입증이라도 하듯 그의 자태는 고혹적이었다. 이런 로페즈를 미국 패션전문지인 『코스모폴리탄』은 "할리우드 여배우 중 굴곡과 탄력성에서 가장 아름다운 엉덩이를 가진 배우"라고 평했다.[1]

그리고 얼마 지나지 않아 미국 연예전문 인터넷 신문인 『엔터테인먼트 온라인』은 그녀가 엉덩이를 다칠 경우 10억 달러(약 1조2천억 원)를 받는

---

1) 김태윤, 〈내 엉덩이 10억 달러짜리 보험에 들었어요〉, 『동아일보』, 1999년 12월 8일, 25면에서 재인용.

보험에 가입했다고 보도했다. 일간지 『뉴욕포스트』 역시 맨해튼 보험사 관계자의 말을 인용해 로페즈가 엉덩이 외에도 가슴(2억 달러), 다리(3억 달러) 등에도 거액의 보험을 들었다고 밝혔다.[2] 그런데 이런 보도에 대해 로페즈와 그의 매니저는 강한 부정도 긍정도 하지 않은 채 말끝을 흐렸다. 로페즈는 "그 소식을 들었을 때 정말 웃기는 소리라고 생각했다. …… 그런데 보험에 못들 것도 없지 않는가"라는 반응만을 보였다.[3] 어찌됐든 이런 말이 나돌 정도로 아름다운데다, 가장 '비싼' 엉덩이를 가졌다는 제니퍼 로페즈는 영화배우에서 가수로 변신해 리키 마틴과 함께 라틴 팝 열풍을 일으키고 있다.

제니퍼 로페즈는 리키 마틴과 같은 푸에르토리코(Puerto Rico)인으로 뉴욕 브롱크(Bronx) 출신이다. 그녀는 1970년 7월 24일 데이비드(David)와 구아다리프 로페즈(Guadalipe Lopez) 사이에서 태어났다. 로페즈는 다섯 살 때부터 어머니의 지원으로 댄스 교실에 다녔을 만큼, 어려서부터 연예인이 되고자 하는 바램을 가지고 있었다.

일찍부터 댄스를 배웠던 로페즈는 1990년 TV 쇼프로그램 『In Living Color』에서 '플라이 걸'(Fly Girls)이라 불리던 댄서로 할리우드에 처음 진출했다. 그러나 푸에르토리코 출신의 성적 매력이 넘치는 여성에게 주어지는 역할은 한정되어 있었다.[4] 결국 로페즈는 자신의 육체만을 보여주는 것에 그치지 않았던 『In Living Color』를 떠나기로 했다. 그런데 이런 라틴 출신의 섹시한 여성이라는 출신 조건은, 후에 그녀가 '스타'가 되도록 하

---

2) 김태윤, 〈내 엉덩이 10억 달러짜리 보험에 들었어요〉, 『동아일보』, 1999년 12월 8일, 25면.
3) 〈제니퍼 로페즈의 몸 10억 달러 가치(?)〉, 『뉴스위크』(한국판), 1999년 12월 22일, 102면.
4) 김현정, 〈거스를 수 없는 치명적 유혹〉, 『씨네 21』, 1991년 12월 28일, 77면.

는 원인이 되었다.

1993년 로페즈는 『Second Chances』와 94년 『Hotel Malibu』라는 TV 단막극 주인공으로 배우 생활을 시작했다. 95년에는 영화 『Mi Familia』(My Family)와 『Money Train』에도 출연했다. 비록 이 영화는 높은 인기를 얻지 못했지만, 할리우드가 로페즈의 재능과 미모를 주목하게 된 계기를 마련한 것들이었다. 이후 로페즈의 영화 출연은 계속 이어졌다. 96년에는 로빈 윌리암스(Robin Williams)와 함께 프랜시스 포드 코폴라(Francis Ford Coppola) 감독의 영화 『잭』(Jack)에 캐스팅 되었다.

1997년은 로페즈의 해였다고도 할 수 있다. 그녀는 한 해 동안 무려 네 편의 영화에 출연했다. 영화 『아나콘다』(Anaconda), 『블러드 앤 와인』(Blood and Wine), 『셀레나』, 『U턴』(U-Turn)이 바로 그것이다. 올리버 스톤(Oliver Stone) 감독의 느와르 영화 『U턴』에서 그녀는 멕시칸 아파치(Mexican-Apache)계의 여성으로 분했다. 올리버 스톤은 『타임』과 가진 인터뷰에서 그녀를 다음과 같이 말했다.

> 인상적이고, 느낌이 강한 여자이며 열성적인 태도를 지니고 있다. …… 그녀는 아침 7시면 연습 준비를 하고 있으며, 자신이 있어야 할 위치를 모두 알고 있다. 또한 산을 오르거나 격렬한 싸움을 하는 장면에서도 두려워하지 않고 스스로 그 역할을 해냈다.[5]

그녀가 스타덤에 오를 수 있었던 것은 영화 『셀레나』 덕분이었다. 『셀레

---

5) 『Current Biography』(1998).

나』는 1995년 '자신의 팬'이 당긴 권총의 방아쇠에 의해 숨을 거둔 라틴계 가수에 대한 전기 영화이다. 로페즈는 영화 오디션을 받기에 앞서, 주인공으로 캐스팅 되기 위해 '셀레나'의 실제 음반 활동을 담은 비디오를 가져다 많은 연구를 했다고 한다. 신화적인 가수로 인식되는 '셀레나'의 인생을 그려낸 로페즈는 높은 주가를 올릴 수 있었다. 로페즈 역시 라틴인인데다가, 직접 노래까지 부르게 됨으로써 '셀레나'의 인생과 그녀의 인생이 겹쳐지는 듯한 이미지를 얻어낸 것이다. 로페즈는 "셀레나의 가족은 그곳에 그대로 살아있고, 그들은 영화 전반에 포함되는 인물들이다"라며 그녀가 비디오까지 보면서 좀더 사실적인 연기를 펼치려고 했던 이유를 밝혔다.[6]

로페즈는 이처럼 높은 성장을 거듭해갔고, 1998년에 찍은 『표적』(Out of Sight)을 통해서 평론가들로부터 호평을 받았다. 엘머 레오나르드(Elmore Leonard)의 범죄 소설을 영화화한 이 작품에서 그녀는 터프하면서도 섹시한 경관으로 은행강도와 사랑에 빠지는 여주인공으로 등장했다. 그녀의 연기에 대해 평론가 자넷 메슬린(Janet Maslin)은 98년 6월 26일 『뉴욕 타임스』를 통해 "로페즈는 지금까지 중에서 가장 좋은 역을 맡았고, 그것은 매혹적이고 투지가 강한 모습을 그녀에게 심어주었다"고 평했다.[7]

그런데 로페즈가 영화에 출연하고 성공하기까지에는 어느 정도 행운이 따랐던 것으로도 볼 수 있다. 주연 여배우로 거론되었던 다른 유명 배우가 영화 캐스팅에 탈락되고 난 후, 로페즈가 캐스팅 되었기 때문이다. 『U턴』에서는 너무 높은 개런티를 요구한 샤론 스톤 다음으로, 『표적』에서는 오디션을 거부한 샌드라 블록의 대타로 그녀가 여주인공으로 선정되었던 것

---

6) 『Current Biography』(1998).
7) 『Current Biography』(1998).

이다.

많은 영화를 통해 배우로서 연기력을 발휘했던 로페즈는 1999년 6월 앨범을 내며 가수로 데뷔하였다. 앨범의 타이틀은 『On The 6』인데, 여기서 '6'이라는 것은 그녀가 무명 배우 시절 경제적으로나 정신적으로 힘든 상황을 참아내며 이용했던 지하철 라인을 뜻한다고 한다. 그녀는 앨범에 수록된 『If You Had My Love』로 빌보드 차트 1위까지 올랐다. 가수로는 신인인 그녀가 가요계의 정상을 차지한 것이다. 이를 통해 로페즈는 『Livin' La Vida Loca』를 통해 라틴 팝 열풍을 몰고 왔던 리키 마틴과 함께 세계적인 라틴 음악의 상승세를 형성하는 주요 인물이 되었다.

세계적으로 라틴 가수들의 상승세가 이어지고 있는 것은 '히스패닉'(Hispanic)의 부상과 무관하지 않다. 미국 내 라틴아메리카인인 '히스패닉'의 인구가 계속해서 증가하고 있는데, 이는 라틴 음악을 사랑해 줄 수요자 역시 증가하고 있음을 말해주는 것이다. 따라서 로페즈에게도 '히스패닉'이라는 출신 배경은 그녀가 성공할 수 있었던 요소 가운데 하나가 되었다고 할 수 있는 것이다.

또한 로페즈는 '스타 만들기 시스템'에 의해 탄생된 가수라고 할 수 있다.[8] 마이클 잭슨의 음반을 성공시켰던 로드니 저킨스와 에밀리오 에스테판이 각각 『If You Had My Love』와 『Let's Get Loud』의 프로듀서였다. 또한 랩퍼 팻 조와 빅 퍼니셔를 끌어들여 힙합곡 『Feelin' So Good』을 프로듀싱한 퍼프 대디 역시 힙합계의 거장으로 알려져 있다.

이렇듯 로페즈는 자신의 출생 배경과 유명 인사들의 참여, 그리고 그녀

---

8) 유진모, 〈은막에서 팝의 디바 된 제니퍼 로페즈〉, 『파르베』, 1999년 8월호, 68쪽.

자신이 갖고 있는 매력을 통해 지금의 인기를 얻을 수 있었다.

로페즈는 『셀레나』 시사회를 마친 후 모델이자 배우였던 오제니 노아 (Ojani Noa)와 결혼을 했지만, 결혼 1년 만에 이혼하였다. 현재는 이번 앨범 제작에 참여했던 퍼프 대디(Puff Daddy)와 연인 관계에 있는 것으로 알려진다.

1999년 12월 27일 로페즈와 대디가 불법무기 소지 및 장물취득 혐의로 나란히 체포되는 사건이 발생했다. 두 사람은 총기가 발사되어 부상자가 발생한 사건 현장에서 벗어나려다 경찰에 체포되었고, 로페즈는 증거불충분으로 풀려났다.

제니퍼 로페즈는 푸에르토리코 출신의 섹시한 라틴 여성이라는 이미지에서 크게 벗어나지 못하고 있다. 같은 라틴계 출신의 리키 마틴이 섹스 심벌로 인식되고 있는 것과 마찬가지라고 할 수 있다. 로페즈가 연예계에 발을 들인 후, 성공의 대열에 낄 수 있었던 것은 그런 그녀의 이미지가 가장 큰 역할을 했던 것은 틀림없는 사실이다. 하지만 "셰어와 배트 미들러, 다이애나 로스 그리고 바브라 스트라이샌드 그 모두"가 되고 싶어한다는 그녀이기에 새로운 도전과 변화가 필요하다. 그녀를 인터뷰했던 스티븐 리벨로에 의하면 그녀는 '두려움'이란 그 자체를 두려워한다고 한다. "승리하기 위해서는 위험을 감수해야 하는 법"이라고 로페즈가 말했다고 하니, 그의 성장 가능성을 앞으로 두고 볼 일이다.[9] **인·사**

---

9) 김현정, 〈거스를 수 없는 치명적 유혹〉, 『씨네21』, 1999년 12월 28일, 77쪽.

리키 마틴

Martin, Ricky

1999년을 대표하는 음악은 단연 테크노와 라틴 음악이었다. 이 가운데 라틴 음악의 인기를 몰고 왔던 대표적인 사람이 바로 리키 마틴(Ricky Martin)이다. 전 세계 팝 음반시장에서 라틴 음반이 주도를 이룰 수 있었던 것도 90년대의 엘비스 프레슬리라고 불리는 리키 마틴 때문이다. 99년 12월 12일 미국 시사주간 잡지 『타임』은 라틴계 가수 리키 마틴을 일본 만화 『포켓몬』의 주인공 '피카추'와 함께 99년 베스트 인물로 선정했다고 발표했다.

마틴은 1971년 12월 24일 푸에르토리코(Puerto Rico)의 산 후안(San Juan)에서 태어났다.[1] 그는 심리학자인 아버지와 회계사인 어머니 사이에

---

1) 푸에르토리코는 카리브해의 작은 섬으로, 미국의 한 자치주이다.

서 태어났지만 그가 두 살 되던 해에 부모가 이혼을 해 어머니와 함께 살았다. 이후 어머니의 재혼으로 그에게는 다섯 명의 이복 형제들이 생겼다.

'라틴 황제'라 불리는 마틴이 어렸을 때, 좋아했던 장르는 라틴 음악이 아닌 락(Rock)이었다. 그런데 그의 어머니가 라틴 음악을 좋아해 '티토 푸엔테'(Tito Puente), '셀리아 크루즈'(Celia Cruz)와 같은 라틴 음악가들의 콘서트에 그를 데리고 다녔다. 비록 어머니의 강요에 의한 것이었지만 이를 통해 마틴은 라틴 음악을 접할 수 있었고, 나아가 오늘날의 성공을 이룩할 수 있는 계기를 마련했다.

마틴이 처음 연예인이 되고자 마음먹었던 것은 일곱 살 때였다. 부모에게 그런 자신의 의사를 밝히자, 그의 아버지는 지방에서 열린 모델선발대회에 그를 출전시켰다. 그는 비록 입상하진 못했지만 이것을 계기로 다음 3년 동안 TV 광고에 출연할 수 있었다. 그의 연예계 데뷔가 광고 모델을 통해 이루어진 셈이다.

마틴의 나이 열 두 살이었던 1984년, 그는 '메누도'(Menudo)라는 음악 밴드에 참여함으로써 본격적인 가수활동을 시작했다. 사실 그 이전에 마틴은 '메누도'에 들어가기 위해 오디션을 받았었지만 너무 어리다는 이유로 세 번이나 퇴짜를 맞았던 경험이 있었다. 5명으로 구성된 '메누도'는 '라틴의 뉴키즈 온 더 블록'(New Kids on the Block)이라 불릴 만큼 많은 인기를 누렸는데, 마틴은 이 곳에서 5년 동안 활동했다. 그는 당시 '메누도'에서 활동했던 것에 대해 이렇게 말한다. "내가 메누도를 통해 기억하는 것은 존경심, 여러 음악 활동, 정신적인 훈련, 그리고 가족적인 환경 등이다."[2]

'메누도'를 떠난 1989년, 마틴은 고등학교를 마치고 뉴욕으로 이사했다.

그 동안 그는 한 개인이기보다 '메누도'라는 한 밴드의 일원으로서 그 이미지를 형성하고 있었다. 때문에 마틴은 자신만의 개성을 살리기 위해 노력을 시작했다. 반면 계속해서 가수 활동을 할 것인지에 대한 고민도 동시에 이뤄졌고, 컴퓨터나 패션 분야로의 진출까지 고려했다.

그러던 1989년 후반부에 마틴은 친구가 사는 멕시코 시티(Mexico City)를 방문했는데, 뜻밖에도 그 곳에서 연극에 출연하는 기회를 얻었다. 그는 『Mama Ama el Rock´n´Roll』(Mom Loves Rock-´n´-Roll)이라는 이 연극을 통해 좋은 평가를 얻었고, 이후 멕시코 TV 드라마 『Alcanzar Una Estrella Ⅱ』(To Reach a Star Ⅱ)에까지 출연할 수 있는 기회를 얻었다. 이것으로 배우라는 새로운 모습의 '리키 마틴'이 탄생하게 되었다.

1991년 드디어 마틴은 솔로로서 첫 앨범을 제작하게 되었다. 이 앨범의 노래는 모두 스페인어로 제작되었는데, 그가 좋아했던 락은 아니었다. 그는 발라드 곡을 처음 선보인 이유에 대해서 이렇게 밝혔다.

> 나는 노래로 성공할 수 있는 빠른 길이 발라드를 부르는 것이라 여겼기 때문에 그것을 불렀다. 일반적인 사람들 특히, 사랑에 빠져있는 사람들이라면 모두가 발라드를 좋아했었다. 그래서 발라드를 불렀는데, 이는 현명한 행동이었다.[3]

이후 마틴은 로스앤젤레스로 자리를 옮겼고, 노래와 연기를 병행했다. 먼저 그는 TV 드라마 『Getting By』와 『General Hospital』에 출연해 연

---

2) 『Current Biography』(1999).
3) 『Current Biography』(1999).

기 활동을 했다. 특히 미국 내 많은 인기를 얻었던 『General Hospital』의 경우 그가 맡은 캐릭터가 자신의 삶과 많은 공통점을 갖고 있어, 실제 공연 장면을 드라마에서 보여주기도 했다. 그의 연기 활동은 1996년 뉴욕에서 열린 브로드웨이 뮤지컬 『레미제라블』로 이어졌고, 97년엔 만화 『헤라클레스』의 스페인어판을 위해 목소리를 더빙하는 작업에도 참여했다. 그는 영화 음악 등 다방면에 걸쳐 정력적인 활동을 보이고 있는데, 만능 엔터테이너라는 말이 그에게 딱 어울리는 표현일 것이다.

로스앤젤레스에서의 음반 활동은 마틴이 1995년 『A Medio Vivir』(To Lives by Halves)을 발표하면서부터 시작되었다. 이 앨범은 6개월 만에 세계적으로 60만 장 이상 팔리더니, 총 1백만 장이 넘는 판매량을 기록했다. 구체적으로 살펴보면 앨범의 타이틀곡이었던 『Maria』가 97년 세계에서 가장 높은 판매량을 기록했던 싱글앨범 2위가 된 것이다.

그의 성공을 부르는 데 촉진제 역할을 한 것은 그가 1998년 월드컵 주제곡으로 부른 『La Copa de la Vida(The Cup of Life)』였다. 이 노래는 월드컵에 대한 전 세계인들의 열광적인 사랑과 함께 그 인기를 더해갔고, 99년 2월 마틴은 이 노래로 최고 라틴 팝 가수 부분 그래미상을 거머쥐었다. 이 노래가 실렸던 앨범 『Vuelve』는 미국에서만 1백70만 장이, 전 세계 20여개국에서는 6백만 장 이상 팔렸다. 마틴이 91년 솔로로 데뷔한 뒤 내놓은 4장의 앨범의 총판매량은 전 세계적으로 1천5백만 장 이상인 것으로 집계되었다.[4]

월드컵 주제곡에 이어 마틴이 내놓은 것은 첫 번째 영어 앨범이었다. 그

---

4) Veronica Chambers, John Leland, 〈미국서 꽃 피우는 열정의 라틴 음악〉, 『뉴스위크』 (한국판), 1999년 6월 9일, 72면.

동안 4개의 앨범을 선보였지만 모두 스페인어로 제작했다가, 1999년 자신의 이름과 동일한 『Ricky Martin』이란 제목으로 첫 영어 음반을 낸 것이다. 이 중 '미친 인생'이라는 뜻의 『Livin' La Vida Loca』라는 싱글앨범은 99년 여름 미국을 비롯해 전 세계적으로 라틴 팝을 유행시키면서 빌보드 싱글 차트에 5주 연속 1위로 올랐다.

라틴 가수 리키 마틴이 미국에서 성공했다는 것은 인종적인 측면과도 연관지어 생각할 수 있다. 미국 내 존재하는 소수민족 가운데 '히스패닉'(Hispanic)이라 불리는 미국 내 라틴아메리카인들의 인구증가율이 성장세를 보이고 있는 상황에서 마틴의 인기 역시 급상승하고 있기 때문이다. 2억6천만의 미국 인구 가운데 12% 이상인 3천2백여만 명이 히스패닉인데, 대다수는 멕시코와 푸에르토리코, 쿠바 출신이다. 미국 인구조사기관(Census Bureau)에 따르면 히스패닉들이 소수민족 가운데 가장 큰 민족이 될 것이라고 한다. 게다가 히스패닉은 그들 고유의 문화와 언어를 지켜가고 있어 미국의 정치·사회에 엄청난 영향력을 행사하게 될 것으로 보고 있다.[5] 이러한 점을 살펴볼 때, 일단 수적으로 우세한 인종적인 요인이 마틴의 인기를 올리는 데 한몫 했다고 볼 수 있겠다.

마틴 역시 라틴에 대한 애정이 대단하다. 그리고 그는 고향인 푸에르토리코의 관광객 유치를 증가시키기 위해 미국 내 TV 광고에도 출연했다. 마틴은 자신이 푸에르토리코의 '문화 대사'라고 생각한다. 그가 벌이고 있는 푸에르토리코 관광객 유치 활동은 그들의 문화를 확산시키고 미국인들이 푸에르토리코인들에게 갖고 있는 편견을 없애려는 의지에서 비롯된 것

---

5) 송기도, 〈'트로이의 목마', 히스패닉〉, 월간 『인물과 사상』, 1999년 10월호, 75쪽.

이었다.[6] 마틴은 배우에서 가수로 탈바꿈한 또다른 라틴계 스타 제니퍼 로페스(Jennifer Lopez)와 함께 『웨스트 사이드 스토리』리메이크 영화의 출연 제의를 거절했다. 이 영화가 라틴 문화를 비하하고 갱들을 대변하게 될 것이라는 이유에서 거절한 것이다.[7]

한동안 '리키 마틴은 게이다'라는 소문이 무성했었다. 이것은 게이 가수로 알려진 보이 조지가 TV를 통해 "마틴과 나는 일반인들이 아는 것보다 많은 부분을 공유하고 있다"고 밝힌 데서 시작됐다. 그런데 이 주장에 대해 마틴이 "사람들이 나를 게이로 생각한다 해도 상관없다"라는 애매한 태도를 취해 더 문제가 되었던 것이다. 게다가 그의 '달라붙는 가죽 바지와 섹시한 무대 매너'는 푸에르토리코의 게이 디스코텍에서 댄서들이 즐겨 구사하는 패션이라는 말이 있어 그 의혹을 증폭시켰다.[8] 사람들이 마틴을 섹스 심벌이라 부르는 것에 대한 반응을 묻는 어느 팬의 질문과 그의 대답이 인터넷 채팅을 통해서 이뤄진 적이 있다. 그의 홈페이지에도 기록되어 있는 그의 말을 인용하면 다음과 같다.

알다시피 내가 섹스 심벌이란 고정 관념 때문에 오랫동안 고민을 했다. 어느날 글로리아 에스테반(Glorida Estefan)이 이야기하길 '당신은 멋진 남자이고, 라틴인이라서 누군가와 만난다면 자동적으로 키스하는데, 그게 뭐 어떠냐? 그게 섹시한 거라면 당신은 그걸 거부하지 말고

---

6) 『Current Biography』(1999).
7) Veronica Chambers, John Leland, 〈미국서 꽃 피우는 열정의 라틴 음악〉, 『뉴스위크』(한국판), 1999년 6월 9일, 72면.
8) 윤고은, 〈팝스타 리키 마틴이 '게이다?'〉, 『일간 스포츠』, 1999년 12월 6일.

즐겨라' 했다. 그녀는 다른 섹스 심벌, 이를테면 엘비스나 비틀즈에 대해 얘기하기 시작했다. 그들은 섹스 심벌이었고 오늘날 그들은 전설이 되었다는 것이었다. 여러분은 자신이 원하는 대로 생각하고, 나는 가능한 한 모든 것을 즐길 것이다.[9]

  마틴의 현재 모습을 요약하면 이렇다. 183㎝ 가량의 키와 갈색 눈을 가진 스물 여덟 살의 라틴 팝 가수, 『피플』지가 꼽은 전 세계 베스트 드레서 중 한 명, 펩시콜라의 모델로 캐스팅 되어 슈퍼스타 대열에 오른 연예인, 일명 '골반춤'이라 불리는 허리춤 '펠비스 댄스'를 통해 무대를 장식하는 인기 가수, 공연을 마치고 나면 인도 여행에서 영적인 깨달음을 얻으면서 시작하게 된 '나마스테'라는 인도식 인사를 잊지 않는 세계적 스타.[10]

  라틴 음악을 통해 전 세계적인 유명 스타가 된 리키 마틴이 갑자기 떠올랐다 사라질 '반짝 스타'가 될지, 아니면 앞으로 보다 더 성장할지 아직 아무도 모르는 일이다. 다만 그의 가수 경력이 결코 만만치 않다는 점에서 그의 성장 가능성을 어느 정도 유추할 수 있을 뿐이다. 우선 열 두 살의 나이에 밴드를 통해 음악 활동을 시작했으니 마틴은 '원로 가수'라 할 수 있다. 지금 그가 누리고 있는 인기 역시 하루아침에 발생한 것이 아닌 오랜 노력과 기다림 속에서 이뤄진 것이라는 점이다. 여기에 그를 뒷받침하고 있는 세력, 라틴계의 파워가 미국 내에서 한층 강화되고 있다는 점에서 그의 인기가 거품이 빠지듯 쉽게 사그라지지는 않을 듯하다. **인사**

---

9) http://earth.interpia98.net/~rickymar/ 라는 그의 홈페이지에 기록된 1999.6.5-
   AQL chat의 한 부분 인용.
10) Veronica Chambers, John Leland, 앞의 글, 73면.

로버트 무가베

Mugabe, Robert

유럽어(語)들은 아프리카 대륙을 분할하는 담벼락이다. 아프리카인들의 정체성은 백색(白色)의 서름한 울타리 안에서 자란다. 그들은 옛 유럽 제국의 그늘이 드리워진 불어(佛語), 포르투갈어(語), 혹은 영어(英語)의 토양에서 서식한다. 이 구획을 벗어난 땅엔 미개(未開)라는 화인(火印)이 새겨졌다. 이러한 획정(劃定)의 금(線)은 당연히 아프리카인들이 흘린 눈물의 강 위에 그어진 것이다.[1]

한국에 잘 알려진 남아프리카공화국과 머리를 맞대고 있는 '짐바브웨'의 사정 역시 다르지 않다. 아프리카의 여러 나라 중에서도 비교적 늦은, 1980년에 이르러서야 영국으로부터 독립한 짐바브웨에는 대영제국(大英帝

---

1) 알리 마즈루이, 〈아프리카의 국제관계〉, 응구기 와 씨옹오, 이석호 옮김, 『탈 식민주의와 아프리카 문학』(인간사랑, 1999), 81쪽.

國)의 광휘(光輝)가 아직도 위협적으로 남아있다. 현재, 전체 면적 39만6백 km²의 짐바브웨에서는 영국인들의 후손이 대부분인 4천 명의 백인 농장주가 전국 농토의 3분의 1을 소유하고 있다. 영어를 공용어로 쓰고, 인구의 70%가 기독교 신자인 짐바브웨의 경제적 패권은 여전히 '제국의 후예'들 손에 쥐어져 있는 셈이다.[2]

지난 해(99) 세밑에 현 짐바브웨 대통령 로버트 무가베는 일체의 보상금을 주지 않고 이들 백인 지주들로부터 농지를 몰수할 것이라고 말해 세계 언론의 주목을 받았다. 무가베의 이러한 발언은 3주 전에 작성한, '정부가 농지를 소유자로부터 강제로 매입할 수 있게 하되, 대신 시세에 맞는 보상금을 지급하도록 규정'한 헌법 초안을 무시한 것이었다.[3] 무가베는 8백 곳 이상의 백인 농장을 흑인에게 돌려주면 원조를 중단하겠다는 국제통화기금(IMF)과 세계은행(IBRD)의 으름장에도 아랑곳하지 않았다. 그의 이런 행동은 어디서 비롯된 것일까?

1980년에 있었던 '짐바브웨 독립'의 주역인 로버트 무가베는 20년 동안 수상과 대통령직을 번갈아 가며 짐바브웨를 통치해 왔다. 피 묻은 총을 버리고, 한 나라의 수상으로 '민주정치'의 첫삽을 뜰 때만 해도 그에 대한 국민들의 신망(信望)은 두터웠다. 무가베는 모범적인 흑백 공존정책과 농지분배, 성공적인 의료·교육사업 등의 성과를 올려 영웅으로까지 추앙받을 정도였다. 하지만 계속되는 경제실정과 부정부패, 장기집권을 위한 억압 정치로 인해 찬연했던 이러한 권세의 성장(盛裝)은 점점 누추해져 갔고 그에 대한 흘립(屹立)했던 국민들의 신임은 그만큼의 증오와 분노로 바뀌었다.[4]

---

2) 이승한, 〈장애인 고아 돌보며 '복음 밀알' 뿌린다〉, 『국민일보』, 1998년 9월 29일, 17면.
3) 〈짐바브웨 "백인 농지 몰수"〉, 『한겨레』, 1999년 12월 21일, 10면.

로버트 가브리엘 무가베(Robert Gabriel Mugabe)는 1924년 2월 21일, 쿠타마(Kutama)에 있는 한 마을에서 목수의 아들로 태어났다. 쿠타마는 당시 영국의 식민지였던 짐바브웨의 북서쪽에 위치했던 쇼나(Shona)족 (族)[5]의 터전이었다. 쿠타마의 제주루(Zezuru) 부락에서 자란 무가베는 대영제국이 설립한 '로마 가톨릭 미션 스쿨'(Roman Catholic Mission School)에서 교육을 받으며 성장했다. 그러던 무가베는 1942년 불과 열 여덟 살이라는 나이로 자신의 모교에서 선생님이 됐다.

1950년 무가베는 흑인 정치 지도자들의 산실(產室)인 '포트 헤어(Fort Hare)' 대학에 들어가기 위해 교단을 떠났다. 무가베는 이곳에서 처음으로 대영제국의 커다란 깃발에 가려 한없이 왜소해진 '아프리카의 지난한 역사'와 조우(遭遇)했다. 타국(他國)의 언어로 자신을 키운 아프리카 청년에 겐 자신이 딛고 선 땅의 숨결은 낯설고도 또한 흥미로운 것이었다. 뒤늦게 다가온 아프리카에 대한 이런 알싸한 감정이 그를 정치학으로 이끌었다. 정치학을 전공한 그는 몇 년 뒤 우수한 성적으로 대학을 졸업했다.[6]

이후 그는 1960년까지 학교 선생님으로서 가나(Ghana)를 비롯한 아프리카 여러 곳을 돌아다녔다. 20세기의 반고개(嶺)를 넘은 시점이었지만, 아프리카 전역에서는 아직도 유행병처럼 인종차별이 횡행했다. 특히 크왐 은쿠르마흐(Kwame Nkrumah) 대통령이 이끌던 가나의 경우는 그 정도가 심했다. '유색인종'이라는 이유로 욕스러운 일을 당하기 일쑤였다. 무가베

---

4) Marcus Mabry, 〈Get Out, Get Out, Robert〉, 『Newsweek』, June 15, 1988, p.27.
5) 현재 짐바브웨의 인구 구성은 쇼나족이 인구의 약 75%를 차지하고, 그 다음은 은데벨레 (Ndebele)족(약 13%)이며, 백인은 약 2%에 불과하다.
6) 『Current Biography』(1983).

는 이런 모멸과 좌절의 웅덩이에서 분노를 길어 올렸다. 그리고 이러한 분노는 그가 '아프리카 민족주의 운동' 진영의 말석(末席)에 이름을 올리는 데 밑받침이 됐다. 이 시기, 그는 사별(死別)한 전(前) 부인 샐리 무가베(Sally Heyaffron)를 만나 결혼했다.

1960년 짐바브웨로 돌아온 무가베는 에드가 화이트헤드(Edgar Whitehead) 수상의 백인 철권통치(鐵拳統治)에 대항하는 대(對)정부 투쟁에 참여했다. 이후 오랫동안 무가베와, 우호(友好)와 길항(拮抗)이라는 좌표를 오가며 정치적 애증(愛憎) 관계를 유지하게 되는 조슈아 은코모(Joshua Nkomo)를 만난 것도 이때였다. 무가베는 당시 은코모가 새롭게 창당한 민족민주당(NDP : National Democratic Party)의 공보 비서관으로 일했다.[7]

교육자로서의 오랜 이력(履歷)과 지적 편력(遍歷)은 토착민들과 NDP의 엘리트층 사이를 이어주는 교량이 되었다. 무가베는 아프리카인들이 권리와 인권을 되찾기 위해서는 무지(無知)의 상태에서 벗어나야 된다고 말하며 다음과 같이 역설했다.

> 우리가 독립의 기슭에 닿기 위해서는 지식인과 의사, 법률가, 그리고 비록 대학 교육은 받지 않았지만 글자를 읽을 수 있는 NDP 당원이 필요합니다.[8]

이후, 1980년까지 20년 동안 흐르는 그의 삶의 성분(成分)은 총성(銃聲), 붉은 선혈, 굶주림과 고단함, 감방의 냉기(冷氣) 등이다. 그는 짐바브웨가

---

7) 〈Comrades Once Again〉, 『Time』, January 4, 1988, p.53.
8) 『Current Biography』(1983).

독립할 때까지 무장 게릴라로 활동했다. 이런 무가베가 반(反)제국주의의
깃발이 펄럭이는 마르크스-레닌주의의 영역 안에 발을 들여놓은 것은 어
쩌면 당연한 일이었다. 게릴라로 활동하는 동안 위기에 떠밀려 레테의 강[9]
에 여러 번 발을 담그기도 했었지만, 그 싸늘한 강물도 무가베의 뜨거운
피를 식히지는 못했다. 무가베는 짐바브웨의 독립을 향한 염원과 마르크스
-레닌주의를 자신의 피를 데우는 연료로 썼다.

오랜 내홍(內訌)을 추스르고, 1980년 짐바브웨가 영국으로부터 독립을 하
자, 세계의 언론은 우려 섞인 시선으로 이 견결한 빨갱이(?)를 주목했다.
그러나 이것은 기우(杞憂)에 불과했다. 국민들의 압도적인 지지로 수상에
선출된 무가베는 백인들의 사적 재산을 인정하고, 더불어 그들과 평화롭게
공존(共存)할 것을 약속했다. 그는 20만 백인들에게 다음과 같이 말했다.

우리와 함께 이 땅에 머무릅시다. 우리는 동물이 아닙니다.[10]

하지만 이 불안한 동거는 오래 지속되지 못했다. 비대하게 많은 농토를
소유하고 있는 백인들에 대한 흑인들의 불만은 좀처럼 수그러들지 않았다.
흑인들은 폭력을 사용해 그들의 울분을 해갈하려 들었다. 이성을 잃은 젊
은이들은 이제 갓 태어난 아이부터 어른까지 닥치는 대로 살해했다. 뿐만
아니라 무가베 정부의 정책에 반대하는 어떤 사람들은 자신들의 목소리를

---

9) 호르헤 루이스 보르헤스, 남진희 옮김, 『상상동물 이야기』(까치, 1994), 170쪽. - '망각' 이
라는 뜻의 저승과 이승을 가로지르는 하천이자 저승의 입구(入口).
10) Peter Webb with John Nielsen, 〈Portrait of a Marsist〉, 『News week』, March
17, 1980, p.28.

전달하기 위해 겨우 열 세 살 난 소녀의 목숨을 빼앗기도 했다. 반면, 무가베는 이러한 문제에 이렇다할 해결책을 제시하지 못했다.[11]

최근 난항(難航)을 겪고 있는 짐바브웨의 문제는 이것만이 아니다. 내부적 비(非)민주화의 미비에도 불구하고, 짐바브웨는 여느 아프리카 국가보다 낮은 문맹률과 현대적 인프라로 인해 외형적이나마 '국가의 위신'을 지켜왔었다. 하지만 흑백 갈등을 비롯한 정부의 부정부패, '씨쏠레'에 주둔한 반군 세력과 계속되는 내전(內戰), 콩고사태 군사 개입으로 인한 극심한 인플레 등으로 국가의 근간이 흔들리고 있다. 특히, 무가베 집권 이래 지속돼 온 경제난으로 짐바브웨 국민들은 허리를 못 펼 지경이다. 짐바브웨 국민들은 나라를 몰락의 비탈길로 내모는 것은 바로 무가베 대통령의 무능과 부패라고 이야기한다.[12]

무가베의 오랜 장기 집권은 그의 선정(善政) 때문이 아니라 폭정(暴政)으로 인해 가능했다. 그는 권력의 장수(長壽)를 위해, 중앙정보국(CIO)을 이용해서 정적(政敵)을 사찰하고 고문했을 뿐만 아니라 야당 탄압 행위까지 일삼았다.[13]

최근 무가베는 심각한 정치적 위기에 직면해 있다. 정부의 부패와 무능에 대한 국민들의 새된 항의는 폭동으로 격화되고 있다. 정치적으로는 그의 재임 18년 만에 처음으로 반대파들이 무가베에 대항하는 연합전선을 펴고 있다. 무가베가 처한 경제적 위기 또한 만만치 않다. 달러화 대비 통화가치

---

11) 〈Bloodbath in The Bush〉, 『Time』, December 7, 1987, p.41.
12) Marcus Mabry, 〈Get Out, Get Out, Robert〉, 『Newsweek』, June 15, 1998, p.27.
13) 김병규, 〈아프리카 '검은 사회주의' 민주화 전망 – 총대신 홍보물 들고 거리로〉, 『내일신문』, 1995년 4월 5일, 30면.

는 1990년대 후반 들어 1백% 하락하고 석유와 식품 가격이 배로 뛰는 등, 경제 사정은 80년 영국으로부터 독립한 이후 최악의 상황이다. 정치·경제적으로 계속되는 무가베의 실정(失政)에 국민들은 염증을 느끼고 있다.[14]

한편, 다급해진 무가베는 흑인 농민과 대(對) 영국 독립전쟁 참전용사들의 지지를 얻기 위해 백인 농장주와 국제 원조 기관의 반대를 무릅쓰고 그들에게 경작지 제공을 약속했다. 하지만 무가베는 접수한 농장의 주인에게 돈을 주기로 한 당초의 약속과는 달리 무상몰수라는 초강경수로 나오고 있다. 그만큼 위기감을 느끼고 있는 것이다.

어쨌든, 울가망한 짐바브웨의 하늘이 맑게 개기는 좀처럼 힘들 것 같다. 콩고의 로랑 카빌라[15]에 대한 무리한 지원으로 국고(國庫)는 텅 비어버린 지 오래고, 게다가 짐바브웨 국민들이 언제까지 공직자들의 부패와 전횡을 참고 있을 지도 의문이다. 어처구니없는 것은 이러한 상황에도 불구하고 고위공직자들은 자기 잇속 챙기기에 바쁘다는 것이다. 짐바브웨 정부는 최근 장관의 경우 현재 연봉의 3배인 64만 짐바브웨 달러(약 2천30만 원)로, 의원은 현재의 4배인 42만6천 짐바브웨 달러(약 천3백50만 원)로 임금을 인상했다.[16]

20년 전 쉰 다섯 살의 무가베의 모습은 참 헌걸찼다. 노회(老獪)한 지금의 모습과는 달리, 그때 무가베의 혈관에는 희망·정열·민주주의에 대한 신념 등이 흐르고 있었다. 그는 당시 TV에 나와서 자신의 동지들과 국민

---

14) Marcus Marby, 〈독재자의 '강심장 해외 쇼핑'〉, 『뉴스위크』(한국어판), 1998년 12월 16일, 45면.
15) 현 콩고민주공화국의 대통령.
16) 김태윤, 〈한국 국회와 짐바브웨는 닮은 꼴?〉, 『주간 동아』, 1999년 12월 16일, 88면.

들에게 이렇게 말했다.

"이제는 짐바브웨의 정치, 경제, 사회 각 부분의 발전과 부흥을 위해 이제껏 싸워왔던 무기를 버려야 할 때입니다." [17]

씁쓸한 생각이지만, 어쩌면 조만간 짐바브웨 국민들은 짐바브웨의 제반 문제의 해결과 발전을 위해 버렸던 무기를 들지도 모르겠다. 무가베 대통령이 권좌에서 내려오지 않는 한, 그 총구는 반드시 그를 향할 것이다.

아프리카의 오랜 설움을 생각할 때, 이런 식의 '운명의 장난'은 불쾌한 볼거리밖에는 되지 못할 것이다. **인·사**

---

17) John Nielsen with Holger Jensen & Peter Younghusband, 〈Black Power and White Fears〉, 『Newsweek』, March 17, 1980, p.28.

블라디미르 나보코브

Nabokov, Vladimir

사람의 손가락과 발가락 수(數)가 각각 6개였다면 10진법이 아닌, 아마도 12진법이 연산체계의 패권을 차지했을 것임에 틀림없다. 그랬다면 세계가 일반적으로 사용하고 있는 그레고리력(曆)은 1천2백 년을 단위로 '세기(世紀)'의 매듭이 묶였을 것이다. 만약 신(神)의 섭리가 이렇게 엉뚱하게(?) 내려졌더라면, 우리는 아직 17세기를 살고 있는 것이다.

이렇듯 객쩍은 소리를 하는 것은, 공교롭게도 지금의 우리 사회의 풍경이 '17세기' 영국 빅토리아 왕조 시대와 매우 닮았기 때문이다. 성(性)과 관련해 한국 사회는 빅토리아 왕조 시대와 마찬가지로 아무 것도 말하지 않음으로써 침묵을 강요하는 경향이 없지 않기 때문이다. 억압의 틈바구니 여기저기에서 비집고 나오는 성에 대한 담론들을 '검열'의 칼날로 위협하기 바쁠 뿐이다.[1]

블라드미르 나보코브는 이러한 사회 풍토로 인해 한국에 제대로 소개되지 못한 대표적인 외국 작가라 할 수 있다. '세기의 포르노 소설'로 오해받고 있는 그의 대표작 『로리타(Lolita)』는 이러한 '풍토병(風土病)'으로 인해 늘 비난의 가풀막에서 비틀거려야만 했다. 그가 태어난 지, 백 년이 되던 지난 해(99년) 세밑엔 연극 『로리타』를 상연(上演)한 극단 관계자들이 사법 처리를 당해 언론의 화제가 된 적이 있을 정도다.[2]

나보코브의 여러 소설들 중에 유독 『로리타』만이 입방아에 오르는 것은 이 작품의 '충격적인 설정' 때문이다. 열 두 살 소녀 로리타와 그의 의붓 아버지인 마흔 아홉 살의 대학 교수 훔볼트간의 사랑을 그린 이 작품은 1955년 세상에 나온 후부터 계속 화제를 몰고 다녔다. 영국에서는 아예 판금되었으며 프랑스에서는 경찰에 의해 수거되었고, 58년 미국에서 처음 출간됐을 때에도 작가는 '비도덕적'이라는 이유로 숫한 힐난의 화살을 맞아야 했다.[3]

평자(評者)들은 『로리타』에 나타난 이러한 '도덕적 반역(反逆)'보다는 '문학적 반역'에 더 주목한다. 사실 나보코브의 작품들 대부분은, 문학은 삶의 반영이어야 한다는 리얼리즘의 기본 명제에서 상당히 벗어나 있다. 그래서 혹자는 나보코브의 작품들은 현실에서 유리된 지적 유희에 지나지 않는다고 비판하기도 한다.[4]

---

1) 미셸 푸코, 이규현 옮김, 『성의 역사 - 제 1권, 앎의 의지』(나남, 1990), 23~24쪽. — 인터넷을 통한 불법 유통과 비디오 암거래로 점철된 영화 『거짓말』을 둘러싼 해프닝은 우리가 아직 푸코가 규정한 17세기 '억압의 시대'에서 한 발자국도 나아가지 못했다는 것을 방증한다.
2) 윤상호, 〈연극 '로리타' 사법처리 방침〉, 『동아일보』, 1999년 11월 30일, 29면.
3) 김영신, 〈90년대 영화는 '영계'를 먹고산다?〉, 『뉴스 플러스』, 1996년 11월 28일, 74면.
4) David Gates, 〈The Perils of Narcissism〉, 『Newsweek』, September 22, 1986, pp.78~79.

    그럼에도 불구하고 현재 『로리타』는 1998년 미국 랜덤 하우스에서 선정한 20세기 백(百)대 영문 소설 중 4위를 차지할 만큼 수작(秀作)으로 평가받고 있다. 이 소설을 통해 나보코브는 부와 명예를 얻었을 뿐만 아니라, 오늘날 '마르셀 프루스트와 제임스 조이스 이래 가장 독창적이며 주목할만한 작가'로 자리매김 되었다.[5]

    나보코브는 19세기 끄트머리인 1899년 4월 23일 제정(帝政) 러시아 세인트 페테르스부르그(소련 시대의 레닌그라드)의 부유한 귀족 집안에서 장남으로 태어났다. 아버지 블라드미르 드미트리비히 나보코브(Vladimir Dmitrievich Nabokov)는 귀족 출신이었지만 자유주의적인 정치가로서 인민자유당의 지도자였고 러시아 제일의회의 대표적 법률가였다. 어머니 헬렌(Helen) 나보코브는 교양이 풍부하고 마음이 너그러웠을 뿐만 아니라 귀족적인 아름다운 용모를 지니고 있었다.

    나보코브는 한 살 아래의 동생과 함께 초등학교에 입학하기 전부터 영국인, 프랑스인 등의 가정교사로부터 교육을 받았다. 비록 그의 국적은 러시아였지만 그가 처음 배운 언어는 영어였다. 이러한 사실은 훗날 그의 고단한 삶을 예견하는 사위스러운 징후다. 왜냐하면 그의 소설들이 소련 사회에서 출간할 수 없었던 탓에 그는 모국어인 러시아어를 버려야 했다. '속박되지 않고 풍부하며 무한히 부드러운' 언어인 모국어 대신 그는 영어를 써야 했다.[6]

    나보코브의 젊음은 20세기의 피(血)의 그늘과 습지(濕地)에서 황폐해져

---

5) David Gates, 〈The Perils of Narcissism〉, 『Newsweek』, September 22, 1986, pp.78~79.
6) 페넬로프 길리아트, 〈Interview -블라드미르 나보코브〉, 크리스토퍼 실베스타 편저, 서지영·변원미 옮김, 『인터뷰』(현일사, 1994), 158쪽.

갔다. 1919년 볼셰비키 혁명이 일어나자 집안의 전 재산이 몰수되었으며, 그의 가족은 유럽을 향한 험난한 망명길에 올라야했다. 그러나 망명의 길목에서 기다리는 것은 아버지의 죽음이었다. 소련을 떠나 얼마 안 돼서 아버지는 정적(政敵)에게 암살 당했다.

영국으로 건너간 나보코브는 케임브리지대학에 입학했다. 이 곳에서 문학과 동물학을 전공한 나보코브는 1922년, 대학 도서관에 한번도 발을 들여놓지 않고 수석으로 졸업한다. 그는 훗날 거의 노력을 기울이지 않은 이 학위 취득에 대해 "나의 양심을 어긴 공리주의적 죄의 한 가지"라고 술회했다.[7]

대학을 졸업한 후, 그의 가족은 베를린으로 다시 집을 옮겼다. 그 당시 베를린과 파리는 자유주의적인 망명 러시아 문화인들의 집결지였다. 나보코브는 그 곳에서 영어와 러시아어, 테니스, 권투 등을 가르쳐 생활비를 벌었다. 이뿐 아니라 나보코브는 'V. Sirin'이라는 필명(筆名)으로 베를린과 파리에서 나오는 러시아 망명 신문에 글을 기고해서 큰 인기를 모았다. 이 시기의 활동은 작가로서의 그의 이력(履歷)에 늘 '천재적'이라는 수식어가 따라붙게 되는 계기가 됐다.[8]

이후 나보코브는 베를린의 카바레 극장 '파랑새'를 위해 촌극을 쓰고, 또 독일 영화에 엑스트라로 출연하기도 했다. 그의 영원한 반려자였던 아내 베라를 만난 것은 이 시기였다. 같이 엑스트라로 출연한 게 계기가 되어 나보코브와 유태인계 여성인 베라 슬로님(Vera Slonim)은 1925년 베를

---

7) 임순만, 〈블라드미르 나보코브 – 나비는 악의 향기로 유혹하며 날아간다〉, 『상상력의 마술 ― 20세기의 작가를 찾아서』(민음사, 1996), 205쪽.
8) 『Current Biography』(1977).

린에서 결혼식을 올렸다.

하지만 1933년 집권한 히틀러 정권의 포달진 전횡(專橫)은 나보코브를 다시 표박(漂迫)의 운명으로 내몰았다. 1937년 나보코브는 결국 베를린을 떠나 파리로 갔다. 하지만 2차 대전이 일어나서, 독일군의 폭격으로 파리가 위험해지자 그는 처자(妻子)와 함께 샹브랑호(號)를 타고 1940년 5월 뉴욕으로 간다.

미국에 도착한 나보코브는 다행히 친구인 문학비평가 에드먼드 윌슨(Edmund Wilson)의 도움으로 뉴욕 문단에서 활동할 수 있었다. 영어로 쓴 처녀작(處女作), 『세바스천 나이트의 실생활(The Real Life of Sebastion Knight)』(1941)이 의외의 호평(好評)을 받게 되자, 나보코브는 『애틀랜틱(Atlantic)』, 『뉴욕타임즈 리뷰(New York Times Review)』 등에 작품을 발표하기 시작했다. 이 덕분에 그는 웰즈리(Wellesley)대학의 강사가 되었다. 1945년 나보코브는 미국 정부로부터 이 땅에 살아도 좋다는 시민권을 받지만, 그의 동생 세르게이는 영국의 스파이 혐의로 나찌의 강제수용소에서 생존을 박탈당한다. 어이없는 동생의 죽음은 나보코브에게 큰 충격을 안겨주었다. 부유했던 러시아 전통 귀족 집안은 이렇게 역사의 부침(浮沈)을 견디지 못하고 산산조각이 나고 말았다.[9]

이후 나보코브는 하버드대학, 코넬(Cornell)대학에서 러시아 문학을 강의하는 교수로 재직했다. 그는 1977년 생을 마칠 때까지 많은 작품을 남겼는데, 그 수를 헤아리기 벅찰 정도다. 소루하게나마 대표작만 소개하자면 다음과 같다. 『첫사랑(Mary)』(1926), 『선물(The Gift)』(1937), 『고골리 傳

---

9) R. Z. Sheppard, 〈Divinity in the Details〉, 『Time』, December 4, 1995.

(Nikolai Gogol)』(1944), 『로리타(Lolita)』(1955), 『프닌(Pnin)』(1957), 『참수에의 초대(Invitation to a Beheading)』(1959), 『창백한 불(Pale Fire)』(1962), 『왕, 여왕 및 악당(King, Queen, Knave)』(1968), 『투명한 것(Transparent Things)』(1972).

나보코브는, 1951년에 미국 아카데미 예술문학상(American Academy of Arts and Letters Award)을 받았다. 그리고 64년에는 브랜다이스(Brandeis)대학에서 주는 황금 메달을 받았다.

나보코브의 작품 중 한국에 소개된 그의 작품은 『로리타』 외에 중편 『첫사랑(Mary)』[10] 단 한 편뿐이다. 이 작품들은 평생 고향을 등지고 여러 곳을 부유(浮遊)한 나보코브 일생의 항적(航跡)들이다. 그것들은 철저하게 사회·경제적 현실을 비켜갔다. 유랑(流浪)이 그의 인생의 항로였고, 현실에서 외떨어진 이단(異端)적 상상력이 연료가 되었다. 그는 평생 정착하지 못했다. 그의 일생은 이화(異化)의 역사였다. 그는 일생 동안 집을 구입하지 않았고 안식년 휴가를 떠난 다른 교수의 집을 세내어 살았다. 『로리타』의 성공으로 많은 돈을 번 후에도 그는 가족과 함께 스위스로 가 허름한 호텔 방에서 살다, 1977년 그 곳에서 파란만장했던 일흔 아홉 살의 생(生)을 마쳤다.[11]

그의 전 생애를 지배하는 비극적 운명을 살펴볼 때, 나보코브가 현실을 부정하는 예술지상주의자가 된 것은 어쩌면 당연한 일이라고 볼 수 있다.

---

10) 장왕록·현광식 共譯, 『영·미 두 거장의 걸작 중·단편집 — 열 두 번째 아내』(문학출판사, 1994) — 여기에 실린 나보코브의 작품은 1926년에 쓴 중편 『Mary』(현광식은 이 제목을 '첫사랑'으로 바꿔 달았다)이다. 이것은 『로리타』와는 사뭇 다른 작품으로 청년기의 나보코브의 풋풋한 정신을 엿볼 수 있게 해주는 작품이다.
11) 임순만, 〈금지된 욕망 해부 예술지평 넓혀〉, 『국민일보』, 1995년 6월 10일, 15면.

그의 표류(漂流)가 주로 정치와 사회제도에서 기인했기 때문에 나보코브는 사회참여를 거부하고 나아가 예술의 사회성까지도 부인했다. 말년(末年)에 나비를 채집하고 연구하는 데 쓰였던 그의 광적인 열정은 나보코브 자신의 '현실 혐오'에서 비롯됐다.[12]

『로리타』의 주인공 '훔볼트'는 작가 '나보코브'의 분신(分身)이다. 그의 혈관에는 여러 나라의 피와 언어가 흐른다. 진정한 고향이 없는 훔볼트가 어린 '로리타'를 사랑한 것은 실제의 로리타가 아닌, 그가 잃어버린 어린 시절, 다시는 돌아갈 수 없는 잃어버린 시간에 대한 그리움이 아닐까 싶다. 나보코브가 소설식으로 쓴 자서전 『말하라, 추억이여』에서 묻어나는 조국 러시아에 두고 온 고향과 유년 시절에 대한 다음과 같은 그리움에서 이러한 짐작이 전혀 엉터리만은 아니라는 것을 확인할 수 있다.

> 소련 독재자와 나 사이의 해묵은 싸움은 재산의 문제와는 전혀 관련이 없다. …… 수년간 내가 간직해 온 향수는 잃어버린 수표에 대한 슬픔이 아니고, 잃어버린 어린 시절에 대한, 지나치게 비대해진 그리움이다. 그리고 마지막으로 : 나는 어느 사회 생태학적 장소 한 곳을 나 자신을 위해 동경할 권리를 지닐 것이다. …… 내가 살고 있는 미국의 하늘 아래서 러시아의 어느 한 곳을 위해 한숨 지을 권리를.[13] **인·사**

---

12) 권택영, 『포스트모더니즘이란 무엇인가』(민음사, 1990), 221~230쪽.
13) 권택영, 위의 책, 221~230쪽에서 재인용.

엘비스 프레슬리

Presley, Elvis Aron

기타 하나 들고 엉덩이를 내밀고 다리를 비비꼬며 일명 로큰롤이라는 음악을 목청껏 불어 제끼던 엘비스 프레슬리. 짝다리를 짚고 다리를 떨며 게슴츠레 감긴 눈으로 기존의 스탠더드 팝으로 대변되는 프랭크 시네트라와는 달리 폭발적인 무대매너와 보컬로 10대들을 휘어잡았던 1950년대의 엘비스 프레슬리. 그는 그 자체로 기성세대에 반항하는 10대들의 상징이 되었으며 기성세대의 엄숙함에 젖어있던 젊은이들의 숨구멍이 됐다. 그리고 그가 확산시킨 로큰롤은 1950대의 노스텔지어를 불러일으키는 음악이 됐다.

마릴린 먼로[1]와 함께 1950년대 청교도적인 사회 분위기에 사로잡혀 있

---

1) 마릴린 먼로에 대해서는 『시사인물사전 3』을 참고하십시오.

던 미국의 보수적인 벽을 깨는 데 일조했던 엘비스 프레슬리, 그는 1977년 마흔 두 살의 나이로 사망했지만 아직까지도 미국 대중들에게 사랑받고 있는 존재다. 그의 저택이었던 '그레이스랜드'는 매년 75만 명의 팬들이 방문하는 유명명소가 됐다. 마릴린 먼로가 영화를 통해 미국 대중문화를 세계에 알리는 첨병 역할을 했다면 엘비스 프레슬리는 음악을 통해 그 역할을 수행했다. 그래서 그는 1950년대 미국을 상징하는 가수로 남아 있다.

그래서일까? 엘비스는 『타임』지가 뽑은 20세기 최고 인물인 아인슈타인을 제치고 『타임』지 '독자'가 뽑은 20세기 최고 인물로 선정됐다.[2] 이것은 아직까지 끊임없는 생존설이 나돌고 있는, 엘비스에 대한 대중들의 사랑을 확인할 수 있는 예라고 할 수 있겠다.

엘비스 프레슬리는 1935년 1월 18일 미국 미시시피주 이스트 투플로에서 쌍둥이로 태어났다. 그러나 그의 쌍둥이 형제는 낳자마자 죽었다. 날품팔이를 했던 부모 밑에서 부유하지 못한 삶을 살았던 그는 교회 성가대에서 가스펠을 부르는 것으로 그의 음악인생을 시작했다. 엘비스가 처음으로 기타를 잡게 된 것은 그의 나이 열 한 살 때였다. 그러나 그때는 어느 누구도 그가 가수가 될 것이라는 생각을 하지 못했다. 엘비스는 1948년 테네시주 멤피스로 이사했다. 멤피스는 미국 남부에 위치한 곳으로 여러 종류의 음악을 들을 수 있는 곳이었다. 흑인의 블루스, 백인의 컨트리, 교회의 가스펠 등의 음악이 지역 라디오를 통해 방송되는 곳이 멤피스였다. 이 곳에서 엘비스는 모든 종류의 음악에 관심을 갖게 됐다.

고등학교를 졸업하고 영화 안내원으로 잠깐 일했던 엘비스는 1953년 열

---

2) 〈"금세기 최고 인물 엘비스 프레슬리"〉, 『한국일보』, 1999년 12월 30일, 21면.

여덟 살의 나이로 트럭 운전사로 취직했다. 트럭 운전사로 일하던 그가 가수의 길로 들어선 것은 우연 그 자체였다. 어머니 생일을 맞아 자신의 노래를 녹음해 선물하려고 했던 그는 당시 영세 레코드사인 선(Son)레코드사를 방문해 노래를 녹음했다. 당시 그 곳에서는 일반인도 단돈 4달러에 자신의 앨범을 녹음할 수 있었다. 그는 이때 『My Happiness』, 『That's When Your Heartaches Begin』 등의 노래를 녹음했다. 이런 우연한 방문으로 인해 그는 다음해인 54년 선레코드사 사장인 샘 필립스에 의해 픽업됐다.

처음 그의 재능을 발견한 사람은 선레코드사 사장 샘 필립스의 여비서 매리온 카이스커였다. 엘비스가 방문한 지 1년이 지난 1954년 샘 필립스는 마침 신인을 물색하고 있었다. 흑인의 소리와 흑인의 감정을 노래할 수 있는 백인 신인가수를 찾던 샘 필립스는 자신의 여비서의 추천으로 엘비스 프레슬리에게 오디션 제의를 했고 엘비스는 그 제안을 받아들였다. 오디션이 있던 날, 엘비스는 요란한 옷차림에 기타 하나 달랑 들고 선레코드사에 나타나 오디션을 받았다. 베이시스트 빌 블랙과 기타리스트 스코티 무어와 함께 연주하며 노래를 불렀던 엘비스는 일단 합격했고 그들과 팀을 이뤄 일하기로 했다.

다음날인 1954년 7월 5일 연습 첫날밤, 엘비스와 무어, 블랙은 연습 도중 잠시 휴식을 취하고 있었다. 그때 갑자기 엘비스가 엉뚱한 행동을 하기 시작했다. 같이 작업을 했던 기타리스트 스코티 무어의 말을 들어보자.

그 첫날밤에 우리는 잠시 쉬고 있었다. 빌은 자신의 베이스 위에 앉아 있었고 필립스는 컨트롤 룸에 있었다. 엘비스가 갑자기 벌떡 일어나더니 기타를 치며 『That's All Right, Mama』를 부르기 시작했다. 빌도 일어나 베이스로 반주를 하기 시작했다. 필립스가 고개를 내밀더니 '다들 뭐하는 거냐'고 물었다. 우리는 '그냥 심심해서요'라고 대답했다. 그는 '꽤 좋은 곡 같은 데 제대로 해서 녹음을 해보자'고 했다. 우리는 서너번 연습했던 것 같다. 마이크가 3개밖에 없었기 때문에 필립스는 엘비스에게 바짝 붙어서 부르라고 했다. 그렇게 된 것이었다.[3]

이에 대해 샘 필립스는 다르게 기억하고 있었다. 그의 말을 들어보면 엘비스 팀은 며칠간 연습을 했음에도 불구하고 별다른 소득이 없었다. 그 와중에 엘비스가 소위 말하는 '대박'을 터뜨리는 행동을 한 것이다.

나는 '오늘밤에도 쓸데없이 기운 뺄 필요없다'고 말했다. 그런데 내가 컨트롤 룸으로 돌아와보니 엘비스가 『That's All Right, Mama』를 부르기 시작했는데 그의 낡은 기타 반주만으로 부른 것이었지만 근사했다. 내가 '이런 것을 알고 있었으면서 그동안 공연히 다들 시간 낭비만 했느냐'고 했다.[4]

하여튼 샘 필립스는 엘비스가 부른 『That's All Right, Mama』라는 블루스 곡을 듣고 자신이 찾던 가수가 엘비스란 것을 깨달았다. 그리고 그는 이 노래를 녹음했다. 엘비스의 첫 싱글앨범이었다. 샘 필립스는 이 앨범을 당시 멤피스 지역 라디오 방송국의 DJ였던 듀이 필립스에게 들려줬

---

3) 『뉴스위크(한국판)』, 1997년 8월 27일, 57면.
4) 『뉴스위크(한국판)』, 1997년 8월 27일, 57면.

고, 노래가 좋다고 생각한 듀이 필립스는 라디오를 통해 노래를 내보냈다.
엘비스의 노래가 라디오를 통해 나간 지 하루가 채 안 돼 엘비스는 유명해
졌다. 엘비스의 노래는 7번이나 다시 틀어졌고 이 노래에 관해 문의하는
47통의 전화가 방송국에 걸려왔다.[5] '로큰롤의 제왕' 엘비스 프레슬리의
첫출발이었다.

멤피스 지역에서 유명해진 엘비스는 자신을 '힐리빌리 캣(hillbilly cat)'
으로 선전하면서 미국 남부지역을 돌며 공연을 하는 동시에 자신의 앨범을
지역 곳곳에 있는 DJ에게 유포시켰다. 당시로서는 들을 수 없었던 폭발적
인 사운드와 매력적인 음색을 자랑했던 엘비스의 음악은, 그의 격정적인
엉덩이춤과 함께 대중들 속으로 급속히 퍼지기 시작했다. 흑인의 '리듬 앤
블루스'와 백인의 '컨트리 앤드 웨스턴'의 혼합으로 이뤄진 '로큰롤'의 본
격적인 등장이었다.

1954년에 이어 55년에도 그의 인기는 계속됐다. 『Baby, Let's Play
House』, 『Mystery Train』이란 곡이 전국적으로 유명해졌고 그의 재능을
알아본 순회공연 흥행사였던 톰 파커 대령이 그의 매니저를 자처하고 나섰
다. 톰 파커 대령은 엘비스가 죽을 때까지 매니저로 활동했고 그의 활약으
로 엘비스는 상업적 성공을 확실히 거둘 수 있었다. '흥행의 마법사'라 불
렸던 톰 파커는 1997년 사망할 때까지 베일에 싸인 인물이었다. 누구도 그
의 출신에 관해서는 제대로 알지 못했는데, 얼마 전 그가 '대령'이라고 불
렸지만 군대 근처에는 가보지 못했던 네덜란드계 불법이민자란 사실이 밝
혀졌다. 엘비스 프레슬리는 톰 파커와 호흡을 맞춘 이후 단 한 차례의 해

---

5) 『Current Biography』(1959).

외 공연도 하지 않았는데, 그가 불법이민자였기 때문이었다.[6]

선레코드사 사장 샘 필립스는 당시 인기를 모으던 엘비스와의 전속계약을 1955년 11월 당시 최고의 메이저 레코드사인 RCA-victor 레코드사에 3만5천 달러를 받고 팔아 넘겼다. 또다른 신인을 발굴하려 했던 샘 필립스의 의도로 이루어진 일이었지만 엘비스는 팔기에는 너무 큰 인물이었다. 샘 필립스가 그 사실을 알기까지는 얼마 걸리지 않았다. RCA-victor로 이적한 엘비스는 곧바로 앨범 제작에 들어갔다. 그리고 이듬해 RCA-victor에서 기다리던 '대박'이 터졌다.

1956년은 '엘비스의 해'라고 해도 무방하다. 그만큼 그의 활약은 두드러졌고 엘비스가 일명 '스타'의 자리로 급부상한 해였다. 그는 56년 1월 28일 CBS 방송의 『도지 브라더즈 쇼』에 출연했다. 그는 이 프로에서 특유의 선정적인 엉덩이춤을 선보여 미국 사회에 큰 반향을 불러일으켰다. TV와 콘서트 장에서 선정적인 춤을 춘다는 이유로 곳곳에서 항의 전화가 방송국에 빗발치기도 했다. 이 때문에 56년 9월 7일 엘비스가 출연한 『에드 설리반 쇼』에서는 엘비스의 상반신만을 방영하는 해프닝이 발생하기도 했다.[7]

이 같은 논란 속에 엘비스는 『Heartbreak Hotel』로 '로큰롤' 사상 처음으로 팝 차트 1위에 오르는 영광을 안았다. 1백50만 장의 판매고를 올린 이 노래는 8주간 빌보드 싱글 차트 1위에 머물렀다. 그리고 『Don't Be Cruel』, 『Love Me Tender』 등의 노래가 연속으로 차트 1위를 기록했다. 이 외에도 『I Want You I Need You I Love You』, 『Hound Dog』 등

---

6) 권재현, 〈엘비스 잠든 '그레이스랜드' 한해 100만명 찾아〉, 『동아일보』, 1999년 10월 21일, A8면.
7) 강찬호, 〈엘비스 '로큰롤 황제' 등극〉, 『중앙일보』, 1999년 9월 3일, 21면.

의 노래가 각각 차트 2위와 3위를 기록하는 등 엘비스는 1956년 말까지 무려 17곡을 차트에 올려놓는 기록을 세웠다.

이 당시 엘비스는 리무진을 타고 공연장에 도착하는 대스타였다. 10대들로부터 누리는 인기는 폭발적인 것이었다. 엘비스의 팬들은 그의 매력적인 보컬과 선정적인 엉덩이춤에 열광했고 그의 공연장은 언제나 팬들의 함성과 고함으로 가득 찼다. 엘비스의 노래 소리가 들리지 않을 정도였다. 그때 엘비스의 나이 고작 스물 한 살이었다. 젊은 나이에 스타로 급성장한 엘비스는 곧잘 어린 티를 드러내기도 했다. 그의 첫 번째 여자친구인 준 주아니코의 말을 들어보자.

> 하루는 엘비스가 그저 농담처럼 '내가 1백만 달러짜리라는 걸 알기나 해? 1백만 달러를 현찰로 받아다가 방바닥에 앉아 머리 위로 뿌려 보면 어떨까?' 하고 물었다. 나는 '아니'라고 대답했다.[8]

엘비스의 인기는 1957년에도 계속됐다. 『All Shook Up』, 『Teddy Bear』, 『Jailhouse Rock』 등의 곡이 연속으로 차트 1위를 기록했다. 이로써 엘비스는 56년과 57년에 자신의 히트곡들이 한 해의 절반인 25주간 각종 차트 정상을 차지하는 대기록을 세웠다. 그는 이때까지 2천2백만 달러를 혼자 벌어들였다.

엘비스는 이 시기 영화에 출연했다. 자신의 히트곡과 똑같은 이름인 『Love Me Tender』(1956)와 『Loving You』(1957)가 그것이다.

---

8) 『뉴스위크(한국판)』, 1997년 8월 27일, 58면.

　이렇듯 인기의 상종가를 달리던 엘비스는 1958년 3월 돌연 군에 입대했다. 특별대우를 받을 수도 있었지만 그는 일반 사병으로 입대했다. 하지만 2년간의 군 생활 동안 엘비스는 중대한 변화를 겪었다. 그 변화는 제대 후 발표한 엘비스의 음악에서 확연히 드러나는 것이었다.

　1960년 3월 제대한 엘비스는 곧바로 음반을 발표했는데 이 중 인기를 얻은 곡들은 『Stuck on You』, 『It's Now Or Never』, 『Are You Lonesome Tonight』 등이었다. 2년간의 공백기 동안 톰 파커의 마케팅 덕분에 식을 줄 몰랐던 엘비스의 인기는 이 곡들을 통해 다시 한번 확인되었다. 그러나 이 곡들은 '로큰롤'보다는 엘비스 자신이 무너뜨린 스탠더드 팝에 가까운 음악이었다. 이후 엘비스는 계속 이런 음악을 발표했다.

　엘비스가 자신의 출세 음악이었던 로큰롤을 버리고 스탠더드 팝으로 방향을 선회한 이유는 무엇일까? 엘비스의 방향 선회에는 그의 매니저 톰 파커 대령의 지시가 있었다. 톰 파커는 엘비스를 영화와 뮤지컬에 출연시킴으로써 엘비스의 이미지 변화를 꾀했다.[9] 그러나 이런 변화는 미국 내에서 로큰롤의 퇴조를 가져오는 것이었다. 결국 엘비스는 '로큰롤의 황제'라는 별명이 무색하게 자신이 쌓은 기반을 스스로 무너뜨리는 우(愚)를 범했던 것이다. 그것은 1960년대 미국의 로큰롤을 재해석해 미국 대중음악계를 석권했던 영국의 비틀즈에 의해 증명됐다.

　사실 비틀즈는 엘비스 프레슬리에게 많은 영향을 받았다. 리버풀에서 무명으로 활동하던 때 비틀즈는 미국에서 몰아치는 엘비스의 로큰롤 바람을 맞았다. 엘비스를 두고 존 레논[10]은 "엘비스 이전에는 아무것도 없었다"고

---

9) 임진모, 〈엘비스 프레슬리 '골든 레코즈'〉, 『시대를 빛낸 정상의 앨범』(창공사, 1994), 19쪽.

회고했고 폴 매카트니는 "구세주가 나타났다"고까지 말했다.[11] 이 말에서 보여지듯 비틀즈는 엘비스 때문에 로큰롤을 하게 됐다.[12]

1960년 5월 12일 엘비스는 ABC-TV에 출연했다. 『웰컴 홈, 엘비스』란 이름의 6분짜리 프로그램이었다. 엘비스는 이 프로 출연료로 12만5천불을 받았다. 엘비스의 인기를 실감케 하는 액수였다. 엘비스는 이 쇼를 마지막으로 8년 동안 TV 쇼에 출연하지 않았다. 61년 실황공연을 한 번 가졌을 뿐이었다.[13] 그리고 그 후 엘비스의 모습은 TV에서 사라졌다. 엘비스는 그를 인기스타로 키워준 TV를 외면함으로써 대중들의 호기심을 자극했다.

엘비스는 대중의 호기심을 영화를 통해 해소해줬다. 그는 이때 음악보다 영화에 더 신경을 썼는데 이때 나온 영화가 『Flaming Star』, 『Wild in the Country』, 『Follow That Dream』 등이었다. 이 영화는 기억할 만한 가치가 있는 것으로 평가받았지만 엘비스는 이런 영화들 이외에 질이 떨어지는 영화에도 출연했다.[14] 그러나 엘비스의 영화는 질이 떨어지든 그렇지 않든 언제나 흥행에 성공했다. 그에 대한 대중의 변함없는 높은 인기 때문이었다.

음악적인 면에서 변화를 꾀한 엘비스는 일상 생활에서도 변화를 꾀했다. 그는 일명 '멤피스 마피아'를 조직했다. 엘비스의 보디가드 역할을 했던 이 조직은 엘비스의 측근으로 구성되었는데 1976년까지 엘비스를 대중으

---

10) 존 레논에 대해서는 이휘현, 〈존 레논: 사랑과 평화의 이상주의자〉, 송기도·강준만 외, 『권력과 리더십 2』(인물과사상사, 1999)를 참고하십시오.
11) 김규원, 〈여전히 건재한 '록의 화신'〉, 『한겨레신문』, 1996년 5월 18일, 15면.
12) 임진모, 〈로큰롤 황제 '환생' 하다〉, 『시사저널』, 1997년 9월 11일, 124면.
13) 〈엘비스 프레슬리〉, 세광출판사 편집국, 『팝아티스트 대사전』(세광음악출판사, 1995), 311쪽.
14) 〈엘비스 프레슬리〉, 위의 책, 312쪽.

로부터 보호하고 격리시키는 역할을 했다. 그는 사망할 때까지 멤피스에 있는 '그레이스랜드'라 불리는 자신의 저택에 칩거했다.

1960년대 말부터, 엘비스의 영화는 흥행에 성공했지만, 그의 음반 판매량은 점점 줄어들었다. 그가 음악보다는 영화에 신경을 더 쓰기도 했지만 엘비스의 음악이 평범해진 것도 큰 이유였다. 하지만 그의 수입은 다른 가수보다 훨씬 많았다. 그는 이 수입을 바탕으로 호화스런 생활을 했다. 자가용 비행기를 5대씩이나 소유했으며 수많은 벤츠와 보석을 소유했다. 엘비스의 주변에 있던 인물 중 그로부터 벤츠나 보석을 선물 받지 않은 사람이 없을 정도였다. 또다른 가수들을 별로 좋아하지 않았던 엘비스는 자신이 싫어하는 가수가 TV에 나오면 권총으로 브라운관에 구멍을 내기도 했다. 그는 이 시기에 각종 총기류와 경찰 배지 등을 수집해 수사관 행세를 하기도 했고 동양무술인 태권도에 심취해 태권도 사범을 불러들여 태권도를 배우기도 했다.[15] 그런데 후에 엘비스의 태권도 사범이었던 마이크 스톤이 엘비스의 아내인 프리실라와 사랑에 빠져 그녀를 엘비스에게서 빼앗아 갔다. 엘비스는 마이크 스톤을 죽을 때까지 증오했는데 그를 죽이고 싶어해 청부살인을 생각하기도 했다고 한다.[16]

엘비스가 다시 TV에 모습을 드러낸 것은 1968년의 일이었다. 68년 12월 3일 NBC에서 방영된 그의 컴백 무대는 화려한 것이었다. 자신의 건재함을 여실히 보여준 엘비스는 다시 대중들의 사랑을 받았고, TV 출연 후 내놓은 『If I Can Dream』과 연이어 내놓은 『From Elvis in Memphis』는 그의

---

15) 서병후, 〈영원한 Superstar Elvis와 그를 왕으로 떠받드는 McDowell의 'Way Down' & 'The King Is Gone'〉, 『시사영어연구』, 1978년 2월호, 114~115쪽.
16) 서병후, 위의 글, 116쪽.

음반 판매량이 줄어드는 가운데에서도 놀라운 판매고를 기록했다.

1969년부터 엘비스는 라스베이거스에서 주로 공연을 가졌다. 라스베이거스에서 벌어지는 그의 공연은 웅장한 사운드와 화려한 조명, 그리고 수많은 여성 팬들의 환호 속에서 벌어지곤 했다. 그의 공연이 어떻게 진행되었는지 그 모습을 잠깐 들여다보자.

자탄(自嘆)조의 독백 소개가 끝나면 그는 객석 앞줄의 여성 관객 몇 명에게 키스를 하며 『러브 미 텐더』를 부르기 시작한다. 그리고는 무대를 가로지르며 여러 여성 관객에게 키스를 하느라 노래 가사는 절반도 잇지 못한다. 노래가 끝날 무렵 카메라의 불빛이 방안을 가득 채우고 여성 팬들은 열광하며 무대 가장자리로 몰려든다. 엘비스는 그렇게 팬들의 사랑을 듬뿍 받았다.[17]

1969년부터 1976년까지 라스베이거스 힐튼호텔에서 가진 엘비스의 8백37회의 공연은 연속 매진되는 기록을 세웠다. 이같이 라스베이거스에서 최고의 인기를 받던 엘비스는 한편 73년 1월 호놀룰루에서 36개국에 위성중계된 실황공연을 가졌다. '하와이의 알로하' 란 이름의 이 공연은 1억인의 세계인이 시청하는 대성황을 이뤘고 이후 발매된 실황공연 앨범은 인기리에 판매되었다.

그러나 1973년 10월, 부인 프리실라 프레슬리와 공식적으로 이혼하게 된 엘비스는 점점 자신의 기력을 상실해갔다. 그의 공연은 점점 상투적으

---

17) Karen Schoemer, 〈꺼지지 않는 '사랑의 불꽃'〉, 『뉴스위크』(한국판), 1997년 8월 27일, 64면.

로 변해갔고 무대 위에서 그는 힘을 잃어갔다. 폭식으로 그의 몸매는 망가졌고 그는 마약에 더 한층 빠져들었다. 또한 수많은 여자들과 염문을 뿌리기도 했다. 그렇게 차츰 쇠진해가던 엘비스는 77년 6월 26일 인디애나폴리스에서의 공연을 끝으로 8월 16일 그의 저택 '그레이스랜드'에서 심장병으로 사망했다.

엘비스는 사망 후 전설이 되었다. 실제로 엘비스 사후 4억8천만 장의 앨범이 팔려나갔고 지금까지도 그를 기억하는 올드 팬들이 존재한다. 그들은 엘비스 관련 사진 등을 자신의 방에 온통 도배하고 그에 관련된 자료들을 수집한다. 엘비스를 흉내내는 사람들이 라스베이거스에서 공연을 하고 그와 비슷한 사람을 찾는 대회가 성황리에 열리기도 한다. 심지어는 그를 연구하는 강좌가 대학에 개설되었으며, 『타임』지는 "프레슬리는 이미 미국인들에게 예수와 같은 존재가 됐다"고 평하기도 했다.[18]

또, 1982년부터 일반인에게 개방된 '그레이스랜드'는 매년 7천5백만 명이 방문하는 관광명소가 됐고 그의 유품들이 경매를 통해 엄청난 가격에 팔려나갔다. 그리고 92년에는 그의 얼굴을 실은 우표가 5억 장이나 발행돼 미국 우표 발행사상 최고의 수익률을 기록하기도 했다.

엘비스는 앞서 말한 것처럼 미국 대중문화의 첨병 역할을 했다. 그리고 '로큰롤'이라는 장르를 대중들에게 널리 확산시켰고 그 공로로 그는 '로큰롤의 제왕'으로 불린다. 그가 남긴 기록도 '제왕'이라는 이름을 입증했다. 비록 비틀즈, 프랭크 시네트라 등에게 몇몇 분야에서 뒤지기는 하지만 엘비스 프레슬리는 최다 차트 앨범, 최다 톱 10 레코드, 최다 연속 톱 10 레코

---

18) 〈지금 미국은 '프레슬리 熱風'〉, 『문화일보』, 1997년 8월 12일, 16면.

드, 최다 양면 히트 레코드, 24년간 연속 차트 등의 기록을 가지고 있다.[19]

　한편 엘비스는 군에 있는 기간 동안 독일에서 근무했는데 이때 그의 첫 아내이자 마지막 아내인 프리실라를 만났다. 당시 그녀는 14세의 어린 소녀였다. 그들은 7년간의 연애 및 동거 후에 1967년 결혼했는데 1973년 이혼했다. 프리실라는 73년 엘비스와 헤어진 후 TV 연기자로 활약하다 코미디 작가로 성공했고, 『총알 탄 사나이』란 영화에 출연하기도 했다. 그녀는 현재 배우, 영화제작자, 엘비스의 재산관리인으로 살고 있다. 그리고 엘비스의 유일한 혈육인 리사 마리 프레슬리는 94년 5월 26일 세계적인 팝 스타 마이클 잭슨과 결혼해 주목을 받았으나 20개월 후 그들은 이혼했다. 　**인·사**

---

19) 〈엘비스 프레슬리〉, 세광출판사 편집국 편, 『팝아티스트 대사전』(세광음악출판사, 1995),
　　309쪽.

크리스토퍼 리브

Reeve, Christopher

'**수**퍼맨'에서 '척추장애인'으로. 영화배우 크리스토퍼 리브의 인생은 영화만큼이나 드라마틱하다. 그는 1970년대 말 미국인들이 갈망하던 '영웅'으로 나타났다가, 그로부터 20년이 거의 다 되어가던 어느 날 문득 휠체어에 몸을 의탁한 전신마비 장애인으로 나타났다. '영웅'으로서의 화려한 모습은 간 데 없는 병약한 모습이었다. 그러나 '수퍼맨' 크리스토퍼 리브의 영웅 신화는 끝나지 않았다. 그는 자신을 극진히 돌보는 아내 다나 모로시니와 함께 절망에 빠진 척추장애인들에게 희망을 불어넣어 주는 메신저로 활동하면서 다시 한번 '영웅'으로 부활하고 있는 것이다.

크리스토퍼 리브는 1952년 9월 25일, 뉴욕의 맨해튼에서 태어났다. 그의 아버지 프랭클린 드 올리어 리브는 그가 태어날 당시 콜럼비아대학에서

슬라브어를 전공으로 석사 과정을 밟고 있었다. 그의 어머니 바바라 피트니 램은 1949년 웨스트 오버 여학교를 졸업하고 바사르대학의 학부생 시절이었던 51년에 그의 아버지 프랭클린과 결혼해, 스무 살의 나이에 리브를 낳았다. 리브를 낳은 지 1년이 지난 53년 10월 그의 동생 벤자민을 낳은 바바라는, 미국 사회 내에서 엘리트로서 누릴 수 있는 특권을 버리고 사회주의와 러시아 문학에 빠져든 채, 아내인 자신에게는 무관심한 남편의 행동을 참을 수 없게 되었다. 리브가 세 살의 나이가 되어가던 54년 말, 결국 그의 부모는 이혼에 합의했다. 그리고 그의 어머니는 그와 동생 벤자민을 데리고 프린스턴으로 이사했다.

리브와 그의 동생 벤자민은 부모의 이혼 후에도 아버지 프랭클린과 정기적인 만남을 가졌으나 그것도 시간이 지나면서 뜸해지기 시작했다. 그의 어머니 바바라는 증권중개인인 트리스탐 존슨과 재혼을 했고, 그의 아버지 프랭클린도 이혼 후 1년이 지난 1956년에 콜롬비아대학의 동창생인 헬렌 슈미딩거와 재혼을 했다. 리브는 부모의 이혼 후 어머니와 살게되면서부터 친아버지와의 관계가 소원해지긴 했지만, 아버지에 대한 애정만큼은 늘 각별했다. 그는 자신의 아버지 프랭클린에 대해 이렇게 술회했다.

"아버지는 아주 재미있는 분이었다. 190센티미터의 키에 조각한 듯 수려한 미남이었고, 올라타서 놀아도 좋을 만큼 어깨가 넓었다. 또 운동 감각이 뛰어났고, 젊어서인지 우리에겐 마치 큰형 같았다. 아버지는 삶을 순간마다 마술처럼 바꿔놓았다. 늘상 하는 재미없는 놀이도 그와 함께 하면 그렇게 즐거울 수가 없었다."[1]

---

1) 크리스토퍼 리브, 심재철 옮김, 『절망을 이겨낸 슈퍼맨의 고백』(문예당, 1999), 106쪽.

리브는 결코 행복하다 할 수 없는 가정 환경으로부터 벗어나기 위해 혼자만의 탈출구를 찾았다. 그는 운동을 비롯한 연극과 음악 활동에 늘 열심이었고, 또 어려서부터 재능을 보였다. 그는 의붓아버지에게서 하키와 요트 등을 배워 열 두 살 때 매해 가장 뛰어난 어린이 선장에게 주는 '뱃사람상'을 받기도 했다. 그리고 열 세 살 때부터 기타를 배워 록밴드를 결성하기도 했다. 그 중에서도 리브가 가장 열심이었던 분야는 연극이었다. 비록 작은 역할이었지만 그는 아홉 살 때 『근위병』이라는 작품으로 연극 무대에 올랐으며, 열 한 살 때는 아가사 크리스티의 원작을 희곡화한 『증인』에서 늙은 집사 역을 맡아 관객들로부터 열렬한 박수갈채를 받기도 했다. 그는 얼마 후, 맥카터 극장의 전문 레퍼토리 극단에서 비중이 작은 여러 가지 역할들을 맡았다. 연극배우 생활은 그가 영화배우로 성장하는 디딤돌이 되어주었다.

> 어린 시절의 이런 경험은 내 인생의 토대가 되어주었다. 처음에는 내가 뭘 하고 있는지조차도 몰랐고 실마리도 찾지 못했다. 그러나 나는 성공적인 결과를 이룬 셈이다. 대본을 받으면 본능적으로 연기했고, 연출자의 말을 전부 소화했다. 맥카터 극장측은 나에게 점점 더 힘을 실어주었다. 고교 상급생 시절에는 꽤나 중요한 역도 맡게 되었다.[2]

1961년에 리브는 학교를 프린스턴 데이 스쿨로 옮겨 4학년 과정부터 다녔다. 리브는 이 학교에서의 생활을 만족해했다. 프린스턴 데이 스쿨을 70

---

2) 크리스토퍼 리브, 심재철 옮김, 『절망을 이겨낸 슈퍼맨의 고백』(문예당, 1999), 118쪽.

년에 졸업한 리브는 콜럼비아, 노스웨스턴, 프린스턴 등 여러 대학에서 입학허가를 받았지만, 코넬대학으로 진로를 정했다. 코넬대학은 예술학부 과정과 연극학부 과정이 매우 우수했고, 그가 살던 곳에서 그리 멀지 않은 곳에 위치해 있었기 때문에 리브는 코넬대학을 선택한 것이다. 리브는 코넬대학 졸업반 시절 뉴욕 줄리어드 연극영화학과에 입학해 존 하우스만 등에게서 고급 연기과정을 이수했다. 그는 이곳에서 '괴짜' 동급생 로빈 윌리엄스와 인연을 맺기도 했다. 74년에 줄리어드 2학년생이었던 그는 학비 마련을 위해 TV 연속극 『인생의 사랑(Love of Life)』에 출연했다. 그가 이 연속극에서 맡은 역할은 일종의 '악역'이라고 할 수 있는 벤 하퍼라는 인물이었다. 이 벤 하퍼라는 인물의 캐릭터가 시청자들 사이에서 인기를 끌기 시작했고 벤 하퍼를 연기한 리브도 유명해지게 되었다.

그는 1975년 『중력의 문제(A Matter of Gravity)』로 브로드웨이 무대에 데뷔했다. 명배우 캐서린 헵번과 함께 출연한 이 연극은 그의 기대감과는 달리 평단으로부터 그리 좋은 평을 얻지 못했다. 그러나 그는 함께 공연한 헵번으로부터 연기에 대한 새로운 깨우침을 얻을 수 있었다. 그리고 몇 년 후 리브는 영화 『수퍼맨』으로 세계적인 스타가 되었다.

영화제작자 일리야 샐킨드 등은 1974년에 이미 『수퍼맨』을 영화로 제작할 수 있는 권리를 사들였다. 그들은 75년 초부터 『수퍼맨』의 주인공을 물색하기 시작했다. 당시 잘 나가는 남자 배우들에게 섭외를 해보았지만 번번이 성사가 이루어지지 않았다. 제작 시일이 코앞으로 닥쳐오자 급박해진 이들은 전략을 바꾸었다. 제작자들은 조연을 유명 배우인 말론 브랜도와 진 해크만으로 내정하고 수퍼맨은 잘 알려지지 않은 배우를 뽑는 모험을 감행했다. 리브는 77년 1월 제작자 샐킨드와 감독 리차드 도너를 만나 면담을 가졌다. 면담이 있고 나서 얼마 지나지 않아 『수퍼맨』의 시나리오가 리브에게 배달되었고, 이 시나리오를 읽어 본 리브는 굉장한 영화 한 편이 탄생될 것임을 예감했다.[3]

　『수퍼맨』의 촬영을 위해 리브는 최선을 다했다. 촬영이 시작되기 전 그는 완벽한 몸매를 만들기 위해 하루에 네 끼를 섭취했으며 엄청난 양의 근육운동을 시행했다. 복잡한 영화 기술이 필요했기 때문에 당시로서는 큰 제작비에 속하는 4천만 달러가 『수퍼맨』 한 편에 투입되었다. 1978년 12월에 개봉된 이 영화는 개봉 첫주에만 1천2백만 달러를 벌어들이는 대성공을 거두었다. 『수퍼맨』의 큰 성공은 리브가 미국 쇼비즈니스계에서 떠오르는 스타가 되도록 만들어주었다. 그러나 그는 유명세로 인해 치러야 할 사생활의 부재, 그리고 특히 자신의 이미지가 수퍼맨의 이미지로 고정되어 버리는 딜레마에 봉착했다.[4]

　제인 세이무어와 함께 출연한 1980년 작 『언젠가 어디에선가(Somewhere in Time)』는 리브가 『수퍼맨』으로 인해 고정되어졌던 이미지를 벗어나기 위해 출연한 사랑영화였다. 그만큼 리브는 야심만만하게 이 영화에 뛰어들었지만, 『언젠가 어디에선가』는 평론가들로부터 호의적인 반응을 얻었음에도 불구하고 관객들로부터는 철저하게 외면 당했다.

　『언젠가 어디에선가』의 흥행실패를 뒤로하고 그는 곧바로 『수퍼맨 2』의 촬영에 들어갔다. 그러나 『수퍼맨 2』는 제작 초기부터 난항을 겪었다. 제작자 샐킨드가 1편의 감독이었던 리차드 도너를 밀어내고 리차드 레스터를 감독으로 내세웠기 때문이다. 제작 전의 잡음을 뒤로하고 『수퍼맨 2』는 제

---

3) 『Current Biography』(1982).
4) 『Current Biography』(1982).

작에 들어갔고 리브의 출연료는 전 편의 25만 달러에서 50만 달러로 껑충 뛰었다. 『수퍼맨 2』는 1980년 12월 유럽에서 먼저 개봉되었고, 미국에서는 81년 6월에 개봉되었다. 이 영화는 미국 개봉일인 6월 20일 단 하루 동안 5백만 달러 이상의 극장 수입을 올리는 기록을 세우기도 했다.[5]

그 후로도 『수퍼맨』은 3편과 4편이 제작되었지만, 1편 개봉 당시에 평론가들과 관객들로부터 누렸던 영광의 순간은 재현해내지 못했다. 그 사이 그는 꾸준히 영화에 출연하고 연극 무대에도 오르며 연기 생활을 쉬지는 않았지만, '수퍼맨'으로서 누리던 명성이 차츰 시들해져가고 있음을 절감했다.

1987년 리브는 그의 첫 번째 부인이었던 게이와 이혼한 지 얼마 되지 않아 상당히 혼란스러운 상태였다. 그는 영화 『채널을 돌려라(Switching Channels)』 촬영을 막 끝내고 매사추세츠주의 윌링스 타운에서 휴양 중이었다. 그는 어느 날 밤 윌리엄스 타운 극장에 딸린 주점에서 매혹적인 목소리로 노래를 부르는 한 여인을 만나게 되었다. 게이와 헤어진 지 5개월이 지났을 때였다.

"소매 없는 원피스 차림의 그녀는 '그 노래는 나를 춤추게 해요'라는 곡을 부르고 있었다. 내가 낚싯바늘에 걸려들어 침몰하고 만 것은 바로 그 순간이었다. 그날 그 자리에 함께 있던 내 친구들은 즉각 무슨 일이 일어났는지 알아챘다."[6]

둘은 곧 사랑에 빠졌고, 그보다 한참 후인 1992년 4월에 리브는 그 여자와 결혼식을 올렸다. 그의 아내가 된 이가 바로 다나 모로시니이다. 가수

---

5) 『Current Biography』(1982).
6) 크리스토퍼 리브, 심재철 옮김, 『절망을 이겨낸 슈퍼맨의 고백』(문예당, 1999), 133쪽.

이자 배우이기도 했던 모로시니는 전처의 자식인 매튜와 알렉산드라와도 잘 어울렸다. 너무나 어린 시절 부모의 이혼을 목격해야 했던 리브는 오랫동안 결혼이라는 것에 부정적인 생각을 가지고 있었지만, 두 번째 아내 다나로 인해 결혼이라는 것에 대해 다시 생각하게 되었다.

> 결혼이란 단지 허울좋은 의무에 지나지 않는 것일까? 어쩌면 그럴지도 모른다. 그러한 신념은 다나를 만나 그녀와 진실된 사랑에 빠지기 전까지는 바뀌지 않았다. 그러나 그녀를 만나고 나서도 오랜 시간이 걸렸고, 정신과 치료도 받아야 했다. 내가 결혼에 대한 불신과 두려움을 극복할 때까지 다나는 끈질긴 인내심으로 기다려야 했다.[7]

리브는 다나와의 사이에 아들 윌까지 얻으며 모처럼 행복한 가정 생활을 영위했다. 그리고 그는 1992년에 안소니 홉킨스, 엠마 톰슨 등과 함께 『남아있는 나날들(The Remains of the Day)』에 출연하는 등, 영화배우로서의 삶도 게을리 하지 않았다. 그러나 그에게 정상인으로서의 '남아있는 나날들'은 그리 길지 않았다.

1995년 5월 전몰장병 기념일에 버지니아주 컬페퍼에서 리브는 승마 도중 낙마해 경추 1번과 2번이 부러지는 큰 사고를 당했다. 그는 사고 직후 3분간 숨을 쉴 수 없었으며, 즉각 출동한 구조대원들의 인공호흡에 의해 겨우 목숨을 건질 수 있었다. 컬페퍼 병원에서 응급치료를 받은 후 헬기로 버지니아 의과대학 병원에 후송된 그는 일주일 동안 혼수 상태에서 생사의

---

7) 크리스토퍼 리브, 심재철 옮김, 『절망을 이겨낸 슈퍼맨의 고백』(문예당, 1999), 130쪽.

고비를 오락가락 했다. 곧 그의 사고 소식은 전 세계를 놀라게 했다. 많은 사람들은 곧 그의 삶이 마감될 거라며 '수퍼맨의 비애'를 곱씹었다. 그러나 그는 살아났다. 리브가 깨어났다는 소식이 나간 후 전 세계 팬들로부터 40만 통의 편지가 날아왔다. 클린턴 대통령도 그에게 편지를 보내 용기를 북돋아 주었다. 그러나 그 누구보다도 리브에게 용기를 불어넣어 준 사람은 그의 아내 다나 모로시니였다. 다나는 사고 후에도 그의 곁을 지키며 "당신은 여전히 당신이에요. 그리고 난 당신을 사랑해요"라며 그에게 무한한 힘이 되어 주었다.[8]

손상된 경추를 복원시키기 위한 대수술을 치른 후, 리브는 95년 6월 28일 케슬러 재활센터로 이송되었다. 목 윗부분을 제외한 전신이 마비상태가 되어 버린 리브는 그 곳에서 절망 속의 나날을 보냈다.

"시간은 자꾸만 흘러간다. 나는 숨을 쉴 수 없다. 더 이상 버틸 공기가 없다. 이젠 더 이상 어찌할 수 없다. 난 쇠사슬에 꽁꽁 묶여 있고, 낚싯바늘에 걸려 퍼덕거린다. 이 빌어먹을 것들이 나를 옴짝달싹 못하게 묶어놓았다. 내 목숨은 순전히 타인들의 손에 달려 있다."[9]

그러나 리브는 차츰 절망을 딛고 새로운 삶에의 의지를 다져가기 시작했다. 그리고 자신처럼 척추장애로 고생하는 사람들을 위해 자신이 무언가 할 수 있지 않을까 하는 생각을 하기 시작했다.

처음 케슬러에 왔을 때, 나는 그곳에 수용된 장애자들 가운데 하나라는 사실을 결코 인정하려 하지 않았다. 그러나 나는 차츰 달라지고 있

---

8) 윤정국, 〈사랑만이 힘입니다〉, 『동아일보』, 1999년 7월 17일, B4면.
9) 크리스토퍼 리브, 앞의 책, 153쪽.

었다. 나 역시 장애자들 중 한 사람이며, 나아가서는 우리 모두를 위해 내가 할 수 있는 일이 뭔가 있을지도 모른다고 생각하기 시작했다. 척수마비 치료를 위해 연구하는 학자들에게 내가 유용하게 쓰일 수 있는 길이 있을지도 모른다. 또 유명인의 특권을 이용할 수도 있다.[10]

　결국 그가 당한 불의의 사고는 역설적이게도 미국립보건연구소와 척추장애자협회에는 많은 재정적 지원을 안겨주게 되었다. 미국인들은 사고 당시 예전의 '수퍼맨'이 침대에서 꼼짝 못하는 '불구자'가 된 모습만 보고서도 미국립보건연구소에 돈을 기부했다. 4년 동안 아무런 변화도 없던 이 기금은 20%의 성장률을 기록하며 전년도에 비해 무려 5천6백만 달러가 늘었다. 그가 침대 신세를 면하고 휠체어에 의지하게 된 후 가입한 척추장애자협회에는 금새 5백만 달러의 기금이 몰렸다. 이는 기존에 척추장애자협회에 기부되었던 돈의 두 배였다. 그가 휠체어를 타고 연설을 행하는 곳이면 어디든지 사람들이 구름처럼 몰려들었고, 헌금이 수북이 쌓였다. 이뿐만 아니라 그의 의연한 모습을 보면서 감동을 받은 척추 장애인들이 실의에 빠졌던 마음을 접고 새로운 삶의 의지를 불태우면서 재활원을 찾는 장애인들이 매년 30%씩 증가했다. 이에 '리브 효과'라는 말까지 생겨났다.[11]

　리브는 사실 장애인의 삶을 살기 이전에도 여러 분야에서 사회참여에 많은 관심을 보여왔었다. 그는 부인 다나와 함께 정치와 환경문제에 관심을 가져왔다. 그리고 리브 자신은 자연보호위원회, 국제사면위원회의 지지자이기도 했다. 또한 칠레 여행 도중, 독재자 피노체트[12]에 의해 처형될 위기

---

10) 크리스토퍼 리브, 심재철 옮김, 『절망을 이겨낸 슈퍼맨의 고백』(문예당, 1999), 199쪽.
11) 최철호, 〈美배우 리브 '진정한 슈퍼맨'〉, 『대한매일』, 1998년 11월 24일, 11면.

에 놓인 77명의 칠레 배우들을 살리기 위한 집회에 참석하기도 했었다. [13]

그는 1996년 3월 아카데미 수상식에 특별 출연했다. 그의 특별 출연은 수상식 당일까지 철저하게 비밀에 부쳐졌다. 불현듯 수상식장에 나타나 휠체어에 의지한 채 힘겹게 말을 내뱉는 리브의 모습은 그 동안 슈퍼맨의 모습을 기억하고 있던 사람들에게는 충격적인 장면이었다. 그러나 리브는 수상식장에서 매우 의연한 모습을 보여주어 많은 사람들을 감동시켰다.

> 그날 나는 무대 위로 올라갈 때, 조금 서두르는 바람에 우려했던 대로 휠체어가 문턱에 걸려 넘어지고 말았다. 그러나 다행히도 내 몸은 조금도 움직이지 않았다. 나는 내가 일종의 '보호구역' 안에 있다는 것을 느꼈다. 내 이름이 호명되었고, 나는 휠체어에 앉은 채 무대 가운데로 나갔다. 수많은 사람들의 시선이 내 얼굴을 향하고 있었다. 모든 사람들이 나를 향해 서 있는 것이 시야에 들어왔다. 나는 관중들과 외국인들, 그리고 옛 친구들이 모두 나를 감싸안고 있는 듯한 느낌을 받았다. 박수갈채가 열렬했던 만큼 침묵도 진지하고 강렬하게 느껴졌다. 나는 관중들을 진정시켜야 했다. [14]

사고 이후 TV 영화 『황혼에(In the Gloaming)』를 통해 영화감독으로도 데뷔한 크리스토퍼 리브는 재활 의지를 여전히 강하게 불태우고 있다. 그

---

12) 피노체트에 대해서는 송기도, 〈아우구스토 피노체트〉, 송기도·강준만 외, 『권력과 리더십 2』 (인물과사상사, 1999);『시사인물사전 2』를 참고하십시오.
13) 크리스토퍼 리브, 앞의 책, 360~361쪽.
14) 크리스토퍼 리브, 앞의 책, 307~308쪽.

는 자신의 50세 생일이 되는 2002년 9월 25일 자신의 발로 서서 축배의
잔을 든 채, 과거 수년간 자신에게 힘을 불어넣어 주었던 사람들과 건배하
기를 바라고 있다.[15]   **인·사**

---

15) Jeffrey Kluger, 〈Will Christopher Reeve Walk Again〉, 『Time』, November 8,
    1999, p.45.

찰스 슐츠

Schlz, Charles Monroe

1999년 세밑, 찰리 브라운(Charlie Brown)과 스누피(Snoopy)의 죽음에 대해 근조(謹弔)를 표하는 휘장이 한국 언론의 처마에 걸렸다. 만화가 찰스 슐츠가 결장암(癌) 치료를 위해 지난 50년간 전 세계인의 사랑을 받아 온 『피너츠(Peanuts)』를 2000년 1월 3일을 마지막으로 그만 그리기로 발표한 것이다. 그리고 이로부터 불과 한 달여 후인 2월 12일 그는 침대에서 자던 중 편안하게 생을 마감했다.

1950년 이래, 찰리 브라운과 그의 친구들, 그리고 작은 사냥개인 비글종의 스누피가 엮어온 이 4단 연재만화[1]가 누린 인기는 실로 엄청나다. 연재

---

1) 김성호, 〈만화란 무엇일까?〉, 『한국의 만화가 55인』(프레스빌, 1996), 334쪽. — 김성호의 말에 따르면 서양에서는 만화를 그림이 담고 있는 내용에 따라 캐리커처(Caricature), 카툰(Cartoon), 코믹 스트립(Comic Strip) 등으로 분류해 놓고 있다고 한다. 『피너츠』의 경우,

된 신문만 세계 75개국에 약 2천6백여 개, 40개 언어로 번역됐으며, 책으로도 연간 3억 부 정도가 팔려나갔다.[2]

『피너츠』의 중단 소식이 전해졌을 때 전 세계 팬들은 아쉬움과 함께 믿을 수 없다는 반응을 보였다. 세계 언론들은 앞다퉈 조사(弔詞)를 낭독했고, TV는 특집방송을 내보냈다. 급기야는 빌 클린턴 대통령까지 '성명'을 발표했다. 그는 『피너츠』의 중단에 슬픔을 표시하면서 슐츠가 사랑스런 등장인물을 통해 "무엇이 우리를 인간이게 하는지" 가르쳐 주었다고 말했다.[3]

그가 세상을 뜬 뒤엔 그에 대한 추모 열기가 미국 사회를 더욱 뜨겁게 달구었다. 그의 죽음 직후, 인터넷 경매 업체인 이베이(eBay.com) 주최로 열린 '피너츠' 경매 행사에서는 스누피를 비롯해 찰리 브라운, 루시, 라이너스 등 만화 『피너츠』의 주인공들이 새겨진 기념품이 날개 돋친 듯 팔려나가 그의 인기를 실감케 했다. 미국 하원은 슐츠에게 의회 최고 훈장을 수여한다고 발표했다.

찰스 먼로 슐츠는 1922년 11월 26일 미네소타주(州)에 있는 미니애폴리스(Minneapolis)에서 태어났다. 슐츠는 이발사였던 아버지 칼(Carl) 슐츠와 어머니 데나(Dena) 슐츠가 낳은 유일한 자식이었다. 슐츠의 아버지는 미니애폴리스에 인접해 있는 세인트 폴(St. Paul)에서 50년 이상 이발사로 일했다.

애매하게도 형식은 카툰식으로 4칸으로 이루어져 있지만, 내용은 "사회현상과 모순에 대한 비판"보다는 기승전결의 이야기 구조를 갖춘 코믹 스트립 형태를 띠고 있다. 실제로 슐츠와 관련된 영문 자료를 살펴보면, 그의 작품을 두고 카툰과 코믹 스트립이라는 용어가 혼재되어 사용되고 있다. 그래서 『피너츠』를 그냥 만화라는 커다란 외연에 포함시켰음을 밝힌다.

2) 〈스누피 그린 만화가 슐츠 내년 1월 은퇴〉, 『한겨레』, 1999년 12월 16일, 29면.

3) 김상온, 〈스누피, 고바우, 둘리〉, 『국민일보』, 2000년 1월 5일, 7면.

아버지가 일하던 이발소가 어린 슐츠의 놀이터였다. 꼬마 슐츠는 그 놀이터에 설치된 '만화책'이라는 기구(器具)를 타고 놀았다. 여섯 살 때부터, 슐츠는 조붓한 이발소 구석에 앉아 여러 만화 주인공을 그리며 시간을 보냈다. 그러면서 슐츠는 만화가가 되고자 마음먹었다. 이러한 결정은 그의 피 속에 침전돼 있는 유전(遺傳)인자와는 상관없는 것이었다. 슐츠의 다음과 같은 말에 따르면, 그를 만화가로 키운 것은 자신을 둘러싼 우스꽝스러운 분위기 때문이었다고 한다.

"노르웨이와 독일에 살았던 내 조상을 비롯해서 내 가족 어느 누구도 예술적 자질을 가지고 있는 사람은 없었습니다. 하지만 내 가족과 친척들은 무척이나 재미있는 사람들이었습니다."[4]

그러나 슐츠의 학교 생활은 우울하기만 했다. 학교에선 형편없는 성적으로 낙제를 거듭하는 그에게 지진아(遲進兒)라는 딱지를 붙였다. 이렇게 점점 '정상(正常)'에서 밀려난 슐츠는 만화책의 갈피 속으로 숨어 버리고는 했다. 그는 거절당하는 것이 두려워, 좋아하는 여자아이에게 데이트 신청도 하지 못하는 소년이었다. 이런 소심한 슐츠에게 학교의 교문은 늘 높고 그만큼 두려운 것이었다. 학교에서 유일하게 적(籍)을 두었던 골프 동아리도 그에겐 어떠한 위로도 되지 못했다. 슐츠는 『피너츠』가 이런 학창 시절의 단상(斷想)이라고 이야기한다.

> 학창시절 계속됐던 나의 좌절과 실패는 『피너츠』의 주인공, 찰리 브라운의 피와 뼈, 그리고 살이 됐습니다.[5]

---

4) 『Current Biography』(1983).
5) 『Current Biography』(1983).

이렇게 학교와 사회에서 'Peanut(美俗:변변치 않은 인물)'으로 취급받던 그에게 유일한 탈출구는 만화였다. 계속해서 만화를 그리던 그는 1940년, 고등학교를 졸업하고 나서 사설 미술 교육기관에서 그림 수업을 받는다. 훗날, 슐츠는 이곳에서 같이 공부한 친구의 여동생인 조이스 핼버슨(Joyce Halverson)과 결혼한다. 1949년 결혼한 이들은 다섯 명의 아이를 낳았다.

하지만, 슐츠의 어머니는 이들의 결혼식에 참석하지 못했다. 6년 전인, 1943년에 돌아가셨기 때문이다. 어머니의 육신을 땅에 묻은 그 해에 슐츠는 군(軍)에 입대했다. 이 심약(心弱)한 청년은 살상(殺傷)의 광기(狂氣)가 전 대륙의 기슭과 바다를 생채기 내던 2차 세계대전에 발을 들여놓았다. 전장(戰場)에서 노래의 후렴구처럼 되풀이되는 생존의 위협으로 인해 그는 그림 공부를 더 이상 할 수 없었다. 하지만 진드기처럼 달라붙는 위태로운 긴장감도 그의 물기 어린 감수성을 메마르게 하지는 못했다. 포병(砲兵)이 었던 그는 강아지들이 상처를 입을까봐 적의 진지(陣地)를 포격(砲擊)하지 못하기도 했다. 그러나 군인이라는 자신의 본분을 잊은 것은 아니었던 모양이다. 프랑스와 독일 등지에서 전과(戰果)를 올린 그는 하사로 진급해서 제대한다.[6]

전쟁이 끝나고 고향으로 돌아와 여러 직업을 전전하던 슐츠는 운 좋게도 세이트 폴 주민을 상대로 하는 지방 종교 잡지의 지면(紙面)을 얻어 정식으로 만화를 그리기 시작했다. 이것이 계기가 되어 슐츠는 자신이 좋아하는 만화 그리기를 업(業)으로 삼게 된다. 그는 일주일에 한번씩 세인트 폴 신문에 만화를 그렸고, 1948년에는 처음으로 『새터데이 이브닝 포스트

---

6) 『Current Biography』(1983).

(Saturday Evening Post)』에 자신의 만화를 팔았다. 만화가 찰스 슐츠의 이름은 이렇게 서서히 알려지기 시작했고, 당시 굴지의 만화 배급 회사인 유나이티드 피쳐 신디케이트(United Feature Syndicate)사(社)까지 그를 주목하게 되었다.

찰리 브라운과 그의 친구들, 그리고 스누피가 처음 등장한 것은 1950년 10월 2일이다. 이 '변변치 못한 인물들(Peanuts)'은 유나이티드 피쳐 신디케이트를 통해 세상에 얼굴을 내밀었다. 사람들은 어줍잖은 모습으로 세상을 어슬렁거리는 이 허릅숭이들에게 열광했다. 50년 10월 8개 신문에 처음 게재된 『피너츠』는 8년 후엔 무려 4백 개 이상의 신문에 실렸고, 슐츠는 58년까지 매해, 9만 달러씩 벌어들였다.[7]

『피너츠』는 슐츠에게 부(富)와 함께 명성도 가져다주었다. 슐츠는 1955년 미국 만화가협회(National Cartoonists Society)에서 주는 '그해의 만화가 상'을 받았다. 56년에는 예일 유머상(Yale Humor Award)을 수상했으며, 60년에는 미국 교육위원회에서 수여하는 스쿨 벨 상(School Bell Award)의 영예를 누렸다.

『피너츠』의 인물들은 4각(角)의 만화 프레임 밖의 현실 세상에도 꾸준히 모습을 드러내왔다. 스누피의 경우, 지난 몇 십년 간 뉴욕 메트로폴리탄 보험회사의 전속 모델 일을 하고 있을 뿐만 아니라 제약(製藥)·액세서리 분야를 포함해 거의 모든 브랜드에 진출했다. 재즈 뮤지션인 빈스 구아랄디는 '찰리 브라운' 세션을 구성해 음반을 내놓았고, 로열 가즈멘 악단은 1966년 『스누피 대(對) 붉은남작』이라는 앨범을 내놓아 빌보드 차트 2위까

---

7) 〈독자와 함께 '희노애락' 반세기, 미 신문연재만화 '피너츠' 막내려〉, 『부산일보』, 2000년 1월 4일, 7면.

지 오르기도 했다.[8]

『피너츠』가 이렇게 오랫동안 아이들과 어른들 모두에게 사랑을 받아 온 것은 그의 만화가 평범한 사람들의 심드렁한 일상을 통해 현대인에게 위안을 주기 때문이다. 각박한 세상살이에 지친 많은 사람들은, 찰리 브라운이 끊임없이 실패하면서도 계속해서 같은 일에 도전하는 모습에서 자신들의 현재의 일상을 그리고 삶을 생각하게 되는 것이다. 심술꾸러기 루시가 늘 날리는 연을 늘 똑같은 나무에 걸리게 하고는 신경질을 내는 모습에서 사람들은 뜻대로 안 되는 자신의 삶을 본다. 이를테면 아이들의 감수성을 통해 어른들의 문제들을 재현하고 있는 것이다. 그래서 일찍이 『타임』지의 한 평자(評者)는 이러한 그의 작품을 두고 "철학적 관조와 위트 섞인 지혜"가 담겨 있는 작품이라고 이야기한 바 있다.[9]

2000년 1월 3일, 주인공격인 스누피가 타자기를 들고 자신의 집 위에서 생각에 잠겨 있는 모습으로 시작된 작품을 끝으로 50년간 계속됐던 『피너츠』의 대장정은 막을 내렸다. 슐츠는 "사랑하는 친구들에게"로 시작되는 작품 속의 편지를 통해 그 동안 독자들이 보내준 사랑에 대해 다음과 같이 감사의 뜻을 전했다.

> 근 50년간 찰리 브라운과 그의 친구들을 그릴 수 있는 행운을 누려왔습니다. 『피너츠』는 내 어릴 적 꿈의 실현과정이었습니다. 그 동안 독자 여러분이 보여 준 사랑과 지원, 그리고 편집인들의 헌신적인 노력에 감사합니다. 불행히도 더 이상 신문연재를 감당할 능력이 없기에 이렇

---

8) 고현석, 〈'50년 친구' 스누피 우리 곁을 떠난다〉, 『뉴스메이커』, 1999년 12월 30일, 70면.
9) 『Current Biography』(1983).

게 『피너츠』를 끝마치게 되었지만, 찰리 브라운과 스누피, 라이너스,

루시 …… 어떻게 이들을 잊을 수 있을지 …….[10]

이들의 퇴장은 많은 사람들의 아쉬움을 불러왔다. 찰리 브라운과 스누피, 루시, 샐리, 라이너스 등의 캐릭터는 단순히 만화 등장인물들이 아니었기 때문이다. 인간의 약점을 부드러운 눈으로 보는 유머를 선사했던 이들은 신문을 펼치면 늘 가득 차 있는 사건, 사고들의 홍수 속에서 아늑한 휴식공간임에 다름 아니었다.[11]

이 때문에 『피너츠』의 종간(終刊)을 슬퍼하는 만장(輓章)은 유난히도 펄럭였다. 『뉴욕 데일리 뉴스』지는 이날, 1면 머리에 〈안녕, 찰리 브라운〉이라는 표제의 기사를 실었고, NBC-TV도 장시간에 걸쳐 슐츠와의 인터뷰를 방송했다. 『피너츠』의 배급을 담당했던 유나이티드 피처 신디케이트는 『피너츠』의 초기판을 재공급 하겠다고 발표했다.

이제 스누피, 그리고 찰리 브라운과 그의 친구들은 성장을 멈추었다. 하긴, 50년 동안 한 뼘도 자라지 않은 그들에게 이런 이야기는 맞지 않을 지도 모른다. 어쨌거나 그들은 독자들의 추억의 곳집에 영원히 붙박혀 살게 됐다. 작품이야 끝났지만, 그들이 일으켰던 말썽은 독자들의 기억 속에서 50년 전 모습으로 계속될 것이다. 불행히도 세월의 무게에 짓눌려 슐츠의 생(生)은 끝났지만 그의 '별 볼일 없는 친구들'은 오래오래 살아 남을 것이다. 그런 의미에서 찰스 슐츠는 이 세상에서 가장 행복한 사람 중에 하나였다고 할 만하다. 인·사

---

10) 〈안녕, 찰리 브라운 ― 슐츠, 연재만화 '피너츠' 마지막 작품 발표〉, 『한겨레』, 2000년 1월 5일, 29면.
11) 〈스누피 그린 만화가 슐츠 내년 1월 은퇴〉, 『한겨레』, 1999년 12월 16일, 29면.

샤론 스톤

Stone, Sharon

샤론 스톤은 『원초적 본능』이라는 영화 한 편으로 1990년대 할리우드를 대표하는 섹시스타의 자리에 안착했다. 그는 섹시스타라는 명성에 걸맞게 그 동안 무수한 남성 편력을 자랑하기도 했다. 드와이트 요캄, 빌 맥도널드, 크리스토퍼 피터스, 밥 와그너, 브래드 존슨, 드위질 자파, 그리고 모나코의 알베르 왕자와 존 F. 케네디 2세, 레오나르도 디카프리오까지, 그가 유명 남성들과 일으킨 스캔들은 끊이질 않았다. 그런 그가 최근 남성 편력을 자랑하던 예전의 모습과는 전혀 다른 모습을 보여주고 있다. 그의 남편 필 브론스타인이 심장질환으로 쓰러지자 『아름다운 조』를 촬영하기 위해 캐나다에 머물고 있던 스톤은 모든 촬영 일정을 취소하고 남편의 병상으로 달려왔으며, 남편을 위해 식이요법에 심혈을 기울이고 있다는 소식이 들려오고 있기 때문이다.[1]

샤론 스톤은 1958년 3월 10일 펜실바니아주 메드빌에 있는 작은 도시에서 태어났다. 스톤은 아버지 조 스톤과 어머니 도로시 스톤 사이에 태어난 네 자식 중 둘째 아이였다. 스톤의 아이큐는 154였으며, 그 이유 때문인지 그는 또래 아이들과 잘 어울리려 하지 않았다. 사춘기 시절에는 심한 외모 콤플렉스에 시달리기도 했던 스톤은 남자들로부터 사랑을 받을 수 없으리라는 강박관념에 시달리다 열 여덟 살 때 지나가는 한 소년을 유혹해 자신의 처녀성을 버린 일화를 가지고 있기도 하다.[2] 그러나 이렇게 외모콤플렉스에 시달리던 스톤은 차츰 성인으로 성장해 가면서 마릴린 먼로[3]에 필적할 만한 배우가 될 것을 결심했다.[4]

스톤은 1975년 미스 크로포드 컨트리로 뽑히면서 연예계 진출의 발판을 마련했다. 그리고 스톤은 뉴욕에서 패션모델로 활동하던 중 우디 앨런[5]의 눈에 띄어 그의 영화에 단역으로 출연하게 되었다. 우디 앨런의 80년작 『스타더스트 메모리』가 바로 그것이다. 비록 단역이었지만 이 영화가 스톤의 영화 데뷔작이었던 셈이다. 이후 영화배우로 성공하기 위해 스톤은 자신의 거처를 할리우드가 자리잡고 있는 LA로 옮겼다. 하지만 그 곳에는 스톤처럼 스타가 되고 싶어하는 금발미인들이 즐비하기만 했다.

영화배우로서의 성공이 여의치 않다는 것을 몸소 체험한 스톤은 TV 시리즈물에 얼굴을 내밀었다. 1982년에 만들어진 CBS의 『낫 저스트 어나더 어패어』를 시작으로 83년작인 NBC의 『베이 시티 블루스』, ABC의 86년

---

1) 〈당신없인 못 살아 정말 못 살아!〉, 『전북일요시사』, 1999년 9월 5일, 16면.
2) 최이정, 〈길 가던 소년 붙잡고 "제발" 애걸 복걸〉, 『일요신문』, 1996년 9월 15일, 43면.
3) 마릴린 먼로에 대해서는 『시사인물사전 3』을 참고하십시오.
4) 『Current Biography』(1996).
5) 우디 앨런에 대해서는 『시사인물사전 3』을 참고하십시오.

작 『라이언 부부』, 88년작 『배드랜즈 2005』 등 여러 TV 시리즈물에 출연했지만, 스톤이 스타가 될 조짐은 잘 보이지 않았다.

결국 샤론 스톤에게 있어 1980년대는 '무명의 시절'이었다. 주로 B급 영화에 얼굴을 내밀었던 스톤이 그나마 이름 있는 감독들과 함께 한 작품은 웨스 크레이븐의 『데들리 블레싱』, 끌로드 를루슈의 『사랑과 슬픔의 볼레로』 정도였다. 그나마 그 영화들에서도 스톤은 단역을 맡았을 뿐이었다. 그러한 스톤이 대중들의 시선을 사로잡기 시작한 것은 아놀드 슈왈츠제네거와 함께 90년에 출연한 공상과학물 『토탈 리콜』을 통해서였다.

그러나 스톤의 진정한 출세작은 『토탈 리콜』을 통해 이미 함께 작업한 바 있던 폴 버호벤 감독의 1992년작 『원초적 본능』이었다.[6] 스톤은 에로틱 스릴러물인 이 영화에서 남자 주인공(마이클 더글러스 분)을 비롯한 영화 속 남성들의 정신을 요염한 자태를 통해 시종일관 압도하는 여류소설가이자 양성애자로, 침실에서는 절정의 순간 상대방 남성의 가슴을 얼음송곳으로 무참하게 찔러대는 살인자로 나와 열연했다. 스톤은 이 영화의 큰 성공과 함께 일약 스타덤에 오르게 되었고, 할리우드 최고의 섹시스타가 되었다.

『원초적 본능』의 큰 성공으로 고무된 샤론 스톤은 차기작을 무엇으로 정할 것인가를 고민해야 했다. 무수한 시나리오들이 그에게 손짓했지만, 그는 『원초적 본능』과 흡사한 분위기의 에로틱 스릴러물인 『슬리버』에 출연하기로 결정했다. 스톤은 이 영화의 출연료로 2백50만 달러, 그리고 흥행

---

6) 미국 개봉 당시 등급 논란으로 한국에서는 가위질을 당했던 『원초적 본능』의 무삭제판 비디오가 최근 한국에서 재출시됐다. 무삭제판에서는 극장 상영 당시 사라졌던 엽기적인 살인과 양성애, 훔쳐보기, 강렬한 섹스신 등이 복원됐으며, 영화 상영 당시 화제를 몰고 왔던, 그 유명한 샤론 스톤의 다리 꼬고 앉는 장면이 적나라하게 담겨 있다.

여부에 따라 성과급을 부여받는 계약을 체결했다. 이 영화의 연출자 필립 노이스는 인터뷰를 통해 "샤론은 청순하면서도 악마적인 매력이 공존하는 최고의 여배우일 뿐만 아니라 뛰어난 감각으로 작품제작에 많은 아이디어를 제공해『슬리버』의 성공을 확신한다"고 말하기도 했다.[7]

『슬리버』는『원초적 본능』의 각본을 맡았던 조 에스터하스가 다시 참여해 '제2의 원초적 본능' 신화를 만들어보려는 야심찬 계획으로 제작되었지만, 결과적으로 이 영화는 '절반의 성공'으로 마무리되었다. 인간의 숨겨진 본능 중 하나인 '훔쳐보기'를 소재로 만들어진 이 영화의 제작자들은 관람 등급심사위에서 N-17등급(17세 미만 관람 불가)을 매기겠다고 엄포를 놓자 10여 분 가량의 장면들을 가위질했다. 그리고 시사회장에서 관객들이 마지막 장면에 대해 그리 만족스러운 표정을 짓지 않자, 허겁지겁 새로운 라스트 씬을 촬영하기도 했다. 그러나『슬리버』는『원초적 본능』에서 보여준 농염한 자태를 보여주었던 샤론 스톤의 후광 덕분에 어느 정도 흥행에 성공할 수 있었다.[8]

비록 흥행에는 성공했지만, 1993년작『슬리버』에 대한 평단의 혹평으로 의기소침해 있던 스톤은 차기작으로 전혀 에로틱하지 않은 영화『인터섹션』에 출연했다.『인터섹션』은 사고를 당해 기억상실증에 걸린 뒤 사랑하게 된 여인과, 사고 전 함께 결혼 생활을 영위했던 아내 사이에서 갈등하는 건축가(리차드 기어 분)의 이야기를 담은 러브스토리였다. 스톤은 이 영화에서 아내로 출연해 화제를 모았다. 애초에 이 영화의 제작진은 샤론 스톤에게 그녀의 섹시한 이미지에 걸맞도록 남자주인공의 정부(情婦) 역으로

---

7) 유인향, 〈고심 끝에『슬리버』출연 결정〉,『경향신문』, 1992년 9월 15일, 11면.
8) 박홍진, 〈눈요기 섹스신 … 흥행엔 성공〉,『한국일보』, 1993년 6월 4일, 17면.

출연해 줄 것을 요청했다. 그러나 스톤은 아내 역을 맡겠다는 의지를 강력하게 표명했다. 그래서 스톤은 결국 전혀 야하지 않은 아내 역을 맡게 된 것이다.

『인터섹션』의 개봉을 앞두고 가진 기자회견에서 스톤은 "앞으로 노출보다는 연기를 통해 팬들의 사랑을 받고 싶다"며 '섹시한 스타'가 아닌 진정한 연기자로 거듭나고 싶다는 뜻을 피력했다.[9] 그러나 진정한 연기자로 인정받기 위해 출연했던 『인터섹션』은 흥행과 비평 양면에서 모두 실패했다. 『인터섹션』의 실패는 이 영화 자체가 영화적 완성도 면에서 큰 문제가 있었다는 것을 뜻한다고 볼 수 있다. 그러나 여전히 관객들이 스톤의 매끈한 몸매에 대한 기대감을 버리지 않고 있었던 것도 실패의 원인 중 하나라 하겠다.

스톤이 실베스터 스탤론과 함께 출연하는 액션영화라는 이유만으로 기대를 모았던 1994년작 『스페셜리스트』는, 근육질의 스탤론과 완벽한 몸매의 스톤이 벌이는 환상적인 육체적 결합이 있을 거라는 관객들의 기대감을 무참히 깨뜨리면서 흥행에 실패했다. 그 후 95년에 스톤은 『이블 데드』 시리즈로 유명한 샘 레이미 감독의 서부영화 『퀵 앤 데드』에 진 해크만, 레오나르도 디카프리오 등과 함께 출연했다. 스톤이 아버지의 원수(진 해크만 분)에게 복수의 총탄을 내뿜는 '총잡이'로 변신한 이 영화는, 스톤이 제작에도 참여하며 상당한 의욕을 보여준 영화였지만 흥행에는 실패했다. '섹시함'의 이미지를 벗어나려는 스톤의 힘겨운 노력은 자꾸 씁쓸한 흥행성적으로만 다가왔다.

---

9) 안치용, 〈벗는 연기 그만, 노출않는 역으로 인기 끌고파〉, 『경향신문』, 1994년 1월 24일, 17면.

1995년 가을, 스톤은 프랑스 정부로부터 예술문학 훈장과 슈발리에(기사) 작위를 받았다. 이러한 뜻밖의 수상에 대해 프랑스의 문화부장관은 스톤이 "사람들의 일상생활을 따분하지 않게 만들어 준 것"이 그 이유라고 밝혔다.[10] '일상생활을 따분하지 않게 만들어 준 것'이 무엇에서 기인하는지는 대충 짐작이 가는 바이지만, 기사작위 수여가 스톤 자신에게는 분명 기분 좋은 일이었음에 틀림없다.

그가 연기자로서의 능력을 공식적으로 인정받게 된 것은 1995년에 만들어진 영화 『카지노』를 통해서였다. 『택시 드라이버』, 『성난 황소』, 『좋은 친구들』 등으로 유명한 감독 마틴 스콜세즈, 배우 로버트 드 니로 콤비가 다시 합심해 만든 이 영화에서 스톤은 도박사인 남편(로버트 드 니로 분)과 싸우는, 알코올·약물 중독자인 비극적인 아내로 분했다. 웬만한 스턴트 연기도 스톤은 대역 없이 스스로 해내었다. 이 영화로 스톤은 골든 글로브 여우주연상을 수상하게 되었으며 아카데미 여우주연상 후보로도 거명되었다.

스톤은 제레미아 체칙이 연출한 『디아볼릭』에 프랑스의 유명 배우 이자벨 아자니와 함께 출연했다. 이 영화는 프랑스의 앙리 조르쥬 끌루조가 연출했던 1955년작 『디아볼릭』을 리메이크한 미스테리물이다. 샤론 스톤과 이자벨 아자니, 이 두 배우가 출연한다는 이유만으로도 지대한 관심을 불러일으켰던 이 영화가 정작 96년에 관객들에게 선을 보였을 때는 실망의 목소리만이 들려왔다.

다만 『디아볼릭』과 관련하여 언론에 공개된 한 가지 재미있는 사실이 있다. 이 영화의 촬영 도중 스톤이 이자벨 아자니에게 할리우드 배우로서의

---

10) 변형섭, 〈샤론 스톤 '지능이냐 본능이냐'〉, 『주간한국』, 1995년 11월 23일, 70면.

텃새를 심하게 부렸다는 후문이 바로 그것이다. 촬영 스케줄을 온통 자신의 스케줄에 맞추는가 하면 이자벨 아자니의 의상까지 간섭했고, 『디아볼릭』의 할리우드 시사회가 열리던 날은 같이 입장하기로 했던 약속을 깨고 먼저 입장해 스포트라이트를 혼자 다 받았다. 이에 이자벨 아자니는 "다시는 샤론 스톤과 함께 작업하지 않겠다"고 말했다 한다.[11]

1997년 여름 프랑스 파리의 『마치』지가 프랑스 남성들을 상대로 행한 설문조사에서 샤론 스톤은 37%의 지지를 얻어 프랑스 남성들이 '가장 이상적으로 생각하는 여성형'으로 선정되었다. 이 설문조사에서 나오미 캠벨은 29%의 지지로 2위를 기록했다.[12] 출연하는 영화들의 계속되는 실패에도 불구하고 여전히 그녀의 매력이 빛을 잃지 않고 있음을 보여 준 사례라 할 수 있다.

『레인맨』의 감독 배리 레빈슨이 연출을 맡은 SF 스릴러 『스피어』에서 스톤은 지적인 생화학자 베스 할페린으로 분했다. 더스틴 호프만, 새뮤얼 L. 잭슨 등과 함께 캘리포니아의 전미해군조선소에 마련된 『스피어』 촬영 세트장에서 당시 촬영에 임하고 있던 스톤은 인터뷰를 통해 이 영화에 대한 기대감을 이렇게 말했다.

"더 이상 바랄 것이 없는 작품입니다. 우선 아카데미 감독상 수상자인 『레인맨』의 레빈슨 감독이 연출 외에 프로듀서까지 맡은 영화이기 때문이죠. 또한 상대역은 아카데미 남우주연상을 두 차례나 안았던 선배 배우 더스틴 호프먼이 출연하잖아요. 더구나 『쥬라기공원』『폭로』『잃어버린 세계』

---

11) 최이정, 〈'샤론 스톤' 할리우드 텃세에 자존심 다친 '이자벨 아자니'〉, 『일요신문』, 1996년 6월 16일, 56면.
12) 〈佛남성 '샤론 스톤 가장 이상적'〉, 『동아일보』, 1997년 8월 9일, 9면.

등으로 널리 알려진 마이클 크라이튼의 소설이 원작입니다. 크라이튼은 프로듀서로도 참여하고 있어요. 무엇보다 최근 가장 인기 있는 장르인 SF 스릴러 아닙니까."[13]

그러나 『스피어』는 그녀가 기대했던 만큼의 성공에 크게 미치지 못했다. 스톤은 1998년 2월 14일 『샌프란시스코 이그재미너』지의 편집장 필 브론스타인과 결혼식을 올렸다. 84년 프로듀서 마이클 린드버그와 결혼했다가 3년 만에 파경에 이르렀던 스톤에게는 두 번째 결혼식이었다. 스톤은 97년 여름 『스피어』 촬영 도중 브론스타인을 만나 곧 열애에 빠졌다. 화려한 남성 편력을 자랑하는 스톤과 플레이보이로 소문난 그의 남편 브론스타인은 사람들의 예상을 깨고 매우 검소한 결혼식을 올려 화제를 모으기도 했다.[14]

그러나 높은 지능지수를 자랑하는 스톤은 결혼식을 올리기 전 변호사를 통해, 2년 안에 이혼을 하게 될 경우 브론스타인이 받을 수 있는 위자료는 45만 달러, 그 이상으로 부부관계가 지속된다 해도 1백만 달러를 넘지 못한다는 계약서를 체결해 사랑과 돈 문제는 분리해서 생각하는 철저함을 보여주기도 했다.[15]

1998년 12월 1일 스톤은 유엔에서 개최한 세계 에이즈의 날 기념 포럼에 참석해 자신의 '사랑학'을 설파했다. 미국 에이즈연구기금(AmFAR)의 의장 자격으로 이 날 자리에 참석한 스톤은 십대들의 성적 욕망을 자연스러운 것으로 인정해야 한다고 말했다. 또한 성 억압으로 인한 왜곡된 성 지식으로 매해 3백만 명의 청소년들이 에이즈에 감염되고 있다면서 이에

---

13) 〈생화학자로 연기 변신 … '이제 안 벗겠다'〉, 『TV저널』, 1997년 7월 9일, 82면.
14) 〈샤론 스톤 결혼, 이젠 정말 행복하고 싶어요〉, 『일요서울』, 1998년 3월 1일, 38면.
15) 〈샤론스톤 '내 남편은 위자료 1백만불 사나이'〉, 『일요신문』, 1998년 3월 16일, 37면.

대한 처방을 이렇게 제시하기도 했다.

> 진정 자녀들을 사랑한다면 가정마다 콘돔 200개씩을 비치해 청소년
> 들이 물풍선 놀이를 하든지 친구들에게 나눠 주든지 자유롭게 쓸 수 있
> 도록 해야 한다.[16]

1999년 1월에 개봉된 시드니 루멧 감독의『글로리아』는『원초적 본능』을 제외한 그가 주연했던 대부분의 영화들이 그랬듯 실패의 쓴잔만을 들이켰을 뿐이다. 80년도에 만들어졌던 미국 인디영화의 대부 존 카사베츠 감독의 동명영화를 리메이크한 이 영화는 기자시사회도 없이 미국에서 개봉되었다.[17] 한국에서도 역시 기자시사회 없이 개봉된 99년판『글로리아』는 관객들로부터 철저히 외면 당했다.

1999년 여름 스톤은 영화전문잡지인『무비라인』과 가진 인터뷰를 통해 레오나르도 디카프리오와 기네스 펠트로, 스티븐 시걸 같은 할리우드 스타들을 혹평해 화제를 모으기도 했다. 스톤은 디카프리오에 대해서는 "그가 그렇게 유명하게 된 것은 내가 상상할 수 있는 최악의 일이다", 기네스 펠트로에 대해서는 "고지식한게 꼭 산소공급을 제대로 받지 못한 것 같다", 그리고 스티븐 시걸에 대해서는 "그 사람에 관해 글을 쓴다는 것은 잉크 낭비다"라고 말했다.[18] 그의 할리우드 스타들에 대한 비판이 전혀 설득력이 없는 것은 아니나, 스톤이 과연 그들에게 그렇게 매몰찬 비판을 가할 자격

---

16) 윤민석, 〈여배우 샤론 스톤 유엔서 '사랑학' 강의〉,『한국일보』, 1998년 12월 3일, 9면.
17) 남동철, 〈글로리아〉,『씨네21』, 1999년 9월 14일, 60면.
18) 〈샤론 스톤 할리우드 스타들 혹평〉,『동아일보』, 1999년 8월 14일, 7면.

이 있는지는 의문이다. 김창남(성공회대 신방과 교수)은 영화전문지 『키노』
에서 샤론 스톤을 이렇게 평했다.

> 헐리우드는 오랫동안 대중에게 훔쳐보기의 쾌락을 제공해 왔다. 그
> 속에서 수많은 섹스 심벌들이 스타로 등장하고 사라지는 과정이 반복되
> 었다. 샤론 스톤 역시 그 오랜 전통의 한 지점에 위치해 있다. 그녀는
> 아름답고 섹시하다. 그러나 그 아름다움은 통상적인 헐리우드 섹스 심
> 벌들의 이미지와는 조금 다른 성격을 가진다. 그녀의 아름다움은 날카
> 로운 눈매와 강인한 인상으로부터 비롯되는 아름다움이다. 어딘지 모르
> 게 함부로 대하기 어려워 보이는, 자칫 엉덩이라도 툭 건드렸다가는 호
> 되게 봉변 당할 것만 같은 느낌, 그런 것이다. 이 점에서 그녀는 같은
> 금발 미인 계보에 속하는 마릴린 먼로와 다르다.[19] **인·사**

---

19) 김창남, 〈STAR MITHOLOGY, SHARON STONE〉, 『키노』, 1996년 3월호, 80쪽.

헬렌 토마스

Thomas, Helen

지난 해(1999) 한낮 무더위가 기승을 부릴 무렵, 한국 언론의 귀퉁이에는 미국 한 여기자의 생일 파티 풍경이 담겨졌다.[1] 아무리 미국이라는 나라가 "이미 우리의 육신과 영혼 안에 들어와"[2] 있다고는 하지만 일개 기자의 생일이 전해질 정도라니, 이해할 수 없는 일이었다. 하지만 그가 40년 가까이 백악관을 취재한, 일흔 아홉 살의, 그것도 '현역' 기자라면 이야기는 달라진다.

전설(傳說)은 '비범(非凡)'의 토양에서 움튼다. 모든 전설은 '평범(平凡)'의 울타리 너머에서 자란 것들이다. '워싱턴의 전설'로 일컬어지는, 백악

---

1) 〈미 최고참 백악관 출입기자 토머스 79세 생일〉, 『중앙일보』, 1999년 8월 6일, 15면.
2) 강준만, 〈오연호, 13년간 미국과 씨름해 온 기자〉, 『한국의 언론인 1』(인물과사상사, 1999), 83쪽.

관 출입기자 중 최고참 기자인 헬렌 토마스 역시 그러하다. 올해(2000)로 만 여든 살을 맞는 이 할머니 기자의 반평생은 미(美) 대통령들의 부침(浮沈)과 함께 했다. 그는 케네디에서부터 클린턴까지 역대 8명의 대통령의 영광과 몰락을, 그가 두 번째로 상재한 책의 제목대로『백악관의 맨 앞줄(Front Row at the White House)』에서 지켜봤다. ABC 방송의 백악관 출입기자이자 간판급(級) 앵커로 명성이 높은 샘 도날드슨은 그를 두고 "헬렌만큼 백악관을 아는 사람은 없다. 대통령은 왔다 가도 헬렌은 영원하다"고 평가했다.[3]

그는 백악관 기자회견장(場)의 입구(入口)이자 출구(出口)이다. '백악관 기자단장(長)'인 그의 질문으로 기자회견은 시작되고 "Thank you. Mr. President(대통령. 감사합니다)"라는 그의 짧은 인사말로 대통령에 대한 기자단의 질의와 응답은 끝난다. 이런 헬렌은 이미 텔레비전 위성 중계를 통해 세계적으로 널리 알려져 있다. 외국 정상들이 백악관을 방문할 때마다 동행한 보도진으로부터 인터뷰 요청을 받을 정도다.

헬렌 토마스는 1920년 8월 4일 켄터키(Kentucky)주에서 노점상을 하던 아버지 조지(George) 토마스와 어머니 매리(Mary) 토마스가 낳은 아홉 명의 아이들 중 일곱 번째로 태어났다. 헬렌의 부모는 그가 태어나기 17년 전인 1903년, 단 17달러만을 손에 쥐고 레바논에서 바다를 건너 미국으로 온 빈한한 이주민이었다.

어느 시인의 말을 훔치자면, 어린 헬렌을 키운 것은 8할이 길가에 부는 바람이었다. 사탕이나 담배, 과일 등을 길거리에 팔던 아버지를 따라 어린

---

3) 〈워싱턴의 전설 백악관 '팔순 여기자' 〉, 『뉴스 플러스』, 1999년 8월 5일, 60면.

헬렌은 여러 도시를 전전했다. 소녀가 사는 집은 길 위의 집이었다.

공교롭게도 토마스가(家)가 유랑(流浪)을 마치고 정착한 곳은 '자동차'의 도시 디트로이트였다. 그 도시의 구석엔 토마스 일가와 같은 이력(履歷)을 가진, 시리아와 레바논 출신의 낭인(浪人)들이 소규모의 집단을 이루어 살고 있었다. 헬렌의 아버지는 이 곳에서 식료품점을 열었다. 어린 헬렌의 유년의 뜨락은 이 조붓한 식료품 가게였다. 부모가 문맹(文盲)이었던 탓에, 헬렌은 어려서부터 가게에서 카운터를 봤다.

헬렌의 부모는 자식 모두를 이 식료품 가게에서 길렀다. 이 가게의 수입으로 9남매 모두를 대학에 보낼 만큼 이들은 밤낮을 가리지 않고 억기차게 일했다. 그렇다고 자녀들에게 소홀했던 것은 아니다. 그들은 아이들에게 아랍인으로서의 정체성을 심어주기 위해 미국의 문화와 더불어 중동(中東)의 문화도 함께 가르쳤다. 뿐만 아니라 당시의 여느 부모들과는 달리 개방적이었던 그들은 두 명의 아들과 똑같이 일곱 명의 딸을 대했다. 매일 저녁 식사 때면, 온 가족이 식탁에 모여 앉아 갖가지 주제를 놓고 서로 이야기를 나누곤 했다. 헬렌은 한 인터뷰에서 자신의 부모님에 대해 다음과 같이 술회했다.

"아버지는 기회를 잡을 줄 아는 분이셨어요. 내가 만난 사람들 중에 아버지 보다 지적(知的) 용량이 큰 사람을 보지 못했어요. 또한 어려운 형편에도 이웃에게 음식을 나눠주는 친절한 분이셨죠. 어머니는 무척이나 올곧은 생각을 가진 분이셨어요. 그리고 정말 강한 의지를 소유한 분이셨죠." [4]

헬렌은 유달리 호기심이 많던 아이였다. 누구에게나 할 것 없이 너무 많

---

4) 『Current Biography』(1993).

은 질문을 하고 다녔던 그는 가족이나 친구들에게 "왜 그렇게 궁금한 것이 많으냐"는 핀잔을 듣기까지 할 정도였다.[5] "기자는 영원한 질문자다"라는 한국 최고참 기자의 이야기가 맞다면, 그는 이미 일찍부터 기자가 될 싹수를 보이기 시작한 셈이다.[6]

디트로이트 이스턴(Eastern) 고등학교 시절, 교내 신문을 만들면서 이런 그의 싹은 본격적으로 자라기 시작했다. 그는 신문사에서 일하며 자신의 내면에서 출렁이는 신문에 대한 열정을 발견했다. 삶에 대한 끝간데 없는 그의 의문은 이런 열정을 불지피는 연료로 쓰였다. 귀기(鬼氣) 홀렸다고 할 정도로 그는 열심히 일했다. 그는 종종 신문에 기사와 함께 자신의 이름이 실린 것을 볼 때마다 은근한 자부심으로 들뜨곤 했다. 다음과 같은 이야기로 볼 때, 헬렌이 기자를 평생의 업(業)으로 삼고자 결심한 것은 당연한 일이었다.

> 늘 소란스러운 분위기에서 종이와 씨름하면서 보냈어요. 삶의 여러 갈래를 나는 진짜 최선을 다해 살펴보려 했고, 그리고 그러한 시간은 항상 흥분되는 것이었습니다. 신문사에서 일하면서 나는 이러한 생활방식을 사랑하게 됐죠.[7]

1938년 고등학교 졸업 후, 그는 디트로이트에 있는 웨인(Wayne)대학에

---

5) 김종환, 〈백악관 '명물' 할머니 기자 3총사, 뉴스 현장에는 나이가 없어요〉, 『신동아』, 1996년 4월호, 481쪽.
6) 김성우, 『돌아가는 배』(삶과 꿈, 1999), 218쪽. 한국 최고참 기자인 김성우 기자에 대해서 알고 싶으신 분은 『한국의 언론인 1』(인물과사상사, 1999)을 참조하시기 바랍니다.
7) 『Current Biography』(1993).

진학했다. 대학에 와서 그가 맨 처음 문을 두드린 곳은 물론 학보사(學報
社)였다. 하지만 그리 넉넉하지 못한 가정 형편으로 인해, 그는 학생 기자
외에 여러 가지 일을 해야 했다. 헬렌은 낮에는 대학 도서관에서 사서(司
書)로 일하고, 밤에는 오빠가 경영하는 주유소에서 사무(事務)를 봤다.

4년 뒤인 1942년, 이렇게 어렵사리 대학을 졸업한 그는 기자가 되기 위
해 워싱턴으로 향했다. 하지만 그를 받아주는 신문사는 한군데도 없었다.
그는 『워싱턴 데일리 뉴스』지(紙)에 입사하기 전까지 잠시 동안 워싱턴의
한 레스토랑에서 웨이츄리스로 일했다. 다행히 그는 얼마 지나지 않아 자
신의 바람대로 신문사에 들어갔지만, 그의 기자 생활은 이전 생활과 별반
다를 게 없었다. 다만 커피를 나르는 대상이 손님에서 직장 상사와 동료
남자 기자들로 바뀌었을 뿐이다. 그는 기자라기보다는 온갖 궂은 일을 해
야 하는 신문사 사환(使喚)에 불과했다. 뿐만 아니라 여자라는 이유로 남자
기자 월급의 반(半)이 겨우 넘는 '부당한 박봉(薄俸)'에 시달려야 했다. 후
에 이러한 차별에 대해 그녀는 이렇게 이야기했다.

> 항상 차별에 맞서 싸워야 한다고 생각합니다. 이것이 나의 철학입니
> 다. 나는 항상 장벽에 맞서 투쟁해 왔습니다. 내셔널 프레스 클럽을 비
> 롯한 모든 전문직종 클럽에 가입하기 위해서 우리들은 하나하나 문을
> 부수고 들어가야 했어요. 정말 모욕적이었습니다.[8]

그는 『워싱턴 데일리 뉴스』에 입사한 지 1년 만에 겨우 수습기자 딱지를

---

8) 김종환, 〈백악관 '명물' 할머니 기자 3총사, 뉴스 현장에는 나이가 없어요〉, 『신동아』,
   1996년 4월호, 480쪽.

달았다. 하지만 이 신문사의 감원(減員) 파동에 휘말려 곧바로 해고당하고, 길거리로 내몰렸다. 직장을 찾기 위해 길모퉁이를 헤집고 다닌 끝에, 그는 간신히 자신의 평생 직장이 된 UPI 통신사에 둥지를 마련했다.

이때부터 헬렌은 기자라는 직함(職銜)에 걸맞는 활동을 하게 된다. 그는 타고난 성실과 근면으로 신문사에서 자신의 입지를 다져나갔다. 그러던 중 기자 생활 17년 만인 1960년 11월 워싱턴 DC 조지타운에 있던 당시 대통령 당선자인 존 F. 케네디(John F. Kennedy)를 취재하는 기회를 잡게 됐다. 이것이 계기가 돼, 헬렌은 61년 1월 20일 케네디의 대통령 취임에 맞춰 백악관 출입 기자 생활을 시작했다.

백악관 관계자들과 출입 기자단에게 헬렌은 늘 껄끄러운 존재였다. 백악관에 여기자가 들어온 것이 영 마뜩찮은 데다가, 도대체가 어디로 튈지 모르는 사람이었기 때문이다. 기자회견 때면, 헬렌은 "대통령, 대통령"하고 손을 든 채, 새청맞은 소리를 지르기 일쑤였고, 하는 질문도 항상 대답하기 곤혹스러운 것들뿐이었다.

특히, 그의 질문은 악명(惡名) 높기로 유명했다. 이와 관련하여 레이건 대통령 때의 다음과 같은 일화(逸話)는 지금도 백악관 관계자들 사이에서 회자(膾炙)되는 이야기 중에 하나다.

대통령 해외 순방 중에 던진 헬렌의 질문이 워낙 날카로워 그만 레이건 대통령의 심기가 상해버린 일이 벌어졌다. 레이건 대통령이 얼마나 화가 났던지 관행이던 대통령 전용기 안 기자 간담회 자체를 없애버릴 정도였다. 하지만 정작 헬렌 본인은 "대통령의 싸인을 받기 위해 그 곳에 간 것은 아니다"라고 심드렁하게 말해, 주위를 놀라게 했다.

역대 대변인들의 말에 따르면 남녀를 불문하고 기자들이 2년 정도만 출입하면 염증을 느끼는 출입처가 백악관이라고 말한다. 정치가들로부터 '미운털'이 박힌 헬렌이 이런 백악관에서 장수(長壽)할 수 있었던 것은 백악관 취재에 대한 정열이었다. 그는 "역사를 연주하는 오케스트라의 한 부문을 맡은 것"처럼 "단순한 관찰자가 아닌 참여자"로서 일했다. 이러한 헬렌을 백악관 측도 인정하지 않을 수 없었던 것이다. 미·중 수교의 물꼬를 튼 1972년 닉슨 대통령의 첫 비밀 중국 방문 때, 이를 동행 취재한 유일한 기자는 헬렌 토마스였다.[9]

기자로서의 헬렌의 생(生)은 박명(薄明)과 여명(黎明)으로 물들었다. 기자 생활 56년 동안 그는 새벽 5시 30분에 취재 현장으로 나와 밤늦게까지 일하는 생활을 계속했다. 그녀가 숨가쁘게 보낸 밤들의 별빛을 엮으면 은하수 하나는 족히 될 것이다. 이런 정열이, 대통령이나 백악관 대변인이 기자회견에 앞서 주변 참모들에게 "오늘 헬렌의 기분이 어떠냐"고 묻게 만든 것이다.

여덟 명의 대통령을 가장 가까운 데서 지켜보는 동안, 그는 미국 언론계 한가운데 놓여 있던 여성 차별이라는 커다란 웅덩이를 조금씩 메우며 언론계의 '퍼스트 레이디'로 활동해왔다.[10] 여성으로는 최초로 백악관 출입기자 협회 회장을 지냈고 미 내셔널 프레스클럽(National Press Club)의 임원으로도 활약했다. 그 동안 그가 받은 상은 일일이 소개하지 못할 정도로 많다. 1998년 백악관 출입기자 협회는 그의 헌걸찬 이름을 따서 '헬렌 토마스 생애 업적상'을 제정해 그 첫 번째 수상자로 그를 선정했다.

---

9) 『Current Biography』(1993).
10) 강영진 譯, 〈백악관 출입 39년 여기자 헬렌 토머스의 취재파일-케네디부터 클린턴까지 미국 대통령의 성적표〉, 『신동아』, 1999년 7월호, 462쪽.

고령(高齡)에도 불구하고 그는 아직도 예비역(?)이 아닌 '현역'이다. 그는 아직도 최일선에서 뛴다. 오전 7시 30분이면 정확하게 대변인실에 나타난다. 비공식 브리핑에 임할 때도 그녀는 젊은 기자들이 다 모이기도 전에 취재 준비를 끝낸다. 놀랍게도 그는 여전히 녹음기를 사용하지 않는다. 하지만 대변인들조차 혀를 내두를 정도로 헬렌의 노트 솜씨는 신속하고 정확하기로 유명하다. 이렇게 기자라는 직업에 대한 그의 열정의 불길은 여전히 거세다. 어떻게 해서 이토록 오랜 세월 일을 할 수 있었는가? 라는 질문에 그는 이렇게 답한다.

> 매일 역사를 취재하는 것이 너무나 흥미로워요. 아침에 출근할 때마다 새로운 소식이 나를 기다리고 있다고 생각하면 가슴이 두근거려요. 이런 사람은 소수에 불과해요. 이것은 하나의 특권입니다. 따라서 나는 운이 좋은 편에 속합니다. 나는 기자라는 내 직업을 사랑합니다. 나는 신발처럼 나와 항상 함께 했던 펜과 노트를 지닌 채 죽고 싶습니다.[11]

그가 보고 기록했던 여러 대통령의 인생처럼 그의 생애 역시 항상 빛났던 것은 아니다. 그는 1971년, 같은 백악관 출입 기자인 AP(Associated Press)의 더글라스 코넬과 결혼했지만 11년 만에 남편과 사별(死別)하는 아픔을 겪어야 했다. 1982년 코넬은 너무나 일찍 이 세상을 떠났다. 그의 화려한 공적인 생활은 사생활의 주검 위에 핀 것이었다. **인사**

---

11) 『Current Biography』(1993).

찾아보기

『시사인물사전』은 발행권수가 누적될 때마다 제1권부터 다룬 모든 인물에 대한 색인을 달도록 하겠습니다. 한국인은 가나다순으로 배열했으며 일본인과 중국인은 한국어 발음에 따라 역시 가나다순으로 정리했습니다. 그 밖의 영문명 외국인들은 알파벳순에 따라 〈영문명 표기 1〉로 달았습니다. 특히 외국인들의 영문명 철자를 모르더라도 한국어 발음만 알면 쉽게 찾을 수 있도록 〈영문명 표기 2〉에 그들의 이름을 가나다순으로 재배열하였습니다.

〈총 163명〉

영문명 표기 1

영문명 표기 2